DISCURSO PERFECTO

DISCURSO PERFECTO

CÓMO DECIR LAS COSAS BIEN
DE ENTRADA EN TODAS LAS OCASIONES

BILL McGOWAN

Y ALISA BOWMAN

HarperCollins *Español*

Discurso perfecto
© 2015 por Bill McGowan
Publicado por HarperCollins Español® en Nashville, Tennessee, Estados Unidos de América.
HarperCollins Español es una marca registrada de HarperCollins Christian Publishing.

Título en inglés: *Pitch Perfect*
© 2014 por Bill McGowan
Publicado por HarperOne, un sello de HarperCollins Publishers.

Ilustraciones por dix! Digital Prepress Inc.

Editora General: *Graciela Lelli*
Traducción y edición: *S.E.Telee*
Diseño original: *Jo Anne Metsch*
Adaptación del diseño al español: *Grupo Nivel Uno, Inc.*

ISBN: 978-0-82970-193-7

Impreso en Estados Unidos de América
HB 09.21.2023

A Donna, Andrew, Kara y Paulina,
todos ellos expertos en comunicar
lo que más importa.

CONTENIDO

AGRADECIMIENTOS

DISCURSO PERFECTO NO habría nacido sin el generoso apoyo de muchas personas. En primer lugar, le doy las gracias a Alisa Bowman, mi coautora, por sugerir esta colaboración hace varios años, después de que yo la entrenara para la gira publicitaria de presentación de su propio libro. Alisa convirtió de forma magistral los principios de nuestras sesiones de formación para enfrentarse a los medios en la estructura que ves en este libro y le dio vida al proyecto. De no haber sido por ella, yo estaría sin duda mirando fijamente una pantalla en blanco. Creativa, lista, amable, diligente y paciente, es justo lo que cualquiera quisiera encontrar en una compañera de equipo.

Mi agradecimiento especial a Hollis Heimbouch de HarperCollins, quien hizo gala de un entusiasmo sin límites en este proyecto desde nuestra primera reunión. Su calidez, su estímulo y su experta dirección hicieron que el proceso de escritura fuera una delicia. La confirmación de que este libro era distinto y merecía ser publicado llegó de mi viejo amigo y agente Wayne Kabak de WSK Management. Tener a un hombre con talento, sabiduría e integridad de parte de uno es algo que no tiene precio.

Escribir este libro mientras mantenía mi trabajo diario fue posible gracias a la dura labor y la profesionalidad de todo el equipo de Clarity Media Group. Lucy Cherkasets asumió el control de muchos aspectos del negocio con tanta destreza que no tengo la menor intención de retomarlos. Mi ayudante, Mariko Takahashi, conservó mi caótico horario a raya y me dejó libre la franja mental suficiente para que pudiera concentrarme en la escritura. Tiffany Sánchez llevó a cabo un increíble muestreo de los capítulos sueltos, alentándome en todo momento al hacerme saber que estaba en el camino correcto.

La disposición de nuestros otros asistentes de Clarity a la hora de arrimar el hombro y llevar una carga más pesada de trabajo fue crucial para poder acabar el libro. Melissa Hellen fue un gran refuerzo y cumplió con su habitual excelencia, como también lo hicieron Bill Cassara, Marisa Thomas, Ken Fuhr, Jim Paymar, Jennifer Fuluy, Dylan Chalfy, John Johnston y Janet Carlson.

Las experiencias que saqué de miles de sesiones de entrenamiento fueron el resultado de la amabilidad y la generosidad de quienes, a lo largo de trece años, ayudaron al crecimiento de nuestro negocio. Las personas que menciono a continuación, por orden alfabético, han trascendido el estatus de clientes y para Clarity son benefactores en la creación de negocio: Roger Ailes, Howard Arenstein, Laura Arrillaga-Anderssen, Brandee Barker, Wajma Basharyar, Emi Battaglia, Winnie Beatty, Mike Bertolino, Gurdon Blackwell, Julia Boorstin, Jacques Brand, Adam Bryant, Jerry Buckley, Rebecca Caruso, Sean Cassidy, Nathan Christopher, Lou Cona, Jocelyn Cordova, Karen DiSanto, Jeannine Dowling, Pat Eisemann, Daniel Ek, Sheila Feren-Thurston, Debbie Frost, Lisa Green, Carol Giardino, Maire Griffin, Judy Grossman, Carisa Hays, Susan Henderson, HL Group, Kristen Jones-Connell, Alexander Jutkowitz, Claire Kaye, Thomas Keller, Scott Lahde,Neal Lenarsky, Mary Lengle, Santina Leuci, Linda Lipman, Derek Mains, Juli Mandel-Sloves, Eli Manning, Caryn Marooney, Wynton Marsalis, Mike Mayzel, Zsoka McDonald, Diane McNulty, Dana Bowne Metz, Katie Burke Mitic, Denise Morrison, Elena Nachmanoff, Jessica O'Callaghan, Tanya

Pushkine, David Rhodes, Stephanie Ruhle, Sheryl Sandberg, Ruchi Sanghvi, Anthony Sanzio, Elliot Schrage, Amanda Schumacher, Nell Scovell, Pam Snook, Cara Stein, Jonny Thaw, Pamela Thomas-Graham, Matt Traub, Karyn Twaronite, Judy Twersky, Jane Ubell-Meyer, Loretta Ucelli, Jonathan Wald, Carolyn Wall, Angela Watts, Kate White, Meghan Womack y Eileen Wu.

A lo largo de los años he aprendido el arte de contar historias a los pies de muchas personas de talento, pero entre estas destacan dos superestrellas. Michael Rubin, a quien describo en el capítulo 4, tiene percepciones brillantes de cómo deben desarrollarse las historias. Tuve la gran suerte de ser uno de sus muchos protegidos. Peter Brennan, el genio creativo detrás del programa de televisión *A Current Affair,* no tiene parangón a la hora de detectar los elementos cruciales de una historia y comunicarlos de un modo extraordinario y con eficacia.

Aunque me siento increíblemente afortunado por tener la amistad y el apoyo de todas estas maravillosas personas, también supone una enorme bendición que el escritor más talentoso que conozco y el corrector de textos más perspicaz de todos sean, casualmente, el amor de mi vida, mi esposa, Donna Cornachio. Leer detenidamente cada palabra del manuscrito con ojo escrutador y sagaz (y un lápiz rojo imprescindible) es, sin lugar a dudas, señal del verdadero amor. Su aliento e inspiración han hecho que esto sea posible.

DISCURSO PERFECTO

INTRODUCCIÓN

Habla poco, haz mucho.
—Benjamin Franklin

SI UN SOLO consejo de este libro hace que tu profesión tenga éxito, no me des las gracias. Busca a un tipo llamado Roy Schwasinger y agradéceselo a él. Lo encontrarás en una cárcel federal de algún lugar.

Conocí a Schwasinger hace treinta años, cuando yo trabajaba como corresponsal de *A Current Affair,* el programa televisivo de información sensacionalista que se emitió desde 1986 hasta 1996. Era el estereotipo del chico malo. Por culpa de la *ch* silenciosa, su nombre casi rimaba con *esvástica,* contribuyendo así a su aura de villanía. Como activista antigubernamental era una verdadera molestia para todos los funcionarios públicos y electos. Presentó cargos por falsos derechos de retención, citaciones y órdenes de detención contra ciertos jueces y fiscales, siguiendo un elaborado plan para convertir sus vidas en un infierno. Y, lo que es peor, se le acusó de dirigir una estafa contra los agricultores estadounidenses desamparados, engañándolos bajo la promesa de ayudarles a recuperar sus granjas embargadas por unos meros honorarios de trescientos dólares para la presentación de documentos, a través de su simulada organización «We the People» [Nosotros, el pueblo]. En

efecto, ¡lo has adivinado! El dinero en efectivo iba a parar directamente al mugriento bolsillo de Schwasinger.

Si quieres hacerte una idea de Schwasinger, piensa en el gran
Santini, de *El don del coraje*, en un mal viaje con ácido. Era de estatu-
ra mediana, un cincuentón fornido que lucía un corte de pelo estilo
militar y ropa de Sears. Su ceño eternamente fruncido transmitía
un mensaje sin ambigüedades: ¡lárgate de mi vista o te vas a ente-
rar! Declinaba todas las peticiones de los medios de comunicación
que le proponían una entrevista y se volvió tan difícil de ver como
un supervivencialista del Idaho rural.

Una cosa era segura: si yo lograba acercarme lo bastante a él
como para formularle algunas preguntas difíciles, conseguiría un
fantástico programa televisivo. Poco sospechaba yo cuán extraordi-
narias serían aquellas secuencias.

Schwasinger ignoró mis solicitudes de hacerle una entrevista,
de modo que tomé el avión en dirección a Fort Collins, Colorado,
me reuní con el equipo de cámaras, me desplacé en automóvil hasta
su casa y esperé que asomara las narices. Y tú te preguntarás: «¿Lo
lógico no sería caminar hasta la puerta y llamar?». Pues no; eso es lo
último que suelen hacer los reporteros. Presentarnos en su porche
le habría permitido llamar a la policía y acusarnos de entrar en una
propiedad privada. También le habría avisado de nuestra presencia,
lo que haría que permaneciera tras la puerta cerrada, esperando
que perdiéramos interés y abandonáramos la ciudad.

No, preferíamos aguardar hasta que saliera de casa y tenerlo en
algún lugar público y desprotegido. Entonces le caeríamos encima
de sopetón. Así que nos quedamos allí, sentados en nuestro Ford
Explorer de alquiler. Transcurrió una hora. Luego dos... tres... cinco... diez horas. Era la época predigital, mucho antes de Facebook,
las aplicaciones de los teléfonos inteligentes y otras distracciones.
En investigar y analizar los chismes de actualidad de la oficina se
iban dos buenas horas. Después de eso, matar el mortal aburrimiento se volvía más desafiante. Que los productores de cine puedan hacer que las operaciones de vigilancia parezcan glamurosas es
un verdadero testamento de su ingenio creativo.

A las diez de la mañana siguiente, Roy apareció por fin. Observamos pacientes cómo se metía en su apestoso Lincoln y se marchaba. Tras horas de inactividad y entumecimiento mental, de repente sentí la descarga de adrenalina que hizo que todas las terminaciones nerviosas de mi cuerpo hormiguearan. Hasta me olvidé de que me reventaba de las ganas de orinar.

Por seguridad, lo seguimos a varios coches de distancia durante un kilómetro y medio más o menos, hasta que nuestro «malo de la historia» estacionó en un aparcamiento frente al Juzgado del Condado de Larimer. Hicimos lo mismo un poco más allá.

«Chicos, preparen la cámara para grabar mientras yo subo, y alegren esas caras», le dije a mi equipo. «Asegúrense de ir filmando mientras caminan».

En el argot televisivo, era lo que llamábamos una emboscada o acorralamiento: caminar con las cámaras rodando y, como dice Andy Cohen, «ver lo que ocurre en directo». Bajo circunstancias normales, los animales acorralados como Schwasinger no guardan la compostura y, por supuesto, contábamos precisamente con ello.

«Sr. Schwasinger... Soy Bill McGowan de *A Current Affair*», le dije, intentando impedir que la explosión de adrenalina hiciera que sonara nervioso. «Me gustaría hacerle algunas preguntas sobre "Nosotros el pueblo..."».

Por el rabillo del ojo pude ver a nuestro camarógrafo junto a mí. Eché un rápido vistazo para asegurarme de que la señal luminosa en la parte delantera de la cámara estuviera encendida. ¡Sí, estaba grabando! Perfecto.

En el instante en que Schwasinger se percató de la cámara, cortó en seco nuestro apretón de manos. Sus ojos miraban feroces a un lado y a otro mientras calibraba la gravedad de aquella crisis emergente. Si en ese momento hubiera aparecido un globo como en las viñetas de los cómics, se habría podido leer en él: «¿Qué carajo está ocurriendo aquí?».

«No puedo contestar a nada», me respondió.

«¿Por qué no?», le presioné.

Estábamos frente a frente, su nariz casi rozaba la mía. «Porque estoy bajo una orden de restricción y no puedo revelar nada. Vaya al Tribunal de Distrito de los Estados Unidos en el distrito de Nebraska y lo verá», vociferó salpicándome la cara de saliva, hecho que pude pasar por alto, porque sabía que tenía al pez enganchado a mi anzuelo.

Yo había consultado antes con el fiscal. Por ello, sabía que no había ninguna restricción para que Schwasinger hablara. De hecho, el representante del ministerio público ya me había pronosticado que echaría mano de esa mentira de la orden de restricción.

«Está bien, señor, ¡queremos y tenemos que saber por qué se está quedando con el dinero de los granjeros!». El matón que lo escoltaba intentó pegar la mano en la lente de nuestra cámara mientras Roy se alejaba, un gesto típico que le decía a la audiencia: «Tipo malo que intenta zafarse».

Schwasinger intentaba huir y me las apañé para ir a la par de él, caminando a su lado, paso a paso, presionándolo para que me diera una respuesta mientras el camarógrafo nos seguía. Tras unos siete u ocho pasos, Roy me dio oro puro para la televisión. Retrocedió y lanzó un formidable derechazo que alcanzó firmemente mi barbilla y mi garganta. Su puño impactó cerca de mi micrófono inalámbrico, que retransmitió el impactante sonido del crujir del hueso. Se me fue la cabeza hacia atrás y me tambaleé; sin embargo, por extraño que parezca, no sentí dolor alguno. De hecho, me enderecé de un salto como un muñeco Shmoo.

¿Mi primer pensamiento? ¡Cualquier cosa que pase después de esto es un chollo! *¡En el estudio les va a encantar esta secuencia!*

¿Qué pensé a continuación? ¿No será un policía ese tipo de ahí? Desde luego que lo era. Le mostramos la cinta de vídeo del puñetazo al agente que, de inmediato, esposó y arrestó a mi atacante.

Fue más tarde aquel mismo día, durante una visita preventiva al hospital, cuando tuve una epifanía. Tenía la mandíbula dolorida, pero mis ojos se habían abierto de repente. Debe haber un montón de personas (no tan nefastas, cabe esperar) que manejen todo tipo de situaciones de comunicación pública de una forma mediocre.

De haber tenido Roy Schwansinger quien le diera un buen consejo, habría intentado convencerme en vez de intentar romperme la cara. Habría podido usar al menos media docena de trucos de comunicación para salir de nuestra emboscada con su dignidad y su imagen intactas. Después de todo, cuando noqueas a un reportero delante de unas cámaras que están grabando, tu categoría tiende a sufrir en la comunidad.

A raíz del «cinturón granja», como se le acabó conociendo en la oficina, de repente observé un ejemplo tras otro de personas que hacían y decían algo estúpido en una situación de gran relevancia. Era muy parecido a buscar el significado de una palabra poco familiar y, de repente, encontrarte ese mismo término en tres lugares distintos en una misma semana. Estos autosaboteadores de la comunicación no solo eran personas que, como Schwasinger, caían en la emboscada de un reportero. Eran celebridades, políticos, ejecutivos y todos los demás grupos.

Mucho antes de que Sarah Palin nos proporcionara una diversión sin fin, el anterior vicepresidente Dan Quayle casi validó él solito la necesidad de tener un entrenador en comunicación. Durante años fue el referente de las declaraciones típicas de un cabeza hueca. ¿Quién puede olvidar su intento de parafrasear el eslogan de la United Negro College Fund: «Desperdiciar la mente es algo terrible»? Esto acabó convirtiéndose en: «¡Qué desperdicio tan grande es perder el juicio! O, no tener juicio está siendo un gran desperdicio. ¡Qué gran verdad!». Su grado de despilfarro era difícil de refutar.

Sin embargo, hay un montón de personas de renombre haciéndole compañía al vicepresidente.

La palabra *genio* no es aplicable en fútbol. Un genio es un tipo como Norman Einstein.
—*Joe Theismann, quarterback de la liga nacional de fútbol y analista deportivo*

Fumar te puede matar. Y si te ha matado, has perdido una parte muy importante de tu vida.
—*Brooke Shields, modelo y actriz*

Excepto por las matanzas, DC tiene una de las tasas más bajas de crímenes del país.

—*Alcalde Marion Barry, Washington, DC*

Escoge una época cualquiera y descubrirás meteduras de pata de proporciones históricas. Muchos de esos despropósitos procedían de personas que pertenecían al One Percent Club [Club del uno por ciento] de la comunicación. Eran los oradores públicos de élite: políticos, atletas, actrices y ejecutivos mediáticos. Era gente que tenía un equipo de expertos en imagen y especialistas de las comunicaciones a su disposición. Y esto me hizo pensar: «Si *ellos* dicen cosas que desentonan, ¿qué probabilidades tenemos el resto de los mortales, el noventa y nueve por ciento, de pasar de puntillas por los campos minados de la comunicación y salir ilesos?». Alguien capaz de guiarlos en la dirección correcta y crear unos instintos de comunicación saludables podría tener un impacto positivo y ser un valioso recurso.

Pasarían unos cuantos años más antes de darme cuenta de que tal vez podría ser yo quien proporcionara ese asesoramiento de confianza.

En aquella época yo estaba escribiendo y produciendo historias destinadas a un magacín de noticias en formato largo para Connie Chung en *20/20* de la ABC News, un programa que pronto llegaría a su fin. Me gusta mucho Connie. Es cálida y elegante, con un delicioso y atrevido sentido del humor que, de vez en cuando, casi raya con lo francamente provocativo. Pero *20/20* era un dilema sin solución para nosotros. Connie se encontraba en la poco envidiable y frustrante postura de verse empujada fuera del ámbito de lo relevante. Como productor suyo, casi podía leer con claridad el futuro. ABC era un callejón sin salida para Connie. Por tanto, planear mi propia escapatoria era algo obligado.

Fue por ese tiempo cuando una amiga me preguntó si me interesaba producir un vídeo publicitario de tres minutos para una clienta suya que inauguraba una página web de búsqueda de empleo. Quería una cinta chispeante, con mensaje, que le demostrara a la comunidad con capital que merecía la pena financiar su empresa.

Parte de la filmación incluía una entrevista. Una vez acabada, me preguntó: «¿Le importaría rebobinar un poco la cinta para ver cómo lo he hecho?». En un principio pensé lo que costaría poner un monitor especial y sacar los cortes del rodaje que valieran la pena solo para satisfacer su curiosidad en un preestreno. Pero yo acababa de cruzar el umbral que dejaba atrás al periodista de televisión y me llevaba a ser un hombre de negocios para el que complacer al cliente a cualquier precio era lo principal. Por tanto, mi respuesta fue, evidentemente: «¡Claro que sí!». Y fue durante esa repetición cuando tuvo lugar mi momento de descubrimiento transformacional. Instintivamente empecé a decirle a esta clienta que quedaría mejor que empezara sus respuestas de un modo distinto, manteniéndolas en un tono afirmativo y activo en lugar de usar la voz pasiva. «Ah, y ya que estamos hablando, siéntese un poco más hacia adelante en la silla, no tenga miedo de puntualizar sus ideas claves con algún gesto de la mano y sostenga el contacto visual con su entrevistador».

Ella se inclinó para pulsar el botón de pausa en el reproductor de vídeo y me dijo: «Oiga, usted tendría que dedicarse a esto. Bueno, estoy segura de que es un buen productor de televisión, pero es que esto se le da *realmente* bien. ¿Tiene usted idea del valor que tiene este tipo de asesoramiento?».

La amiga que nos había puesto en contacto escuchó esta conversación y debió quedarse con la idea, porque a la semana siguiente, durante un cóctel, cuando el jefe de relaciones públicas de la revista *Real Simple* le comentó: «Hemos tenido que deshacernos de nuestro asesor de comunicación hace unos días. ¿Puedes recomendarme uno bueno?», ella respondió: «Desde luego que sí». De modo que en una situación un tanto intimidante, una especie de bautismo de fuego, una de las revistas más populares de los quioscos de prensa se convirtió en mi primer cliente.

La novedad me envalentonó y volví a ver a Connie para anunciarle que había llegado el momento de seguir adelante. El siguiente capítulo de mi carrera estaba a punto de comenzar.

Hoy, después de doce años como entrenador en comunicación, estudio el lenguaje con la misma meticulosidad que Nat Silver, el antiguo estadístico del *New York Times*, analiza los números. Ver una gran entrevista o un importante discurso televisado junto a mí puede llegar a ser sin duda tan aburrido como ir al cine con un director cinematográfico: no puedo evitar diseccionar, analizar y criticar. Es probable que cualquiera que siga una convención política, un debate presidencial o la entrega de los premios Óscar a través de las actualizaciones de su Facebook a mi lado se sienta tentado a romper la amistad conmigo.

En el día a día ayudo a mis clientes a decidir qué decir y cómo hacerlo. Esto puede incluir entrenar a:

- Ejecutivos de empresa para que elaboren una narración cercana y convincente que enfatice más las posibilidades que hay por delante en lugar de los problemas del momento.
- Directores de organizaciones sin ánimo de lucro para que sepan darle un sentido de intensidad y urgencia a su caso, de modo que justifique por qué merece el apoyo de las personas.
- Empleados para que se destaquen articulando sus pensamientos con claridad, brevedad y convicción.
- Oradores públicos para que no solo venzan sus nervios y sepan transmitir lo que tengan que decir sin atascarse, sino que mantengan la atención de la audiencia a lo largo de su discurso o presentación y, en última instancia, expresen algo memorable.
- Autores para que hablen de su trabajo de un modo que alimente las ventas del libro, pero sin sonar exageradamente comercial.
- Reporteros profesionales y presentadores en directo para que no se conviertan en la caricatura de un personaje parlante que da las noticias en televisión.
- Ingenieros informáticos en las empresas tecnológicas para que comuniquen con claridad la importancia práctica de lo que han diseñado y construido.
- Equipos de venta para conseguir nuevos clientes contándoles una historia convincente sobre lo que hace distinta a su empresa.

- Buscadores de empleo para que sepan destacar sus méritos competitivos ilustrándolos por medio de una narrativa que contemple el estudio de un caso concreto.

Independientemente del cliente o el escenario, esté trabajando con las personas de una en una o en grupos, con frecuencia me piden consejo en los mismos ámbitos de preocupación. Por lo general (¿te has dado cuenta de que no he dicho «desde una macroperspectiva»? Ampliaré esta cuestión de liberarse de la jerga corporativa sin sentido en el capítulo 7), podría tratarse de:

- ¿Cómo puedo proyectar mayor confianza y autoridad?
- ¿Cómo puedo admitir un error sin perder la confianza de las personas?
- ¿Cómo puedo inspirar a otros para que den lo mejor de sí mismos?
- ¿Cómo puedo pedir lo que merezco de un modo persuasivo, sin dar la sensación de que me estoy quejando?

El asesoramiento más específico suele centrarse en:

- ¿Qué hago con las manos mientras estoy hablando?
- ¿Cómo me deshago de las palabras de relleno (*hmm* y *eeh*)?
- ¿Cómo puedo proporcionar mayor seriedad a mi tono de voz?
- ¿Cómo puedo ser más conciso y dejar de divagar?

Sea lo que sea lo que te preocupe, las soluciones se encuentran en los «Siete principios de la persuasión» sobre los que recibirás más datos a lo largo de las páginas de este libro. Yo me apoyé en ellos durante mi carrera televisiva, y desde entonces los he adaptado y desarrollado para ayudar a todo aquel que quiera comunicarse de una forma más eficaz en casi cualquier situación. Se aplican a todo lo que puedas querer decir en el trabajo y hasta en casa.

Me produce gran satisfacción personal enseñarles algunos de los principios a los familiares y amigos que piden ayuda con un brindis nupcial, conseguir respuestas acertadas a la hora de presentarse a una entrevista para un importante puesto de trabajo, o técnicas para pronunciar un gran discurso con ocasión de un *bar mitzvah*. He tenido también el privilegio de entrenar a algunas personas que otros consideran talentos innatos, los Roy Hobbs de las comunicaciones. Lo que he aprendido es que son pocos los tipos que nacen siendo ya fantásticos. La abrumadora mayoría de las personas que admiramos por su capacidad de hablar en público esconden dos ingredientes sencillos detrás de su grandeza:

1. Se ponen en manos de un entrenador intuitivo que no intente convertirlos en otra persona, sino más bien sacar lo mejor de ellos.
2. Una vez obtenido ese útil asesoramiento, trabajan incansablemente para mejorar.

Voy a hacer un trato contigo. Este libro se ocupará del número uno. Te enseñaré todo lo que sé, todo lo que he aprendido durante mis cuatro mil sesiones de entrenamiento. Lo que tú sacarás de ello es una meticulosa aunque sencilla serie de principios para manejar con habilidad una amplia variedad de escenarios personales y profesionales de comunicación, de manera que logres el mejor resultado posible. Y si de camino consigues unas cuantas carcajadas, considéralo una bonificación adicional.

El número dos te toca a ti. Prepara, prepara, prepara. Practica, practica, practica. A partir de aquí, acepta cualquier invitación que te hagan para hablar en público. Sé el primero en levantar la mano cuando alguien pregunte: «¿Hay alguien que quiera pronunciar unas palabras?». Piensa en mí como si fuera tu entrenador de golf o de tenis. Te contaré el secreto para que hagas el mejor *swing*, pero después tendrás que salir y jugar para poder incorporar esta nueva forma de usar tus músculos a tu cerebro.

Cumplamos cada uno nuestra parte del trato. Es la mejor forma que conozco para que hagas un *Discurso Perfecto*.

EL LENGUAJE DEL ÉXITO

Piensa dos veces antes de hablar, porque tus palabras y tu influencia plantarán la semilla del éxito o el fracaso en la mente de quien te escucha.

—Napoleón Hill

S I LA ELOCUENCIA fuera un producto que formara parte de la Bolsa de Valores de Nueva York, todos los analistas de Wall Street emitirían una orden de compra. Y es que se trata de un valor constantemente en alza, e invertir en ella produce unos dividendos cada vez más suculentos.

Nunca fue esto tan evidente para mí como aquella tarde en que un ejecutivo de una empresa importante me pidió que mejorara las aptitudes de comunicación de uno de sus directores. «Donald no va a progresar en la organización si sus dotes de presentación no mejoran», me dijo. Al principio me quedé estupefacto. ¿Tan importantes eran las habilidades de comunicación que un director no podía ascender sin ellas? En esta empresa, sí. Las buenas nuevas eran que los problemas de Donald eran comunes y tenían solución. En sus presentaciones no se percibía el más mínimo indicio de que a él mismo le pareciera medianamente interesante el contenido de las mismas, y en vez de apoyarse en historias, confiaba en una jerga industrial vacía que se aseguraba de que su exposición fuera inolvidable. Me alegra señalar que, seis meses después de nuestras sesiones, Donald pasó a formar parte de las filas de vicepresidentes de su empresa y ha durado más que muchos de sus colegas en el cargo.

No obstante, desde entonces he oído hablar a tantos ejecutivos sobre la importancia de la habilidad en la comunicación que ya no me sorprende.

De los clientes también escucho cosas como:

«Tengo buenas ideas, pero sencillamente no sé cómo comunicárselas bien a mis jefes en las reuniones».

«Conseguir esta cuenta tan grande depende probablemente de esta presentación».

«Me llaman para una segunda y tercera ronda de entrevistas, pero parece que nunca consigo ese buen empleo».

Y esto es solo en el lugar de trabajo. Piensa en todos los escenarios personales en los que no solo se nos juzga por lo que hacemos, sino por lo que expresamos: primeras citas, entrevistas universitarias, reuniones con la familia política, conversaciones familiares delicadas y resolución de conflictos con buenos amigos.

Ya sea en el trabajo o en casa, una gran aptitud en la comunicación es tu secreto para hacerte con la atención de alguien, exponer una idea convincente, ser recordado y parecer inteligente y seguro de ti mismo. Cada vez que hablas es una oportunidad de informar, influir e inspirar. El lenguaje correcto —verbal o no verbal— puede transmitir seguridad en ti mismo, persuasión y convencimiento. Puede despertar a las personas, haciendo que cambien de idea y emociones. Puedes estimularlas a escuchar atentamente cada palabra que pronuncias y a acordarse de ti después de que salgas de la habitación.

EL MOMENTO «DISCURSO PERFECTO»

Durante los momentos más cruciales de nuestra vida, los resultados suelen determinarse a menudo por lo que decimos y no por lo que hacemos.

Decir lo correcto de la forma adecuada puede marcar la diferencia entre cerrar el trato o perder la cuenta, progresar en tu profesión o estancarte, lograr un poderoso aliado o quemar un puente importante para tu trayectoria. Haz las cosas como es debido y tu reputación brillará con ese halo que se le adjudica a los que parecen seguros de sí mismos, inteligentes, agradables y sinceros. Mete la pata y corres el riesgo de que se te etiquete de aburrido, tedioso, ineficiente o irrelevante.

En momentos así es importante el Discurso Perfecto, usar el tono preciso y adecuado para transmitir el mensaje adecuado a la persona adecuada en el momento adecuado. Esos momentos de Discurso Perfecto ejercen como coyunturas decisivas en nuestra vida personal y profesional. Son cosas que ocurren a diario en los negocios, y en ocasiones incluso varias veces al día. Surgen durante las reuniones, presentaciones, eventos, fiestas, en los vestíbulos, tomando un café, a través de los teléfonos inteligentes y delante de las cámaras.

Uno de esos momentos más memorables para mí se desarrolló en un taxi, a toda velocidad hacia el sur por la 101, justo en las afueras de San Francisco.

Acababa de conseguir a Facebook, mi mayor cliente de los ocho últimos años desde que inauguré mi empresa de entrenamiento en comunicaciones. La noche antes había tomado un vuelo y me quedé en el Westin por recomendación de Brandee Barker, la directora de comunicaciones de Facebook. Brandee me sugirió el hotel porque, según me explicó: «Se encuentra prácticamente a un paso de las oficinas, en el 1601 de la Avenida California».

Se había programado que el día de entrenamiento comenzara a las nueve de la mañana, de modo que, motivado por mi mantra de negocios, «si llegas a la hora, llegas tarde», bajé con paso tranquilo al vestíbulo del hotel a las ocho menos cuarto y me acerqué al conserje para asegurarme.

«¿El 1601 de la Avenida California está cerca de aquí, verdad? ¿Se puede ir a pie?».

«Bueno... », me respondió con una expresión que daba a entender: *si estás completamente chiflado, supongo que podrías ir caminando.*

«Probablemente es mejor que tome un taxi. A pie tardaría unos cuarenta y cinco minutos».

Ignoré esta señal de fase uno de crisis. *Hmm* —pensé—. *Tal vez Brandee camina realmente deprisa*. Me metí en el taxi.

La señal de fase dos de crisis llegó diez minutos después, cuando vi que al taxista le costaba encontrar el 1601 de la Avenida California.

Las alarmas de la fase tres sonaron cuando resultó que en el 1601 de California no se encontraba el cuartel general de Facebook, sino un salón de manicura. En los momentos de nervios como este es sorprendente ver cuánto aprieta la garra de la negación. Mientras el taxi se alejaba, miré hacia la segunda planta del modesto edificio rogando que, de algún modo, la sede de la mayor red social del mundo estuviera sobre *El paraíso de la manicura*.

No estaba.

A las ocho y veinte me llegó un mensaje de mi ayudante en Nueva York: «Tengo a Facebook al teléfono y quieren saber dónde estás».

Otra ola de negación me recorrió. *Tal vez me he equivocado al anotar el número del edificio*, pensé.

Llamé y me pasaron con la ayudanta de Brandee.

—Hola, aquí Bill McGowan. Estoy aquí delante del 1601 de California, pero no consigo encontrar la oficina.

—Está bien; descríbame lo que ve frente a usted.

(Esto ocurrió antes de que Facebook desarrollara la aplicación de localización que de inmediato habría dejado en evidencia mi metedura de pata.)

—A ver... qué hay por aquí. Hay una panadería a mi derecha, una tintorería a mi izquierda...

—¿Pero en qué ciudad se encuentra usted?

—Estoy en San Francisco.

—¡Pero si estamos en Palo Alto!

—¡Oh! —no quise que se produjera el torpe silencio que siguió, pero tragar saliva me llevó mis buenos dos segundos—. ¿Más o menos cuánto me llevaría llegar hasta allí?

—Teniendo en cuenta el tráfico de la hora punta... alrededor de una hora.

Mencioné la posibilidad de alquilar un coche o llamar a un taxi. La respuesta fue:

—¡Bueno, haga lo que haga, que sea rápido, porque Brandee está *lívida*!

Por desgracia para mí, Brandee no había planeado que yo empezara de menos a más. Mi cita de las nueve de la mañana estaba programada con la directora de operaciones de Facebook, Sheryl Sandberg. ¿La de las diez y media? Nada menos que con el presidente ejecutivo, Mark Zuckerberg. Era el peor día posible para llegar tarde.

Conforme el taxi se iba colando entre los autos para salir del centro de San Francisco, contemplé con envidia a los barrenderos y los repartidores de los restaurantes. ¡Cuánto me habría gustado cambiarme por ellos y no tener que vérmelas con esta implosión de Silicon Valley! Esa vocecilla que mataba mi confianza susurrando por encima de mi hombro gritaba ahora a todo pulmón: «No va a haber forma humana de recuperarte de este desastre». Durante más de un instante consideré pedirle al taxista que me llevara directamente al aeropuerto. Mi gran plan de irrumpir en el sector tecnológico, ese plan que me había costado dos o tres años pulir, ahora parecía muerto porque yo no había llegado a mi cita.

Entonces me tocó a mí. Había llegado el momento de seguir mi propio consejo. Si había un momento en el que tenía que tener un Discurso Perfecto era ese.

A ver, reconoce que has metido la pata —me reconvine a mí mismo—. *Confesar los errores es algo que cada vez escasea más en la actualidad.*

Saqué mi iPhone y empecé a redactar cuidadosamente un mensaje de texto para Brandee: «Del todo inexcusable. Una forma absolutamente horrible de empezar esta relación laboral. Todo es culpa mía. Lo siento».

Sabía que lo bueno de ofrecer una expresión inequívoca de pesar era que podía darme media vuelta, recuperar el equilibrio y volver a la ofensiva. Proseguí: «Y lo único que puedo decirte es que, una vez llegue allí, tendremos un día extraordinario».

En pocos segundos me contestó: «Tienes razón. Esto es terrible. No solo tú estás dando una imagen terrible; yo también, porque soy la responsable de haberte traído».

Me alegraba ver que Brandee se estaba desahogando a través de los mensajes. Cuanto más me ocupara ahora de esa toxicidad, menos tardaríamos en cambiar la dinámica para mejor.

Aquella mañana, 101 no solo era el número de la autopista que tomamos; creo que el velocímetro del taxista flirteó un par de veces con esos tres dígitos. Incluso a esa velocidad, el índice de nuestro progreso solo parecía ligeramente mejor que descargar un largometraje con un dispositivo antiguo. ¿Me dejaría el taxi alguna vez en la dirección correcta de 1601 de la Avenida California en Palo Alto?

Cuando por fin llegué eran las nueve y veinte de la mañana. Con gran alivio y placer, descubrí que Brandee era la imagen de la profesionalidad. Me brindó un elegante recibimiento y me comentó: «Me las he arreglado para moverle un poco la agenda a Sheryl. ¿Cuánto tiempo crees que necesitas para poner en marcha tu equipo de vídeo?».

Mi tiempo normal de montaje de treinta minutos se redujo a diez, y las sesiones fueron extremadamente bien, tanto que Sheryl preguntó si podía regresar al final del día para tener un tiempo adicional conmigo.

Por supuesto, accedí.

Esto ocurrió hace cuatro años. Afortunadamente, desde entonces he sido alguien habitual en Facebook, trabajando con algunas de las personas más inteligentes, amables y creativas que he conocido jamás. Una mala comunicación no solo habría creado tensión, sino que me habría hecho perder al cliente. Tenía que arreglarlo la primera vez. No habría otra oportunidad para un segundo intento de comunicación.

Si reflexionamos en nuestra vida, estoy seguro de que todos podemos recordar unos cuantos momentos de Discurso Perfecto. Tal vez improvisamos a través de la experiencia y nos las arreglamos para que saliera bien. O tal vez las cosas no fueron tan bien. En lugar de sorprender a alguien, le impresionamos muy poco.

No dimos un Discurso Perfecto. Más bien dimos un Discurso Mediocre, y cada vez que pensamos en esa experiencia, nos acobardamos, porque no hay una «segunda toma».

Muchos contemplan sus actuaciones mediocres en retrospectiva con una mezcla de pesar (*¡Ojalá me hubiera expresado de un modo distinto!*) y de alivio (*¡Menos mal que ya ha pasado!*). Lo malo es que no ha pasado. Es verdad que esa única oportunidad perfecta ya ha quedado atrás, pero quedan muchas, muchas oportunidades más por delante. Tendemos a pensar que semejantes situaciones de alto riesgo son escasas, que esos momentos importantes solo ocurren cuando haces una presentación delante de tu jefe o resuelves una discusión terrible con alguien muy cercano a ti. En realidad, se ha estimado que pasamos entre el setenta y el ochenta por ciento de nuestras horas de vigilia en alguna forma de comunicación. Durante muchas de esas horas es absolutamente necesario que nos expresemos correctamente. Los momentos de Discurso Perfecto tienen lugar cada día, tal vez incluso varias veces al día, cuando estamos:

- Intentando conversar con el jefe en la fiesta de la oficina.
- Haciendo una presentación ante un nuevo cliente.
- Cerrando un trato.
- Haciendo uso de la palabra en la reunión semanal de la oficina.
- Manteniendo una pequeña conversación con clientes, colaboradores y supervisores.
- Tratando con situaciones tensas.
- Disculpándonos por errores cometidos.
- Felicitando a los colegas por sus éxitos.
- Pidiendo aumentos, nuevos cargos o ascensos.

LOS SIETE BENEFICIOS DE LA ELOCUENCIA

Mi objetivo para ti en este libro es exactamente el mismo que el que perseguimos con los clientes que nos contratan. Quiero que:

Asciendas por la escala corporativa

Las aptitudes en la comunicación te hacen más promocionable. Cuando el Centro de Innovación y Talento dirigió un estudio de un año con más de 4.000 profesionales y 268 altos ejecutivos, el liderazgo fue un factor absolutamente esencial para asegurarse los puestos más altos, y las características del mismo se definieron como: carisma (la capacidad de proyectar confianza), habilidad para una excelente comunicación y un aspecto refinado. Según este mismo estudio, entre las máximas meteduras de pata que impiden que las personas no asciendan se encuentran: los comentarios con prejuicios raciales, los chistes subidos de tono, llorar, decir palabrotas, flirtear, rascarse en público, evitar el contacto visual, hablar sin parar, reírse demasiado y hablar de forma estridente. Todas estas pifias surgen de unas penosas aptitudes de comunicación.

Consigas los resultados que quieres

Se dice que dos tercios de las ideas no se rechazan por malas, sino por comunicarse de un modo deficiente. Esto se traduce en un montón de personas con grandes ideas que no pueden sacarles rédito por no ser capaces de articularlas.

Expongas tu idea en menos tiempo

Según la revista *Harvard Business Review,* las empresas dedican menos del dos por ciento de su tiempo debatiendo cuestiones estratégicas. Eso significa que, si quieres que tu idea destaque, no solo debes presentarla con claridad, sino también de forma concisa.

Venzas la ansiedad

En la encuesta anual sobre los mayores temores de la vida, hablar en público está a modo de cuña entre morir (el número uno) y volar (el número tres). Las técnicas de *Discurso Perfecto* ayudarán a aliviar los nervios anteriores al discurso para que puedas vencer la ansiedad y te centres en tu actuación. Los clientes nos comentan que el momento decisivo supremo es cuando dejan de dar vueltas en la cama la noche antes de pronunciar un discurso o hacer una presentación y empiezan a sentir un impaciente zumbido y emoción. Imagínate disfrutando al hablar delante de otros y cambiando ese vacío en el estómago por una verdadera ráfaga de entusiasmo.

Seas más productivo

Las personas que se comunican de manera eficiente son de plano más productivas. Cuando te expresas como es debido la primera vez, se suelen formular menos preguntas y hay menos necesidad de explicar las cosas una y otra vez, y pocos malos entendidos.

Consigas más dinero

En mi vida profesional no hay nada tan gratificante como la formación gratuita que imparto para pronunciar discursos, sin ánimo de lucro. La noción de que comunicar de una forma más efectiva, a una audiencia de potenciales donantes, puede encender más filantropía y proveer mayores recursos para las personas necesitadas de todo el mundo es más que emocionante. Basándome en mi experiencia puedo afirmar que enmarcar tu mensaje en un Discurso Perfecto consigue resultados.

Recientemente he trabajado con dos hombres inspiradores que dirigen Many Hopes, una organización sin ánimo de lucro que ayuda a los niños pobres y sin hogar de Kenya. Los entrené para sintonizar mejor sus historias, aportando una sensación de claridad y urgencia a su causa, y eliminar la venta agresiva estereotipada que subyace bajo las solicitudes de contribuciones. La primera recaudación de fondos tras la sesión de entrenamiento tuvo un resultado cinco veces mayor que la de anteriores eventos. La posterior capacitación de sus voluntarios desencadenó un crecimiento del diez por ciento de efectividad en las campañas de recaudación con respecto a las del año anterior.

Dejes de pedir tantas disculpas

Con buenas aptitudes de comunicación, puedes estar seguro de decir las cosas mejor la primera vez. Deja de dar vueltas, trastabillarte o meter la pata accidentalmente.

LOS SECRETOS DE LOS COMUNICADORES CON DISCURSO PERFECTO

Cuando pido que me nombren a algunos de los mejores comunicadores, con frecuencia se menciona al fallecido fundador de los ordenadores Apple, Steve Jobs. Algunos mencionan a Sheryl Sandberg de Facebook, a Jeff Bezos de Amazon, a Robin Roberts de *Good Morning America,* o a varios políticos, desde Bill Clinton a Ronald Reagan. Cualquiera que sea un experto en lo que realiza hace que parezca fácil, y da lugar a que se piense erróneamente que los comunicadores de talento son los afortunados receptores de algún gen especial de «gran comunicador». Pero esto no es en absoluto cierto. Los grandes comunicadores no están predeterminados genéticamente. Se hacen.

Casi todos estos grandes comunicadores han tenido un entrenador como yo. También hacen lo siguiente, algo que tú también puedes hacer.

Practicar

A la mayoría de los profesionales que se ganan la vida delante de audiencias y cámaras no se les ocurriría jamás improvisar. Es más bien lo contrario. Todos deciden lo que quieren decir mucho antes de hablar. Según el libro *Inside Apple,* Steve Jobs practicaba docenas de veces antes de una gran presentación, escenificando y ensayando para no dejar nada al azar. La idea es sencillamente esta: no te engañes pensando que puedes saltarte la preparación. Es la receta para el desastre. ¡Y ten cuidado! Cuanto más experto seas en hablar en público, mayor será la tentación de pasar por alto la preparación. Si sucumbes a ese impulso, lo lamentarás durante toda tu vida.

La hermosura de la comunicación: esta es fácil de practicar. No es como intentar ser mejor esquiador y necesitar un monte cubierto de nieve, condición que solo se da tres veces al año... y con suerte. Con frecuencia hablamos todo el día, de manera que son muchas las oportunidades de probar nuevas estrategias y hacer un Discurso Perfecto.

Desarrollar un carácter distintivo

¿Puedes imaginar lo aburrido que podría ser que todo sonara igual? No es de sorprender que la mente de muchos de nosotros divague durante presentaciones, exposiciones y conferencias. En la actualidad, la comunicación oral es siempre igual y acaba por entumecer. Muchos de nosotros hemos adoptado un léxico monótono de frases sin sentido («por tanto, si lo contempla desde la perspectiva comercial más que desde el enfoque gerencial», bla, bla, bla) que soltamos una y otra vez de una forma muy parecida. Es comprensible, porque aprendemos sobre la comunicación principalmente a través de la ósmosis. Pero son demasiadas las personas que piensan erróneamente que esta forma predecible y aburrida de comunicar representa una zona de comodidad segura. En realidad, no es nada más que un ámbito de conformidad que nos niega la oportunidad de desarrollar un estilo personal distintivo y directo. Confinarse a la zona de conformidad te condena a sonar como cualquier otro y a aumentar la probabilidad de que se olviden tus palabras.

Resulta fácil pensar: *todos lo hacen así, de modo que tiene que ser la forma más común y aceptable de llevarlo a cabo.* Yo creo precisamente lo contrario: si todos los demás lo están haciendo, tú no debes querer hacerlo. Para mí, la comunicación oral es como el mercado de valores. Cuando ves que demasiadas personas van en una dirección, es el momento de hacer lo opuesto. Así actuó John D. Rockefeller en 1928. Cuando un muchacho limpiabotas le ofreció un consejo sobre la bolsa, Rockefeller pensó: *si todo el mundo —incluidos los limpiabotas— están en el mercado, debe haber exceso de compra.* Salió e invirtió su riqueza en otro lugar. Cuando la bolsa quebró un año más tarde, la fortuna de su familia no cayó con ella.

Quiero que seas memorable. El propósito de este libro *no* es que todos comuniquen como si estuvieran leyendo el mismo guion. No hay nada peor que eso. El statu quo entumece, hace que los oyentes se desconecten. Cuando se trata de comunicar bien, uno no quiere mezclarse con la multitud. Quiero que destaques.

INDICADOR DE UN DISCURSO PERFECTO

Prueba este ejercicio para vencer cualquier renuencia a abandonar tu zona de comodidad. La próxima vez que estés atrapado en una audiencia que escucha a un presentador aburrido, saca una hoja de papel y haz dos columnas. A una ponle el título «Nuevo y original», y a la otra «Trillado y manido». Marca todo lo que el orador haga y que represente un nuevo y fresco planteamiento en la columna «Original»; por el contrario, todo lo que ya has oído un millón de veces, anótalo en la columna «Trillado». Con frecuencia les sugiero este ejercicio a los clientes. Siempre les aconsejo que «eviten todo lo de la columna "Trillado" como la peste», pero por desgracia, no todos captan el chiste.

Manifiesta una convicción nítida

Los buenos comunicadores no se equivocan. No empiezan frases con «Creo que...». También evitan el lenguaje vago como *una especie de* o *algo por el estilo*. Tienen el valor de expresar lo que quieren decir y exponen su idea con seguridad.

Sé breve

Más no siempre es más. Los investigadores de la Universidad de San Luis han descubierto que de diez a dieciocho minutos es la extensión de tiempo que, una vez superada, solo inicia un juego en el que va disminuyendo la respuesta atenta de la audiencia. Adivina cuánto duró el discurso de inauguración del presidente Obama en el 2013. Correcto: dieciocho minutos. ¿Una coincidencia? Lo dudo.

Expresa puro deleite

Aunque tengas que fingirlo, tienes que rebosar de un entusiasmo palpable por poder levantarte y hablar. Si tu audiencia percibe que estás disfrutando cada minuto de esa oportunidad, verán tu actuación a través de unas lentes más favorables. Por el contrario, si pareces tenso y nervioso, la angustia se extenderá a tus oyentes.

LO QUE NO TE VOY A DECIR QUE HAGAS

Como entrenador en comunicación trato con el lenguaje a diario. Mi trabajo gira en torno a qué decir y qué no decir, o qué hacer y no hacer mientras lo expresas. Ayudo a celebridades de la televisión, escritores, atletas, altos ejecutivos, músicos y diseñadores de moda a descubrir las perlas dentro de su propio personal y las narrativas profesionales. Una vez que el contenido está en su lugar, ya solo se trata de darles las herramientas para transmitirlo con convicción, entusiasmo y confianza.

Muchas de las personas a las que entreno me dicen que no soy como los demás entrenadores de comunicación con los que han tratado. «¿Por qué?». Me asombran las respuestas. Si alguna vez te han entrenado para hablar en público, si has leído libros sobre el tema o has prestado oído a consejos de amigos bienintencionados, es probable que te hayan hecho una sugerencia absurda; en las páginas de *Discurso Perfecto* no encontrarás nada parecido. De modo que las siguientes estrategias no pretenden ser seguidas bajo ninguna circunstancia. Solo las comparto por su valor cómico.

Imagina a tu audiencia en ropa interior

Este es un consejo que se da constantemente, y no tengo ni idea de por qué. Es ridículo y, a menos que lo iniciara un ejecutivo de mercadotecnia de Fruit of the Loom, no sirve para nada. No solo no funciona, sino que es una distracción. Aparta tu enfoque de tu mensaje y lo centra exactamente donde tú no quieres, en algo que no tiene nada que ver con lo que has venido a contar. Propongo una estrategia mucho mejor: respirar hondo como en el yoga. Cuando nos ponemos nerviosos olvidamos respirar de forma adecuada. Empezamos con respiraciones breves y poco profundas que privan a tus pulmones del aire necesario para hablar con una voz estable y confiada. Una respiración inadecuada hace que la voz suene temblorosa y entrecortada.

Cinco minutos antes de empezar a hablar, inhala profundamente a través de la nariz —aguanta el aire un par de segundos— y exhala poco a poco por la boca. Esta técnica silenciará cualquier ruido que se arremoline en tu cabeza y que te distrae, ralentizará el ritmo de tu pulso, rellenará tus pulmones de aire y estabilizará tu voz. Pruébalo. ¡Funciona!

Canaliza a esa rubia tonta que llevas dentro

Una tarde, la ejecutiva de mercadotecnia de una de las principales marcas de productos de belleza entró en mi oficina para practicar su discurso sobre una serie de vídeos seleccionados para la página web de su empresa. Le pregunté si recordaba el entrenamiento anterior en comunicación que le había impartido una compañía distinta. «Lo único que recuerdo», me respondió, «es que mi entrenadora me indicó que necesitaba canalizar mi rubia tonta interior». No puedo imaginar un consejo más ofensivo, sobre todo teniendo en cuenta que quien lo recibió era rubia.

La traducción que yo hago de este consejo escandalosamente idiota es: sé cálida y acogedora en tu discurso a la cámara y muestra un entusiasmo casi infantil por el valor del producto del que estás hablando.

Imagina que estás hablando con un estudiante de tercer grado

Este consejo es ubicuo. Simplifica, conviértelo en papilla, dáselo en bandeja a las masas ignorantes. Nunca había existido una noción más equivocada. Si imaginas que estás hablándole a un estudiante de tercer grado, sonará exactamente así. Piensa en ello por un momento. ¿Qué tipo de voz usas cuando te diriges a niños de ocho años? ¿Sería un tono adecuado para una sala llena de adultos?

Estoy completamente a favor de renunciar a una palabra de veinticinco centavos cuando con una de cinco centavos basta, pero esto es muy distinto a hablarle a tu audiencia como si fueran estúpidos. Para evitar un tono insultante de condescendencia, imagina que tus oyentes son un grupo de universitarios de primer año: inteligentes, pero que no saben todavía lo que es el mundo.

Gana tiempo con la frase «¡Esa es una buena pregunta!»

Es la táctica dilatoria más transparente que existe hoy. ¿Por qué no decir simplemente lo que quieres decir, que es: «Necesito más tiempo para pensar qué demonios voy a decir». Mi consejo a los clientes es no hacer nunca comentarios sobre la pregunta. Felicitar a tu entrevistador por el ingenio de su pregunta es rotundamente empalagoso. En mis años de reportero, cuando me decían: «Esa es una buena pregunta», siempre di por sentado que el individuo entrevistado intentaba ganarse mi afecto con una falsa adulación.

No contestes nunca la pregunta

En otro tiempo tal vez uno se podía escapar con esta estrategia, pero los tiempos han cambiado. Las audiencias son más inteligentes, tienen más destrezas y pueden percibir cuándo alguien ha sido entrenado como una foca de circo (o como un candidato político) para que no conteste nunca a la pregunta real. Esta técnica hace que se perciba un aire escurridizo de esquivez. Se ha arraigado tanto que las personas incluso lo hacen ante las preguntas más benignas. Por ejemplo, si te preguntaran: «¿Y qué me dices del tiempo? ¿No me digas que no hace un día precioso?», la respuesta normal sería: «Desde luego que sí. Es espléndido». Un acercamiento cauteloso, controlado, exageradamente formal sobre el tema del tiempo sería del todo extraño: «Bueno, si consideras las condiciones desde una perspectiva meteorológica, lo que estamos viendo son rasgos un tanto desiguales para este tiempo del año». Desearía poder decirte que este ejemplo es una ridícula exageración de lo que suelo oír con regularidad, pero no lo es.

Tres cuartas partes de las preguntas que se nos formulan no conllevan riesgo al ser respondidas directamente, de modo que, para crear la sensación de una conversación real, afróntalas directamente. El cuarto restante podría ser capcioso, tortuoso, insinuante o directamente acusatorio. En este caso, declara directamente lo que quieres decir sobre el *tema* de la pregunta en lugar de responderla de un modo directo. Esto forma parte del «Principio de Draper», y aprenderás más sobre él en el capítulo 9.

Pronuncia el nombre de alguien una y otra vez

Por principio, nunca le compro nada a alguien que incesantemente menciona mi nombre en la charla promocional. Es una tecnología antigua y obsoleta que originalmente fue diseñada para establecer una buena relación. Sin embargo, se ha utilizado tanto que ahora suena insincera, y esto es así incluso cuando la emplean comunicadores veteranos que suelen hacer las cosas de una forma perfecta. Por ejemplo, el cardenal Timothy Dolan, arzobispo de Nueva York, es un hábil comunicador, y hasta podríamos decir que tiene talento. Para el cardenal de Boston, Sean O'Malley, es lo que JFK fue para Nixon, pero cuando le hicieron una entrevista en directo en las noticias de la radio sobre el recién nombrado papa Francisco, habló más como un vendedor de telas que como religioso. No cesó de entrelazar el nombre del periodista en sus respuestas. De haberlo hecho una o dos veces, habría pasado inadvertido. Pero lo hizo al menos una docena de veces en solo cinco minutos. Sus respuesta eran más o menos así: «Bueno, Rich...». «Es interesante que saque esto a relucir, Rich...». «Como bien sabe, Rich...». Parecería que la archidiócesis necesitara actualizar su manual de entrenamiento en comunicación.

Pronuncia el nombre de alguien una vez, pero no insertes el nombre de nadie en la conversación más de eso. Adivinarán tu intención.

Espero que todo esto te proporcione una sensación de alivio, porque imagino que has probado algunos de los malos consejos de comunicación que acabo de mencionar y no funcionaron. Tal vez hayas salido de la experiencia preguntándote en qué te habías equivocado, reprochándote a ti mismo no haber sido capaz de dominar las reglas de la comunicación.

Permíteme decirte una cosa: tú no eres el problema. El obstáculo es el consejo que intentas seguir.

Estás a punto de aprender un método completamente contradictorio para la comunicación. Es probable que vaya en contra de algunos de tus instintos y con toda seguridad será distinto a todo lo que podrías haber oído o leído en otro lugar.

Por ahora te voy a pedir que confíes en mí. Solo lee con mente abierta. Considera cada uno de los consejos. Practícalo en las situaciones sencillas: en casa, con amigos y colaboradores que no chismorrearán a tus espaldas. Creo que lograrás ver, como lo han hecho mis clientes, que la comunicación perfecta no solo es vital, sino también algo que cualquiera puede aprender.

2

LOS PRINCIPIOS DE LA PERSUASIÓN

*Cuando hagas las cosas comunes de la vida de una forma
poco común, recibirás la atención del mundo.*
—George Washington Carver

MANTENER LA ATENCIÓN de tu audiencia es como ganar un partido
de tenis en Wimbledon. Más te vale tener una estrategia claramente definida, ejecutarla con brillantez y amordazar cualquier
voz interior de desconfianza en ti mismo o te aplastarán. Y gracias
a numerosos factores que lo complicarán todo y que los tiempos
mismos en los que vivimos se encargarán de fomentar, ganar se va
haciendo cada vez más difícil.

Para empezar, tenemos una disparidad al estilo de la liebre y
la tortuga de la fábula entre nuestro cerebro y nuestra boca. Tu
oyente es capaz de absorber 400 palabras por minuto, pero tú solo
puedes pronunciar 125. ¿Qué hace, pues, el cerebro humano cuando
no se le desafía a alcanzar su potencial completo de procesamiento
de la información? Divaga lejos del camino que tú estás intentando abrir, y esta es la razón por la que tu audiencia tiene la innata
tendencia a contemplar, en medio de tu presentación, asuntos con
tanto peso como: *¿tendré suficiente leche para mañana por la mañana?
¿Habré dejado la plancha encendida? Me pregunto si mi hija habrá acabado su proyecto de ciencia. ¡Vaya combinación ha hecho este tipo entre su
camisa y su corbata; es de chiste!*

Y esto, suponiendo que las 125 palabras que pronunciamos sean eficaces y merezcan la pena. Incluye algunos calificativos sin sentido o alguna redundancia y ya tienes la receta para aburrir al oyente y hacer que se desvincule. Quizá no sea de sorprender que solo el veinte por ciento de lo que decimos tenga un impacto duradero.

Además, buscar el compromiso del oyente se está haciendo cada vez más difícil. Una investigación encargada por la compañía de seguros Lloyds TSB muestra que, hace diez años, la persona media podía prestar fácilmente atención durante unos doce minutos más o menos. Sin embargo, cinco minutos me parece una cifra más realista. ¿Por qué? Contactar, dar toques, tuitear y enviar *snapchats* ha recalibrado nuestra definición de atención sostenida. Una avalancha constante de trocitos de comunicación en forma de textos, tuits, correos electrónicos y mensajes de voz de diez segundos nos bombardea; la persona media está expuesta a cinco mil mensajes al día. Como resultado, nuestros periodos de atención colectiva parecen encogerse a mayor velocidad que la capa de ozono. La distracción y la multitarea mental son ahora un modo de vida.

Y aquí tenemos otra tendencia que funciona en nuestra contra: los investigadores de la Universidad de Granada han determinado que las personas más saludables y más en forma acostumbran a prestar atención con mayor facilidad que los que no están sanos y tienen mala forma física. No me sorprende. No puedo decir que tuviera la mente muy despejada después de la cena de Acción de Gracias. Toda esa energía necesaria para engullir la comida y digerirla tiene que desviarse de tu cerebro. Por tanto, si hay una correlación entre la expansión de nuestra cintura y el encogimiento de nuestros periodos de atención, el circuito de las conferencias podría verse condenado en los Estados Unidos.

A medida que crece el déficit de atención, las técnicas que usamos para mantener la atención de las personas tienen que ser cada vez más eficaces. Nunca ha sido tan importante aprender a tener un Discurso Perfecto.

LA ATROFIA DE LA COMUNICACIÓN VERBAL

Dentro de millones de años, cuando los arqueólogos encuentren nuestros fósiles, deducirán sin lugar a duda que nuestro pulgar creció más y fue más fuerte como resultado de nuestro uso constante de los artilugios móviles (es irónico, porque lo que de verdad necesitaríamos son pulgares *más pequeños*). Tal vez descubran también una condición del tipo de la escoliosis en la parte alta de nuestra columna vertebral por estar constantemente encorvados sobre las pantallas digitales.

Me pregunto si también observarán que las cuerdas vocales están atrofiadas casi por completo, porque el arte de la comunicación hablada parece en vías de extinción. Aun a riesgo de tomarnos libertades con el tan manoseado eslogan que confundió a Dan Quayle en 1988, el arte de la comunicación hablada es algo terrible de perder, y como cualquier músculo no utilizado, se irá haciendo más débil y más flácido.

Hace tiempo, el menú de los métodos de comunicación para la persona media era bastante breve: hablar y escribir cartas. Recientemente, me asombró que un amigo mío de la Generación Y recibiera una carta de verdad por correo, con su sello y todo. Por un momento, este gesto retro me tranquilizó hasta que descubrí que procedía de un centro de rehabilitación donde los artilugios digitales estaban prohibidos.

Hoy, como dirían mis amigos de Silicon Valley, la tecnología ha interrumpido por completo la comunicación tradicional. La riqueza de las opciones alternativas de comunicación ha reducido drásticamente la cantidad de tiempo que le dedicamos cada día a hablar de verdad.

Este no es un escenario poco probable incluso desde la infancia de gente como nosotros, los niños nacidos durante la exposición de la natalidad. Aquellos que sean de mi edad o algo mayores recordarán probablemente haber visto a sus padres parárseles delante, con las manos en las caderas, mientras ustedes se sentaban boquiabiertos frente a la caja boba durante la cuarta hora consecutiva de ensimismamiento mental. Gritaban: «Se te acabará pudriendo el cerebro si sigues mirando esa cosa. ¡Agarra un libro y lee algo!».

Estoy seguro de que compartimos el mismo lamento: ¡si hubiera sabido entonces cuánta razón tenían! Puedes leer el libro de J. D.

Salinger, *El guardián entre el centeno*, veinticinco veces y sacar algo nuevo en cada ocasión. Sería más difícil de hacer la misma afirmación en cuanto a ver varias veces un episodio de *Laverne and Shirley*. Después de años de exposición en los páramos de los medios de comunicación como *Mi marciano favorito* y *La tribu de los Brady*, es un milagro que haya podido escribir este libro.

Los artilugios digitales son a la palabra hablada lo que la televisión fue una vez a los libros. Resultado final: el músculo ya débil de las comunicaciones se debilita aun más. Y, como fumar cigarrillos o comer en McDonald a diario, sabemos que esa conducta no es buena para nosotros, pero en cierto modo no podemos evitarlo.

Si eres un milenial, miembro de la generación que es incuestionablemente la más diestra en tecnología, existe una amplia motivación para dejar el hábito y practicar la forma en que las personas se comunicaban «en aquella época». Adoptar un planteamiento más tradicional determinaría tu éxito profesional. Según la investigación encargada por la auditora internacional Ernst & Young, la cantidad de mileniales que asumieron puestos directivos en el 2013 creció un 87%, en comparación con el 38% de la Generación X y el 19% de las personas nacidas durante la explosión de la natalidad. Sin embargo, cuando se pregunta quién está preparado para manejarse con mayor efectividad en el clima actual, los de la generación del milenio quedaron rezagados muy por detrás de sus homólogos mayores en competencia percibida: solo el 27%, frente al 76% de los nacidos durante la explosión de la natalidad y el 80% de los de la Generación X. La investigación de E&Y demostró que «la Generación Y es, en la actualidad, la que menos aptitud tiene a la hora de exhibir una presencia ejecutiva». La comunicación eficaz es un componente principal de esta característica. El sondeo señaló que «las conversaciones claras, concisas y frecuentes» son la clave para evitar los malentendidos y las nociones preconcebidas.

Tal vez sientas la tentación de objetar: «¿Y cuál es el problema? Si sigo siendo tan eficiente y me siento mucho más cómodo cuando me comunico por escrito, ¿por qué tengo que aprender a hacerlo cuando hablo?».

Por esta sencilla razón: sin perjuicio de la literatura de calidad, la comunicación oral transmite mucho más que la escrita por nuestra capacidad de aclarar nuestras palabras mediante la entonación. Si alguna vez un amigo ha malinterpretado uno de tus mensajes de texto ya sabes que cuando se pierde el tono resulta difícil descifrar el verdadero significado de la comunicación escrita. Pero no solo se sacrifica el matiz. En nuestra cultura de «dámelo todo en una sola página» siempre se corre el peligro de que, en primer lugar, tu mensaje escrito no se asimile. ¿Cuántas veces te han hecho una pregunta que ya has respondido varias veces por correo electrónico? ¿Con cuánta frecuencia tus supervisores te pidieron que añadieras algo al informe que ya figura en el mismo? ¿Cuántas veces tienes que darle al botón de «borrado» en correos electrónicos, textos y otras formas de comunicación tras echarles un vistazo por encima o sin hacerlo?

Más de las que puedas contar, ¿verdad?

NADIE SE GRADÚA EN LA ESCUELA DE LA ELOCUENCIA

Descubrí que mis clientes no siempre me creían cuando yo insistía en que hasta los oradores públicos más consumados deben seguir preparándose con la misma diligencia y constancia, y de la misma forma concienzuda en que lo hacían cuando eran más inexpertos. El primer debate presidencial del 2012 lo cambió todo.

El equipo de debate del presidente Obama se estableció en Las Vegas y se preparó para unas rigurosas sesiones de entrenamiento. Solo había un problema. Su alumno estrella no estaba excesivamente comprometido. Cortó en seco una sesión de práctica para hacer un viaje a Hoover Dam y se rehusó a ver el vídeo de la actuación de Mitt Romney en debates contra sus rivales republicanos. Después de un par de días en esta inquietante situación, David Axelrod, asesor jefe de la campaña del presidente, tomó la palabra. Le comentó a Obama que le preocupaba ver que no parecía centrarse y que sus intentos carecían de intensidad. La respuesta del presidente fue: «No te preocupes, soy jugador en el momento adecuado. Cuando empiece el partido, allí estaré». Bueno, todos sabemos que el auto-proclamado jugador «en el momento del partido» no hizo más que echar balones fuera durante aquel primer debate. A decir de todos —liberales y conservadores—, Obama no solo perdió el primer debate contra Romney, sino que quedó totalmente derrotado. Su pobre actuación hizo que su ventaja en los sondeos se evaporara de la noche a la mañana y, como resultado, pasó el resto de la campaña intentando deshacer el daño.

Aquella debacle fue el alarmante recordatorio de que ni siquiera los comunicadores de élite pueden descuidarse. Nadie tiene un interruptor mágico en la espalda que, al pulsarlo, lo convierta de repente en un extraordinario orador. Independientemente de quien seas, tienes que invertir tiempo en ello. Hasta Don Explicalotodo, Bill Clinton, sigue trabajando en ello. Uno de los miembros clave de su equipo de comunicaciones me comentó una vez que la prepa-ración adecuada era esencial para el expresidente. «Sin duda algu-na era el mejor comunicador que haya visto jamás... siempre que estuviera preparado. Cuando su horario se convertía en un super-caos y comprometía el tiempo que tenía para prepararse, se notaba muchísimo».

Además de la falta de tiempo para prepararse y ensayar, otro de los peligros que corren los grandes comunicadores es una confianza sobrada. Muchas personas piensan, erróneamente, que por hablar en público con regularidad «jugarán bien durante el partido», como creía Obama de manera equivocada.

Esta es una mala costumbre en la que no se debe caer, sobre todo si eres un alto ejecutivo. Una vez alcanzado ese nivel dentro de una empresa, la mayoría de tus subordinados pierden todo el poder de decirte la verdad: que tal vez tus observaciones carezcan de enfoque o tus discursos parezcan secos. En todos mis años de entrenador de oradores públicos nunca he sabido de nadie que bajara de un estrado tras haber pronunciado un discurso mediocre y que recibiera una respuesta sincera a la pregunta: «¿Qué tal lo he hecho?».

Y aquí es donde entro yo en escena. Piensa en mí como el antí-doto de los aduladores corporativos que complacen a los ejecuti-vos de alta dirección, halagando sus oídos. Mi trabajo consiste en informarles a los clientes lo que necesitan escuchar sin que su ego se vea mortalmente herido. Intento repartir sinceridad, reafirmando y siendo constructivo para que puedan retener su dignidad. No obstante, de vez en cuando es necesario adoptar un enfoque distinto. Por ejemplo: un lunes por la mañana, a primera hora, entró una ejecutiva a la sala que yo había preparado en su empresa para impartir el entrenamiento en comunicación. Apenas había cerrado la puerta tras de sí cuando empezó a quejarse: «¿Qué es todo esto? ¿Quién lo ha organizado? ¡No necesito entrenamiento en comunicación! ¡El trato con los reporteros se me da sumamente bien! ¡No tengo tiempo para esto! Tengo que entregar un proyecto hoy a mediodía... ¿de quién ha sido la idea?».

Fue toda una diatriba, pronunciada con la vena del cuello en relieve, y todo antes de permitirme emitir el más mínimo sonido. Por fin tuvo la necesidad de respirar, y me exigió una explicación: «Lo que quiero decir es, ¿qué me puede usted enseñar que no sepa ya?».

Debo indicar que, por instinto natural, tiendo a apaciguar las cosas. Sin embargo, en este caso, en una fracción de segundo decidí que la respuesta Discurso Perfecto equivalía a lanzarle un vaso de agua fría en plena cara. Le respondí con voz tan calmada como mis fuerzas me permitieron: «Bueno, las vibraciones que emita a los reporteros son de suma importancia para conseguir que el tono de su artículo sea favorable. Si lo fastidia, lo que escriban podrá ser mordaz. Si es cordial y acepta el proceso, probablemente le concederán el beneficio de la duda. Y crear esa buena química depende por completo de unas aptitudes sociales interpersonales inteligentes, es decir, de esas que *no* está demostrando ahora mismo».

Abrió la boca, pero no le salieron las palabras. Por un instante, fue el equivalente adulto del momento en que un niño duda entre optar por decir algo desagradable o gritar. Eché un rápido vistazo a su entrenador del departamento de comunicaciones de la empresa, que se había unido a nosotros. El color se había retirado por completo de sus mejillas. En lugar de esperar que ella contestara, con calma seguí hablando de las técnicas específicas para establecer esa buena relación. Cuatro horas más tarde, la ejecutiva le insistía a su entrenador de relaciones públicas para que todos los empleados de su departamento pasaran por esa misma capacitación. No hay resultado más dulce que este.

Rara vez he conocido a alguien cuyo músculo de la comunicación no pudiera tonificarse un poco más. Tampoco me he encontrado con nadie que no tuviera esperanza. Por tanto, independientemente del punto en el que te encuentres en la continuidad de las comunicaciones, anímate al saber que puedes hacerlo mejor.

EL GRAN VACÍO EN LA COMUNICACIÓN

El aspecto de mi negocio que más me gusta es la absoluta diversidad de clientes. Hemos tenido de todo, desde exmiembros de pandillas que eran los delincuentes más violentos de las peores calles de los Estados Unidos hasta los más extraordinarios músicos de jazz y los jugadores más prestigiosos del Super Bowl.

¿Cuál es el punto más importante? Cada uno se comunica de manera distinta. Por fortuna. Imagina qué aburrimiento si no fuera así. Algunos llegan a nosotros con muchas fuerzas. Solo necesitarían quizá una rápida puesta a punto. Otros no tienen tanta práctica y precisan mucha más formación. Muchos son fuertes en algunos ámbitos de la comunicación, pero débiles en otros.

En la docena de años, más o menos, que me he dedicado a entrenar a clientes, las mujeres han constituido alrededor del sesenta y cinco por ciento de nuestra clientela. Existen numerosas razones para ello. La mayoría de las mujeres líderes que he conocido y con las que he trabajado están consagradas a la superación personal. Rara vez permiten que su ego se interponga en el camino de reconocer que otra persona pueda tener alguna orientación valiosa que impartir. Como resultado, entrenarlas es un absoluto placer.

Sin embargo, en el mundo de los negocios persiste un evidente abismo entre géneros en cuanto a la comunicación, y es una disparidad en cuya resolución nuestra empresa está invirtiendo una buena cantidad de tiempo. Una mujer que se comunica en el lugar de trabajo no dista mucho de la gimnasta que navega por una barra de equilibrio. Muchas lo hacen con destreza, precisión y elegancia. Sin embargo, hay veces en que esa barra parece terriblemente estrecha y no deja margen para el error. ¡Con qué facilidad se pierde el equilibrio de un lado por intentar ser demasiado conciliadora, empática y ambigua! Balancéate demasiado hacia atrás por el otro lado y te acusarán de no tener sentido del humor, de ser fría, mandona e inflexible, las mismas cualidades que en un hombre se consideran fuertes atributos para el liderazgo. Un giro demasiado grande en cualquier dirección significa que, con toda probabilidad, te has caído de la barra y estás intentando levantarte de la colchoneta.

Muchas de las mujeres con las que he trabajado consiguen este equilibrio en la justa medida. Son capaces de ser asertivas y sin concesiones en su comunicación oral, a la vez que mantienen una conducta optimista, cálida e inspiradora. Un mensaje duro, obstinado, sin sentido, entregado con el ceño fruncido de una institutriz, no le hace alcanzar a nadie el diez de la perfección. Lo más probable es que consigas más alta puntuación si tu mensaje se comunica con radiante expresividad.

No obstante, algunas mujeres líderes luchan con frecuencia, porque son sensibles a la forma en que creen que otros las perciben. Ser consciente de la atmósfera de la sala es bueno, con moderación, pero no puedes dejar que te obsesione hasta el punto de la distracción. Me percato de que a menudo tengo que recordarles a las mujeres a las que entreno: «¡No prestes tanta atención a lo que piense la gente!».

Y esta es la razón. Querer quedar bien con todos te hace retroceder demasiado y te distrae de la tarea que tienes entre manos. Además, la mayoría de nosotros leemos fatal la mente. Algunas personas parecen totalmente aburridas, confusas o molestas cuando en realidad no lo están en absoluto. En una ocasión, durante una presentación que hice, no pude evitar detenerme en un hombre sentado en la última fila, cuyos dedos recorrían su BlackBerry a toda velocidad. Durante un breve receso, me dirigí a él y le comenté: «Espero que no se esté ocupando de una emergencia en su oficina». Para gran deleite mío, me respondió: «¡Oh no! Solo es que se me da muy bien tomar notas en mi BlackBerry». Así que ahora, cuando veo la parte superior de las cabezas en la audiencia y la luz de sus pantallas reflejándose en sus rostros, me convenzo a mí mismo de que están tomando abundantes notas. ¿Para qué dejar que cualquier otro pensamiento ponga en entredicho tu confianza?

En general he comprobado que las mujeres con las que trabajo son más susceptibles de interiorizar estos desaires que afectan su actuación. Parece resultarles más difícil silenciar esa pequeña vocecilla que susurra: *Lo estás fastidiando todo.* Esa voz convence a muchas mujeres de que toda la audiencia está esperando que metan la pata para empezar a tuitear sobre la charla horriblemente aburrida que se les ha obligado a soportar.

Les señalo a las mujeres que, en realidad, en la mayoría de los casos, la audiencia se está preparando en silencio para que ellas lo hagan bien. Les recuerdo que Winston Churchill declaró: «Nunca llegarás a tu destino si te detienes a lanzarle piedras a cada perro que ladre».

No me malinterpretes. Los hombres también se ponen nerviosos cuando tienen que hablar en público. No obstante, parecen centrarse con mayor facilidad en su mensaje y no en cómo lo percibirán los demás. Como resultado, siempre serán más los hombres que hablen sin rodeos y te digan lo que piensan, respaldando su opinión con una historia, estadísticas o una prueba. Es, sin duda alguna, una ventaja. Las mujeres, en su esfuerzo por limitar la probabilidad de que su punto de vista sea desacreditado o criticado, tienden a aportar un respaldo irrefutable a su idea antes de revelar lo que creen de verdad. En resumen, tienden a comunicar su mensaje con menos convicción.

Aunque los hombres podrían ser más directos, tienen sus propios inconvenientes. No tienden a ser tan empáticos como las mujeres y, en consecuencia, no tienen por naturaleza tanta destreza a la hora de explicar cómo algo puede ayudar a sus clientes u oyentes. En los negocios ofrecemos servicios y creamos productos que les resuelven la vida a las personas. En comparación con las mujeres, a los hombres no se les da tan bien expresar las frustraciones y las limitaciones de cómo era la vida antes de que se creara un servicio o producto.

CUATRO TIPOS DE MALOS COMUNICADORES

Además de las diferencias entre hombres y mujeres, también he descubierto que las personas se comunican de forma diferente en otros ámbitos. Aquí tienes cuatro ejemplos.

Los que pulsan la tecla de retroceso

Entreno a muchos escritores, periodistas y autores, y me fascina cuántos de ellos hablan igual que escriben. Suelen construir una frase, evaluarla y, si creen que pueden mejorarla, pulsan una y otra vez la tecla de retroceso y la perfeccionan. Esto funciona muy bien cuanto estás sentado con un teclado delante, pero muchas personas también lo hacen cuando están hablando. Unas cuantas líneas pronunciadas por boca de alguien que pulsa la tecla de retroceso serían algo así: «Estaba en California. Creo que era en el norte de California. Y yo iba manejando... bueno, en realidad era el pasajero. Mi amigo conducía. Bueno, íbamos a esa conferencia. Era más bien algo parecido a una reunión...».

Cuando hablas, cuidado con el botón del retroceso. Si abusas, la comunicación puede volverse titubeante, frustrante, entrecortada, en la que el paso del tartamudeo adquiere prevalencia sobre el suave deslizar hacia adelante. La forma en que las cosas salen por primera vez de tu boca suele ser la mejor. Resístete al deseo de autoeditarte hasta que la información menos vital sea precisa al cien por cien.

Los amantes de las minucias

Muchas personas tienden a dejarse atrapar por las minucias de lo que han construido en lugar de explicar lo que el consumidor puede hacer con ese maravilloso invento. El ciudadano medio no quiere conocer el proceso por el cual algo ha llegado a existir. Lo que le interesa es: «¿Qué cambio aportará este producto a mi vida? ¿Cómo me va ayudar?».

Los expositores

En lugar de exponer una idea con rapidez y seguir adelante, el expositor menciona el mismo pensamiento una y otra vez. Me encuentro con esto a menudo cuando estoy entrenando a instructores y catedráticos. Los cursos universitarios son un reto. El catedrático está de pie en la parte delantera de una sala y habla durante unos cincuenta minutos (compitiendo con los de la generación del milenio enganchados a sus artilugios digitales). Desde luego no es un entorno extraordinario donde practicar la brevedad. En este marco, en ocasiones solo se trata de rellenar el tiempo. Los catedráticos exponen, adornan y subrayan distintos puntos repetidas veces. Es posible que esto funcione en el mundo académico, pero no es lo idóneo en el mundo real.

Los campeones de los tópicos

La mayoría de las personas abusan de los tópicos en algún momento, pero, por alguna razón, los atletas se apoyan en ellos casi de forma exclusiva. En algún lugar les enseñan que la respuesta a toda pregunta debería durar de treinta a cuarenta segundos, estar llena de tópicos y no comunicar absolutamente nada. En la película *Los búfalos de Durham*, Crash Davis, personaje interpretado por Kevin Costner, aconseja a un compañero de equipo que está a punto de ascender a las grandes ligas y, por tanto, estará sometido a las entrevistas de los medios de comunicación: «Tienes que aprenderte tus tópicos. Tienes que estudiarlos, sabértelos. Son tus amigos. Escribe esto: "Tenemos que jugar un partido a la vez"». De vez en cuando sale un jugador con citas interesantes y originales. Curtis Granderson de los New York Yankees es un ejemplo de ello. Cuando se le preguntó recientemente sobre la avalancha de lesiones y recaídas que afectaba a su equipo, Granderson respondió: «Creo que tenemos que descubrir quién tiene el muñeco del vudú y no deja de clavarle alfileres».

LOS SIETE PRINCIPIOS

Por tonificado o flácido que esté tu músculo de la comunicación oral, los «Siete principios de la persuasión» pueden ayudarte a ponerte en forma para jugar.

Originalmente, los principios eran una mera lista mental de verificación que mantuve durante los años que trabajé como corresponsal de los informativos televisivos y, más tarde, como productor. En el desempeño de esas funciones entrevisté a miles y miles de personas y, por consiguiente, edité innumerables horas de audio y vídeo. Cualquier entrevista podía ocupar treinta o cuarenta minutos de grabación y yo tenía que recortarla a una porción de un minuto que mantuviera la atención de los telespectadores. En la sala de edición aprendí a dejar que el sonido pasara sencillamente por mis oídos, ignorando todo lo que pareciera interminable, inconsecuente, aburrido, trivial, excesivo y ordinario. Sin embargo, cuando escuchaba algo interesante, cautivador y provocativo, de repente mis oídos cobraban vida, porque sabía que tenía mi fragmento de entrevista.

Con el tiempo, conforme editaba suficientes grabaciones, me di cuenta de que todas las citas y los segmentos más jugosos seguían siete importantes principios.

El principio del titular

Capta la atención empezando con tu mejor material, sobre todo con una frase llamativa, que provoque la reflexión y haga pensar a los oyentes: *Quiero saber más*. No entierres lo importante entre detalles sin importancia. No copies a nadie. No recurras a las fórmulas estereotipadas. No entres en un tema poco a poco. Empieza con una frase concisa y que capte la atención.

El principio de Scorsese

Atrae la atención con imágenes visuales que ilustren una historia. Creo que la mayoría de los que han visto la película *Uno de los nuestros* de Martin Scorsese recuerdan la escena en la que Paul Sorvino rebana un diente de ajo con una cuchilla de afeitar estando en la cárcel. Esa escena ilustraba el estilo de vida gourmet que sus mafiosos estaban llevando entre rejas. A través de tus palabras, elabora historias tan fascinantes que el oyente esté pendiente de cada detalle. Dirige el filme que se está desarrollando en la mente de tus oyentes.

El principio de la salsa para pastas

Cura el aburrimiento revisando bien tu mensaje, enriqueciéndolo y abreviándolo tanto como te sea posible. Cuando tengas dudas, recorta más. Si la gente se queda con ganas de más, te pedirán más.

El principio de no ir pegado a los talones

La velocidad a la que hablas debería ser directamente proporcional a lo seguro que estés de la siguiente frase que va a salir de tu boca. Cuanto mayor sea tu seguridad, mayor energía puedes imprimir a tus palabras. Sin embargo, si eres proclive a decir lo primero que te cruce por la mente, la forma segura de impedir que tu boca vaya pegada a los talones de tu cerebro es utilizar un ritmo más lento con pausas estratégicas. Y, como con los automóviles, cuando el auto que precede se detenga un momento, indeciso ante qué dirección tomar, lo más probable es que el que vaya pegado a los talones se estrelle contra él. El equivalente verbal a la colisión es el relleno, las muletillas: bueno, hmm, ya saben, etc. Y ya que estamos enumerando, etcétera también.

El principio de la convicción

Transmite certeza con las palabras, el contacto visual, la postura y el tono de voz.

El principio de la curiosidad

Los mejores entrevistadores televisivos se ganan la confianza haciendo gala de un interés genuino, como si no hubiera ningún otro lugar donde prefirieran estar. Lo demuestran manteniendo una expresión facial de interés. Una de las razones por las que a los telespectadores les encantaba Tim Russert, el anterior presentador de *Meet the Press,* era porque se podía ver en su rostro cuánto le gustaba su trabajo. Rezumaba una actitud que indicaba: «No me puedo creer que me paguen por hacer esto». Podía formular preguntas complicadas, pero al hacerlo, se le veía cálido y nunca ofensivo. Por consiguiente, sus preguntas nunca parecían golpes bajos ni trampas.

El principio de Draper

Por si no lo sabes, Don Draper es el personaje de ficción de la serie *Mad Men,* de la cadena AMC. Interpreta el papel del director creativo de una empresa de publicidad de Manhattan y se le conoce por su eficacia en proponer ideas. Basé el último principio en él porque creo que es uno que él mismo te enseñaría de no ser un personaje de ficción. La mejor forma de mantenerse en el asunto es asegurarse de que el flujo y el enfoque de la exposición consisten en sacarle partido a tus cualidades. Si el tema se desvía y se aparta de un ámbito en el que puedes brillar, efectúa una transición de vuelta. Es el viejo adagio de Don Draper: «Si no te gusta lo que se está diciendo, cambia de conversación».

Cuando abandoné el periodismo televisivo y comencé a entrenar a clientes para las entrevistas de los medios de comunicación les enseñé los siete principios. Al principio, las redes de emisoras se enfurecieron ante la idea de que las personas entrevistadas recibieran entrenamiento. Pensaron que este tipo de preparación haría que las entrevistas parecieran poco naturales y ensayadas. Ahora lo ven de otro modo. Se dan cuenta de que, con el tipo correcto de entrenamiento en comunicación, las cabezas parlantes o los personajes de sus bloques informativos propiciarán citas jugosas y una narrativa visual memorable. Los principios han funcionado tan bien que no resulta inusual que las redes de emisoras llamen y pregunten cómo va el entrenamiento del personaje que están planeando entrevistar la semana siguiente.

Con el tiempo entendí que los principios no solo funcionaban para las entrevistas de los medios de comunicación; también dieron buen resultado en casi todas las situaciones en las que uno se comunica. Se los enseñé a los clientes que querían perfeccionar sus aptitudes para hablar en público, brillar como moderador o invitado en un panel, o conseguir un diez perfecto en su próxima entrevista de trabajo.

Muy pronto, los principios se abrían camino en todas las sesiones de entrenamiento. Pero también son inmensamente útiles fuera de la oficina, cuando la familia y los amigos piden consejo sobre qué decir en determinadas situaciones sociales y profesionales.

Con frecuencia, mis clientes siguen en contacto y me cuentan sus éxitos. Lo más interesante es que casi todos comentan que los principios que les he enseñado para un propósito inicial, ya sea pronunciar un discurso o brillar en el programa *Today*, se aplican a casi todo lo que hacen en el trabajo. Los usan cuando se comunican con cualquiera sobre todo tipo de cosas.

Como me refirió recientemente un director ejecutivo: «¿Sabes? ¿Recuerdas esa técnica que me enseñaste sobre mantener una expresión de curiosidad e interés frente a las cámaras? Ahora la uso cuando mis empleados me presentan un informe en una reunión interna. Ahora que me ven más interesado y acogedor, su presentación es más concisa y segura. Yo solía mirarlos con el ceño fruncido, porque me concentraba, pero esto les hacía perder confianza, sentir la necesidad de explicarlo todo exageradamente, dar rodeos y perder tiempo».

De manera similar, le enseñé a una ejecutiva de una relevante firma de relaciones públicas una importante técnica para moderar debates. Esta le sirvió para introducir nuevos negocios. Los moderadores de debates deben ser capaces de evitar, con sutileza y discreción, que los acaparadores de las cámaras absorban todo el oxígeno disponible en la habitación. Lo último que un moderador querría hacer es luchar torpemente por recuperar el control del que ellos se han apropiado, de un modo que parezca gritar: «¡Le retiro el uso de la palabra!». Esta ejecutiva se vio en una situación de este tipo durante una nueva presentación de negocios. Creyendo

equivocadamente estar en buena racha, una de sus subalternas llegó demasiado lejos dedicándose a dar demasiada información hasta
el punto de quedar fuera de una cuenta, no solo ella, sino también
la empresa. En lugar de no hacer nada y permitir que se produjera el daño, la ejecutiva tomó hábilmente la batuta de manos de su
parlanchina subordinada y lo resumió todo haciendo que su intervención tuviera la oportunidad de acabar en la columna ganadora.

El candidato a un puesto de trabajo nos escribió hace poco infor-
mándonos que la misma técnica que le habíamos enseñado en la
preparación para la entrevista laboral (una que le ayudó a conseguir
un empleo de alto nivel en Google) también le ayudó a la hora de
elaborar un discurso de cinco minutos en la boda de un amigo, que
casualmente tuvo lugar en Japón. Pronunció su alocución en japo-
nés, una lengua que no había estudiado nunca. «Resultó ser una de
las cinco experiencias cumbres de mi vida», comentó.

Estos reportes continuos hicieron que me diera cuenta de que
las aptitudes de presentación que enseño a los clientes son universales y se aplican a todas las situaciones importantes, tanto personales como profesionales. Cuando se usan, los «Siete principios de
la persuasión» envían un mensaje que transmite que estás dispuesto, interesado, receptivo, seguro y que eres inteligente. Se te dará
mejor convencer a las personas de tu alrededor para que te escuchen, tomen nota y actúen según tus directrices.

A pesar de su importancia y universalidad, pocas personas están
al tanto de estos principios, y los que entienden cómo utilizarlos
son incluso menos. Esto se debe a que muchos de los principios son
contrarios al sentido común. Por ejemplo, cuanto menos dices, más
escucha y recuerda la gente. Es el «Principio de la salsa para pastas».
A pesar de ello, con demasiada frecuencia las personas hacen lo contrario, confiando en la forma ineficaz de comunicación de la consultoría de gestión: «Cuéntales lo que les vas a decir. Díselo. Y después,
cuéntales lo que les has dicho». Y siguen una y otra vez exponiendo
la misma idea, esperando que a la tercera todos los asistentes crean
en ella. En realidad no hay una forma mejor de demostrar que tu
planteamiento es anticuado.

De la misma manera, muchos saben que deberían omitir las palabras de relleno, los *hmm* y *eeh* entre frases. No obstante, parecen no poder dejar de usarlas. También saben que el contacto visual es importante, pero constantemente están mirando al suelo o cerrando los ojos mientras hablan. Y se les ha dicho que tienen que sonar convincentes, pero pocos saben que el secreto subyacente a este logro radica en tu forma de formular tus pensamientos y en los patrones de tus discursos.

A lo largo de las páginas de *Discurso Perfecto* aprenderás a vencer todos estos malos hábitos de comunicación. La belleza de los «Principios de la persuasión» es que son tan fáciles de aprender, implementar y dominar como eficaces. Con solo ralentizar tu discurso conseguirás, por ejemplo, evitar con mayor facilidad esas palabras de relleno que he mencionado con anterioridad. Asimismo, como parte del «Principio de la convicción», no solo te enseñamos el poder de las posturas que se deben usar estando de pie o sentado, sino también la estructura óptima en la que transmitir tus pensamientos. De esta manera, se te verá seguro de ti mismo y así te sentirás.

CÓMO APRENDER LOS PRINCIPIOS

La mayoría de mis clientes son capaces de captar la mayoría de los «Siete principios de la persuasión» en tan solo medio día, y, poco después, los pondrán en práctica en los distintos ámbitos de su vida. Espero que tú también los domines con la misma celeridad.

Para mejores resultados:

- Céntrate en un principio y en uno de sus aspectos a la vez. No te abrumes intentando aplicar a la perfección todos los consejos al mismo tiempo.
- A medida que aprendes sobre cada principio, estudia a los que te rodean. Ve los bloques informativos de la televisión con un ojo más crítico y presta más atención a *cómo* captan y pierden tu atención los locutores. Comprueba si puedes precisar dónde y

cuándo usan un principio para retener tu atención. Disecciona su actuación y piensa qué quieres emular y qué prefieres evitar.

- Estúdiate a ti mismo. Yo grabo vídeos de mis clientes durante las sesiones y luego los pongo para que los vean. Algunos se encogen al verse en pantalla, claro está, pero he descubierto que es una de las maneras más eficaces para que las personas mejoren. Graba, pues, tus llamadas telefónicas. Obsérvate mientras diriges sesiones de Skype. Pídele a un amigo de confianza que te grabe durante tus presentaciones. Usa la aplicación de grabación en vídeo de tu teléfono inteligente o tableta cuando ensayes tu presentación. Cuantas más repeticiones revises, más fácil te resultará localizar dónde estás usando los principios bien y dónde tendrías más probabilidades de mejorar.

- Estudia este libro. Para ayudarte a aprender estos principios con rapidez, los he tomado como modelo para escribir *Discurso Perfecto*. Cada capítulo usa el «Principio del titular», como lo he hecho con el resumen de esta sugerencia. Por el camino he empleado el «Principio de Scorsese», usando continuamente un relato visual para ilustrar y respaldar cada idea. Intenta localizar los principios en las páginas.

Te prometo que pronto, en lugar de temer las situaciones arriesgadas, las esperarás. En vez de que te parezcan aterradoras, percibirás una sensación de euforia. Cuando uses los «Principios de la persuasión» en tu beneficio, te sentirás confiado y en paz al conseguir el cliente, al dar en el clavo en la entrevista de trabajo o al pronunciar el mejor discurso de tu vida.

3

EL PRINCIPIO DEL TITULAR

*Como término medio, el número de personas que lee el
titular es cinco veces mayor que el de las que leen el texto.
Una vez escrito el título ya has gastado ochenta centavos
de tu dólar.*

—DAVID OGILVY

EXISTEN CUATRO PALABRAS que tienen una capacidad sin igual para elevar tu presión sanguínea, independientemente del lugar donde trabajes: «El jefe quiere verte». Generan, en gran medida, la misma respuesta interna que cuando tus hermanos mayores te amenazaban con: «Mamá y papá te van a *matar*». Así que, cuando estas palabras procedían de la oficina del productor ejecutivo de *A Current Affair,* ni siquiera respirar profundamente como cuando se hace yoga podía ralentizar mi desbocado pulso. Con el brazo descansando desenfadadamente sobre el marco de la puerta, pregunté: «¿Quería verme?». Intenté pronunciar aquellas palabras con aire despreocupado, pero creo que mi voz se quebró.

Él estaba de pie detrás de su escritorio, inclinado sobre la copia de los índices de audiencia Nielsen, que sin duda lo estaba poniendo de un humor de perros. Alzó la cabeza y, con una sonrisa forzada, me indicó: «Cierra la puerta». Yo ya había visto antes esa expresión en su rostro. Es muy parecida a la de Goldfinger justo antes de que su arma láser casi castrara a James Bond.

Me recordé a mí mismo que debía permanecer en calma. En ese momento me encontraba frente a un tipo cuyo índice de popularidad era —por citar aquí a mi viejo colega Matt Lauer— «más bajo que el de la polio». Mi estrés se veía agravado por algo obvio: se acercaba el momento de la renovación de mi contrato con el programa. Para gente como Maury Povich, presentador de *A Current Affair* y un nombre reconocido en televisión, un contrato a punto de expirar era como la Navidad: «Sí, me gustaría que me subieran el sueldo en un cincuenta por ciento, cláusulas de incentivo, compra opcional de acciones, un chofer personal, viajar en primera clase cuando tenga que desplazarme para historias fuera de la ciudad. Así estará bien para empezar. Y ahora hablemos del vestuario de diseño que tendré».

Yo no era un Maury ni por asomo. Sí, era uno de los primeros miembros del programa y mis segmentos solían tener su rúbrica, un cierto estilo y tono, pero en el terreno de la televisión, eso y dos dólares cincuenta te servían para tomar el metro (es decir, quedar en la calle). Nunca me engañé a mí mismo creyendo que la persona media de Nebraska me reconocería entre el elenco de una revista televisiva. Como me había manifestado mi talentoso y extremadamente sabio representante, Wayne Kabak, durante el almuerzo: «Si a los cuarenta no eres una persona conocidísima, siempre estarás jugando a los rendimientos decrecientes. Constantemente existirá la posibilidad de que encuentren a alguien más joven y más barato que tú para hacer lo que haces, y eso contando con que el descenso de calidad que aprecia la audiencia sea mínimo».

De repente, a mis treinta y un años, los cuarenta no estaban tan lejos como para tener que verlos con binoculares. ¿Empezaría a caer mi rendimiento en aquella reunión? Me encantaba ese trabajo y no estaba dispuesto a que acabara. Desde la puerta hasta su mesa solo había unos pocos metros, pero la distancia se me antojó muchísimo más larga. Ahora, volviendo a contemplar la hoja de los índices, hizo un gesto de desdén señalando las sillas que estaban del otro lado de su escritorio, indicándome: «Siéntate». Su tono sonó más bien a: «Más vale que te sientes».

Mi jefe respiró hondo y luego se dirigió a mí: «Como bien sabes, tu contrato está a punto de expirar y hemos estado estudiando cuidadosamente quién ha cumplido con su parte del programa haciendo una valiosa contribución. Hemos analizado qué reporteros han destacado en términos de cantidad y calidad de las historias y te hemos evaluado en comparación con tus colegas. Como sabes, este es un campo muy competitivo, con docenas de cintas que llegan a nuestras oficinas cada día enviadas por personas que se mueren por hacer lo que tú haces».

Apenas podía prestarle atención a lo que me estaba expresando, porque ya me estaba preguntando si no sería demasiado tarde para anular las vacaciones estivales en familia que acababa de reservar.

Mi jefe siguió con su monólogo durante otros quince o treinta segundos más. Finalmente sentenció: «Así que, sopesando todos estos factores, hemos decidido ofrecerte un nuevo contrato que te mantendrá aquí otros tres años».

El alivio fue, por supuesto, mi primera reacción, seguida pocos instantes después por la insaciable urgencia de estrangular a aquel tipo. ¿Por qué me había mantenido colgando del borde tanto tiempo? Mis colegas y yo sospechábamos que observar cómo los demás se angustiaban le producía un placer enfermizo.

Sin embargo, la mayoría de las personas no retrasan la exposición de su idea con tan malévola intención. Lo hacen de manera totalmente accidental. No obstante, posponer tu revelación y empezar de una forma lenta rara vez juega a tu favor. De ahí que la expresión: «Lo importante no es cómo se empieza, sino cómo se termina» no se aplica a hablar en público ni a las conversaciones. Maneja torpemente tu manera de empezar cualquier situación de Discurso Perfecto y harás que el final sea irrelevante. No quedará nadie que te escuche.

Los treinta primeros segundos de cualquier conversación o presentación son como los dos minutos finales de un partido de fútbol. Es cuando se determina la victoria o la derrota, el periodo de tiempo en que tu audiencia está decidiendo si eres lo bastante interesante como para que sigan prestándote atención. Di exactamente lo adecuado y el juego de la comunicación será tuyo. Tu audiencia queda enganchada y le seduce escuchar lo que manifiestes a continuación. Equivócate y tus oyentes empezarán a soñar despiertos, comprobando sus teléfonos móviles o planeando su estrategia para dar por terminada la conversación.

Por desgracia, son más los oradores que lo hacen mal que los que aciertan.

CÓMO NO SE DEBE INICIAR UNA CONVERSACIÓN

A través de la ósmosis todos hemos aprendido una forma anodina y predecible de empezar las conversaciones y las presentaciones que se ha convertido, lamentablemente, en la plantilla para hablar en público.

Considera las siguientes formas estereotipadas en que los oradores inician sus presentaciones.

Descripción del programa

La equivocación más común que escucho en los Estados Unidos corporativos es el comienzo con un ubicuo y supertedioso relato introductorio del programa (llamarlo por su acrónimo sería en realidad muy adecuado). Así es como suena un RIP:

«Buenos días. Esta mañana me gustaría dedicar algún tiempo a hablar de las estrategias clave subyacentes a vencer la angustia que acompaña a la oratoria. Contemplaremos algunos ejemplos de personas eficientes en este ámbito y de otras a las que este desafío se les presenta desde la perspectiva de una presentación en público. A continuación, nos sumergiremos a mayor profundidad en lo que, desde un punto de vista estratégico, contribuye a una comunicación eficaz. Pero antes de esto quisiera dar un paso atrás y explicarles rápidamente algunas consideraciones que merece la pena tener en mente antes de cualquier oportunidad de comunicación externa».

¿Te suena? Seguro que sí. La abrumadora mayoría de las presentaciones empiezan así, y es una de las costumbres más difíciles de conseguir que los clientes rompan.

Sí, el RIP es incómodo y pesado. No hay forma más rápida de lograr que tus oyentes se pregunten si se acordaron de cerrar la puerta del garaje o sueñen despiertos con la chocolatina Twix sobre la que se tirarán de cabeza en cuanto termine esta horrible reunión.

Es posible que pienses: «Pues todos lo hacen así». Cierto. Incluso hay firmas de consultorías respetables que desde siempre han propuesto esta estrategia de oratoria:

Cuéntales lo que les vas a decir.

Díselo.

Y después, cuéntales lo que les has dicho.

Con el debido respeto a los «grandes» de la consultoría, no soy fan de esta estrategia. De hecho, creo que es antigua, obsoleta y predecible. Por esta precisa razón no tienes que usar el RIP. Si empiezas sonando como todos los demás, tu audiencia supone de inmediato que no hay nada nuevo ni original en tu presentación: lo mismo de siempre, lo mismo de siempre. Y es que lo estás envolviendo de un modo en que los oyentes lo han escuchado tropecientas mil veces, y les obligas a pensar: *Esto ya lo he oído antes.*

Consultar el reloj

De forma parecida a lo anterior, consultar tu reloj hace que el oyente sea consciente del tiempo que llevas hablando. Esto es un error por todas las razones que ya he mencionado en el caso de la descripción del programa. Lo más probable es que no le estés dando a tu audiencia una información que ya no conozca. ¿Entonces, por qué perder el tiempo haciéndolo? Y peor aún, mencionar la duración de tu charla solo refuerza la idea de que tus oyentes están digitalmente aislados del resto del mundo, un pensamiento que hace que nos movamos en la silla como si hubiéramos tomado un purgante.

Hace poco, durante la preparación de una sesión de entrenamiento, estaba revisando la grabación en vídeo de la última presentación realizada por la persona a la que iba a entrenar. Su primera frase empezaba así: «Durante las tres próximas horas...». ¡Vaya! ¡Hablando de personas que matan el interés! Lo último que desea una audiencia es que le recuerden que estará cautiva durante más tiempo del que dura una película promedio de Oliver Stone.

La gratitud sin fundamento

La gratitud tiene su lugar, pero no pases el primer minuto comple-to de tus observaciones haciendo un listado terriblemente largo de personas. Si tienes que expresar tu agradecimiento —por ejemplo a tus superiores—, hazlo con rapidez y examina lo que viene detrás, es decir, tu verdadero titular.

La ventaja escondida

Casi todas las presentaciones podrían mejorar radicalmente con una rápida y simple corrección: cortando los dos primeros párrafos. Prueba y verás. Te sorprenderá lo atractivo que resulta un comien-zo abrupto. ¿Para qué ir progresivamente en el planteamiento de tu idea si funciona mucho mejor proporcionarle una sacudida inespe-rada a tu audiencia?

«¡Me siento tan entusiasmado que casi no puedo ocultarlo!»

Entusiasmado se ha convertido en una palabra de la que se abusa en el mundo de la oratoria, y la mayoría de las personas declaran: «Me siento muy entusiasmado de estar aquí» en un tono de voz que transmite todo menos eso. Ha llegado a ser la declaración más gra-tuita y obligatoria, y hace mucho tiempo que ya no surte ningún efecto, sobre todo cuando se pronuncia sin el más ligero indicio de una sonrisa. No exagero cuando afirmo que en ocasiones la escu-cho tres veces tan solo en la primera frase: «Estoy muy entusiasma-do de estar aquí, en un momento de gran entusiasmo para nuestra empresa, y sé que todos están entusiasmados por lo que el futuro les depara».

No tener gracia en la exposición

No importa si es Ricky Gervais o Jon Steward, ninguno de estos tipos prueba jamás un material nuevo en directo sobre el escena-rio, y tú tampoco deberías hacerlo. Es increíblemente difícil lograr hacer un buen chiste, algo que aprendió el abogado defensor de George Zimmerman en el 2013. Zimmerman fue acusado de asesinato en segundo grado por haberle disparado a Trayvon Martin, con fatales consecuencias. Durante sus observaciones de apertura, West declaró: «Creo que las pruebas demostrarán que se trata de un caso triste... A veces uno tiene que reírse para evitar llorar. Así que permítanme, aun corriendo un gran riesgo... Me gustaría contarles un pequeño chiste. Sé que puede parecer un tanto extraño en este contexto y en estas circunstancias, pero creo que ustedes constituyen la audiencia perfecta para ello... Aquí va. Toc, toc. ¿Quién es? George Zimmerman. ¿Quién es George Zimmerman? Muy bien. Es apto para ser parte del jurado». Cuando nadie rió, West respondió: «¿Nada? Curioso...». Siguió adelante para ganar el caso, pero por siempre se le conocerá como el abogado que contó el peor chiste toc-toc.

A menos que hayas logrado que todos se rían las veinte veces que los has contado, déjales los chistes a los cómicos profesionales, sobre todo si no tienen nada que ver con tu presentación. Más te valdría contar una historia divertida directamente relacionada con tus observaciones. Un brillante ejemplo de esto sucedió durante una charla TED [Tecnología, Entretenimiento, Diseño] en 2013 sobre educación, impartida por Geoffrey Canada, cofundador de la organización sin ánimo de lucro Harlem Children's Zone. Su apertura de treinta segundos hizo reír a la audiencia, la dejó relajada y ávida de seguir escuchando:

> Estoy un poco nervioso, porque mi esposa, Yvonne, me dijo: «Geoff, tienes que ver las charlas TED», y yo le respondí: *Sí, cariño, me encantan las charlas TED.* Ella prosiguió: «Sabes, son realmente inteligentes, con talento...» [risas de la audiencia]. Yo contesté: *Lo sé, lo sé.* Y siguió: «Sabes, no quieren... enojar al negro». [La audiencia estalla en carcajadas]. Y yo la tranquilicé: *No, voy a ser bueno, cariño, seré bueno* [pausa]. Pero estoy enojado. Y la última vez que miré... [baja la vista y mira el color de la piel del dorso de su mano].

Esto es lo que hace que esta forma de empezar sea increíblemente eficaz:

1. No está contando un chiste, sino más bien una historia divertida.
2. Los miembros de la audiencia sienten que tienen acceso a Geoffrey, porque ha admitido vulnerabilidad (que esté nervioso) y ha permitido que escuchen de forma subrepticia una conversación personal entre su esposa y él.
3. Su frase clave —que está enojado— no solo es el desenlace de la historia. Representa más bien el tema principal de la charla que sigue: está enojado porque la reforma de la educación ha progresado muy poco en los últimos cincuenta años.

Tu área de confort

Como norma general, si todo el mundo lo está haciendo, tú *no* quieres hacerlo. Empezar una presentación o conversación como la comienzan todos hace que tus oyentes piensen: *he oído esto un millón de veces*. Aunque tu contenido sea diferente, el envoltorio inicial es el mismo, y hace que tu audiencia se hunda en la silla.

HACER UN DISCURSO PERFECTO SIGNIFICA NO TENER QUE DECIR NUNCA «LO SIENTO»

La novena peor forma de empezar una presentación está tan generalizada que merece su propia sección: la disculpa. Me asombra ver cuántas personas se excusan al principio de sus presentaciones. Basándome en lo que he presenciado a lo largo de los años, parece no haber un momento óptimo para llevar a cabo una presentación, ya que en un momento u otro he escuchado todo lo que viene a continuación:

Nueve de la mañana: la disculpa del dormilón. «Buenos días, sé que es temprano y que todos estuvieron de fiesta anoche hasta bastante tarde, pero quédense aquí conmigo lo mejor que puedan».

Once de la mañana: la disculpa de aquel al que le ruge el estómago. «Ya sé que ha sido una mañana muy larga y que todos empiezan a sentir hambre y ganas de ir a almorzar, pero solo quiero tomar un poco de su tiempo».

Una del mediodía: la disculpa del que acaba de comer y se siente perezoso. «Sé que todos acaban de comer bien y que probablemente estén soñando con hacer una siesta, así que les prometo que intentaré mantener esto animado».

Tres de la tarde: la disculpa de la bajada del nivel de azúcar. «¿Todos sienten ese descenso de energía de media tarde? Bueno, intentaré apartar su mente de esa dosis de azúcar que probablemente estarán ansiando».

Cinco de la tarde: la disculpa de «¿A qué hora es el cóctel?». «Ha sido un largo día y sé que soy el único que se interpone entre ustedes y el cóctel, pero les explicaré rápidamente...».

No hace mucho hice una presentación para el grupo de medios de información de una importante compañía publicitaria durante la franja horaria menos deseable: las once y media de la mañana. También coincidió que era el último de los dos días de conferencias; en otras palabras, justo antes de almorzar y a unas pocas horas de que todos salieran pitando para su casa. Los equipajes preparados y el sonido de los estómagos que gruñían estaban por todas partes cuando entré en el auditorio, por no hablar de los ojos inyectados en sangre debido a la fiesta que celebró la empresa la noche anterior. En el mundo de la oratoria, ponerse frente a una audiencia con este triplete tóxico puede ser un verdadero asesinato de la confianza.

Así que decidí ocuparme de ello. «Imaginen por un momento que están en mi lugar, justo aquí, en este preciso momento. ¿Cuántos de ustedes consideraría empezar reconociendo que son el último orador del programa, que es justo antes del almuerzo, muchos están cansados y probablemente reventados por la fiesta de anoche, y lo único que quieren es apurarse para llegar con tiempo a tomar su vuelo?».

Unas tres cuartas partes de mis oyentes alzaron la mano, pensando que sería la estrategia correcta.

«Se equivocarían por completo», le indiqué a la desconcertada y ahora repentinamente atenta multitud. No tienes que disculparte nunca ante ninguna audiencia, dejando establecida así la idea de que estará contando los minutos hasta que acabes. Incluso el más leve indicio de que podría haber algo que prefirieran hacer es como un sedante para tu público.

TRANSFORMACIÓN DE UN DISCURSO EN UN DISCURSO PERFECTO

Trabajé con un ejecutivo justo antes de que asistiera a una cena con muchas directoras ejecutivas y le hice algunas observaciones introductorias.

LO QUE ÉL PLANEABA DECIR

«Muchas gracias por estar aquí. Sé que algunas de ustedes vienen de bastante lejos, en una época del año en que viajar puede ser una verdadera lata».

LO QUE YO LE ASESORÉ QUE DIJERA

«En Navidad, Nueva York es mágica. No sé cuántas de ustedes lo han notado, pero de verdad podría haber utilizado parte de esa magia mientras intentaba atravesar la ciudad en medio del tráfico justo cuando encendían las luces del árbol. Algunas de ustedes han recorrido muchos kilómetros para llegar hasta aquí, y para otras habrá sido tan solo cruzar la ciudad. A todas ustedes: gracias».

HABLA COMO UN PERIODISTA

Te he mostrado muchas formas que *no* debes usar para empezar tu presentación. ¿Cuál es el mejor planteamiento? Bueno, piensa en cómo escribiría un periodista la historia de una noticia. Los buenos periodistas ponen su material más convincente en el primer párrafo, que se conoce como introducción o encabezado del artículo. Es la frase o párrafo que seduce a los lectores o telespectadores, incitándolos a querer más. Una introducción eficaz suele ser sorprendente, hasta contradictoria. Obliga al lector a pensar: *¿de qué trata esto? Quiero saber más.*

Aprendí la importancia de las introducciones que captan la atención cuando era reportero de *A Current Affair.* En los días en que yo suplía al presentador del programa, también escribía todos los guiones para leerlos en los recesos del estudio. Esto incluía los «avances», breves fragmentos que vienen justo antes de un intermedio publicitario. Queríamos que esos avances desalentaran a los telespectadores de navegar por otros canales o de levantarse y abandonar la sala, aunque solo fuera para ir al baño. Estos tenían que ser tan buenos que los espectadores se sintieran obligados a esperar hasta que el programa volviera a empezar, porque estaban impacientes por ver qué sucedería a continuación.

Como podrás imaginar, escribir los avances requería habilidad y creatividad. Cada uno de ellos solo incluía un titular y una breve frase de seguimiento, en total solo diez segundos de material. También tenía que ser inteligente y convincente. Tenía que seducir al espectador.

Cuando me convertí en entrenador en comunicaciones, me di cuenta de que los elementos de un buen avance eran los mismos de un buen comienzo para una conversación o presentación.

Por lo general, los buenos avances constan de tres características:

1. Sucinto. Transmítelo con rapidez, en una o dos líneas solamente.
2. Suspense. Incluye un elemento de intriga. Comenzar tus observaciones con una historia o alguna frase declarativa,

provocativa, funciona bien. Hace que tu audiencia rumie mentalmente algo enseguida, que es lo que tú quieres lograr. Haz que tus oyentes se pregunten: «¿Qué quiere decir con esto?».

3. Sorprendente. Haz que tu avance sea lo contrario a un estereotipo, algo que obligue a tu audiencia a pensar: *Esto es nuevo. No lo he oído nunca antes.* Haz lo inesperado y emplea un estilo diferente. Conseguirás que tus oyentes se inclinen hacia adelante para escuchar lo que tienes que decir en lugar de hundirse en su asiento para desconectarte.

No todas las actuaciones de apertura incluyen los tres rasgos, claro está, pero las buenas sí cuentan con la mayor parte de ellos.

Steve Jobs empezó un discurso en 1984 con la frase: «Hola, soy Steve Jobs». Era breve, y también sorprendente. Uno no esperaría que Jobs se presentara, teniendo en cuenta que todos los que estaban en el auditorio lo conocían y habían venido expresamente a escucharle hablar. Después de que las risas y los aplausos se desvanecieran, enganchó a su audiencia lanzándose de inmediato a una historia: «Es 1958. IBM desperdició la oportunidad de comprar una joven e incipiente empresa que había inventado una nueva tecnología llamada xerografía». Observa que no empezó diciendo: «Esta mañana quiero pasar un poco de tiempo explicándoles algo del contexto histórico de los primeros días de los ordenadores personales e ilustrarles cómo todo esto se relaciona con la misión actual de Apple desde una perspectiva de innovación».

No quiero que pases horas y horas intentando forzar tu actuación de apertura para meterla en una caja de tres S. Usa las tres «S» a modo de guía solamente y como una fuente de inspiración que te ayude a encontrar tu mejor material. Aquí tienes un ejemplo que he usado en mis propias presentaciones y que parece haber servido:

«Con sorprendente coherencia nosotros, los seres humanos, coincidimos cada año en que son tres las cosas que nos asustan enormemente, por encima de todo lo demás. Ordenadas por orden del terror que inspiran, la primera es morir, y la tercera es volar. Justo en medio, a modo de cuña entre las dos, se encuentra algo que puede convertir a personas por lo general expertas y seguras de sí mismas en neuróticos cobardes: es la oratoria. Después de hoy tendrán que encontrar otra cosa de qué preocuparse, porque quiero quitarle el temor y la ansiedad a algo que puede ser fácilmente un activo para ti y no una responsabilidad».

Sí, en esto hay una frase que describe la intención de mi presentación, pero viene después de que haya captado su atención, al menos eso espero. Existe, asimismo, una progresión hasta revelar que la oratoria es la que ocupa el segundo puesto. Crear un poco de suspense en tu audiencia reteniendo el remate puede ser una táctica eficaz. Intenta crear cierta expectativa alrededor del punto principal que vas a compartir, en lugar de soltarlo enseguida.

En ocasiones empezaré con una analogía que conduce rápidamente a una anécdota: «La oratoria es muy parecida al golf. En el momento en que crees haberlo entendido y que ya lo dominas, algo viene a bajarte los humos. He aprendido esto por las malas y me acordé de ello hace poco, cuando algo verdaderamente incómodo me sucedió en medio de una presentación. Me perdí, porque me salté uno de los elementos de mi lista de comprobación prediscurso».

En ese momento no hay nadie entre la audiencia que no se esté muriendo de ganas de saber de qué forma he recibido mi merecido. La moraleja de esta historia es que por bueno que llegues a ser, no puedes usar atajos en la preparación y eso me lleva a mi sección sobre los pasos que debes tomar para prepararte.

Escribiendo para la televisión también aprendí otra cosa: tienes que captar la atención de tus oyentes más de una vez. La televisión es un entorno así de duro. Los telespectadores tienen, literalmente, elementos en sus manos que les permiten desconectarte en cuanto se sienten ligeramente aburridos.

Como resultado, aprendí a escribir guiones televisivos que mantenían la atención de forma constante. Incluían una primera frase que captaba el interés, seguida por otra cautivadora, más o menos cada veinte o treinta segundos.

Es probable que tengas un poco más de margen del que permite la televisión, pero la idea de captar continuamente la atención de tu audiencia sigue aplicándose. Tu titular de apertura ya atrae el interés directamente. Para mantener esa curiosidad a lo largo de tu presentación, dispersa con regularidad los elementos que te parecen más interesantes. Tal vez planees mostrar cuatro videoclips. Piensa en ubicarlos en el minuto dos, cinco, ocho, once y catorce de una presentación que dure entre dieciséis y dieciocho minutos.

TRANSFORMACIÓN DE UN DISCURSO EN UN DISCURSO PERFECTO

Inventarse formas de no esconder el mensaje principal es algo sobre lo que tiendo a trabajar más a menudo con mis clientes femeninas. Durante años, las mujeres que ocupan cargos de autoridad se han visto obligadas a alcanzar niveles superduros e hipercríticos. Con frecuencia son renuentes a mostrar la misma seriedad y seguridad que sus homólogos masculinos por temor a que su firmeza se juzgue con dureza. De modo que suelen tener un método más cálido y conformista de liderazgo, algo que en última instancia las hace parecer menos determinadas y seguras de sí mismas. A continuación encontrarás el antes y el después de una de mis clientas ejecutivas de éxito.

LO QUE ELLA PLANEABA DECIR

«Buenas tardes. Estoy encantada de estar aquí». (En la sesión de entrenamiento, no pudo evitar admitir entre dientes: «¡Suena tan torpe!».) «Así que hoy les vamos a explicar el máximo potencial de nuestra marca... tenemos la gran oportunidad de hacerles una presentación con todos los recursos y competencias necesarios.

»Para que tengan ustedes un contexto, echaremos un vistazo a nuestros resultados históricos y a los cinco mercados que hemos escogido para demostrarles nuestro potencial global. Este gráfico es fabuloso y me siento sumamente orgullosa de informarles sobre el grado de avance que nuestra marca ha tenido tanto en los ingresos como en las utlidades. Casi hemos triplicado las ventas netas del año fiscal 2013 con un crecimiento correspondiente en el resultado neto de explotación, que ha pasado del 12.4% a ese número mágico de casi el 22%».

LO QUE YO LE ACONSEJÉ QUE DIJERA:

«Buenas tardes. Phillip, Stanley, Sharon... hace mucho que esperábamos este día. Ahora tenemos una gran oportunidad de desarrollar nuestra marca hasta ese mágico umbral de mil millones de dólares. Permítanme mostrarles cómo llegamos a ese punto.

»En primer lugar, un poco de contexto. Hemos crecido desde los 157 millones del 2004, triplicando el negocio desde entonces y —música para sus oídos— el resultado neto de explotación ha alcanzado ese objetivo que todos habíamos esperado: un 22%».

El texto de su discurso no transmite la diferencia visual. Con el contenido más breve, tajante y menos farragoso, usó más las manos, sonrió más y comunicó un aire de seguridad. Resulta interesante que también se quitara las gafas entre la primera toma y la segunda, algo que parecía animar más su discurso.

¿DÓNDE SE ESCONDEN LOS GRANDES TITULARES?

Los clientes suelen tener mucho material para un gran titular, pero lo desconocen. Durante una sesión de entrenamiento, a veces empiezan con aperturas estereotipadas llenas de jerga industrial y una monotonía general. Entonces, durante un receso, cuando se están sintiendo más relajados, dicen algo como: «No te lo vas a creer. Esta vez...». Y enseguida pronuncian una historia convincente, una que mantiene mi atención de principio a fin.

Cuando acaban, espero un instante. Entonces digo: «¡Ese es tu titular! ¡Así es como deberías empezar!».

En pocas palabras, tu titular es tu mejor material. Consiste en esas frases que vienen después de: «¡No se lo van a creer!» y «¡Voy a contarles una historia!» o «¿Sabían que...?».

Cuando se trata de titulares, considera las historias que les cuentas a tus amigos y compañeros de trabajo como un aparte, esas que empiezan por: «¿Te has enterado de esto tan divertido que ha sucedido?» o «No te vas a creer lo que acaba de ocurrir».

Busca también frases firmes, esas que te sentirías tentado a enterrar para más tarde en una conversación o discurso. Muchos cometen el error de ir gradualmente hasta llegar a una declaración provocativa en lugar de empezar por ella. Con frecuencia, a los cinco minutos de empezar con el material que tienen preparado, los detengo y les indico: «¿Recuerdas la frase que acabas de pronunciar? Tienes que empezar con ella».

A menudo me responden: «¿De veras? ¿Quieres que comience por ahí?».

¡Por supuesto que sí!

COMO PONER A PRUEBA TU TITULAR

No pongas a prueba tu titular durante una conversación importante o un discurso. Pruébalo por primera vez en una situación de poca presión. Por ejemplo, cuando estés cenando con personas que no sean compañeros de trabajo.

Es una prueba muy buena si tienes un adolescente en casa, o gemelos. Sé que no he sido aburrido durante la cena cuando no veo cabezas bajas que miran su servilleta (donde todos sabemos que se encuentran los teléfonos móviles). Si logro mantener sus caras mirándome de frente, sé que he encontrado mi titular.

4

EL PRINCIPIO DE SCORSESE

Lo único que tienes y que nadie más posee eres tú mismo.
Tu voz, tu mente, tu historia, tu visión. De modo que
escribe y dibuja y construye y juega y baila y vive como solo
tú puedes hacerlo.

—Neil Gaiman

Descubrí el «Principio de Scorsese» cuando tenía veintitrés años, justo después de tener una gran oportunidad y ser contratado como productor de segmentos para un magacín informativo en horario de máxima audiencia, un programa televisivo llamado *Two on the Town*. Era un programa ligero, con sensación de bienestar, durante el cual apenas se pronunciaba un mal comentario sobre alguien o algo. Imagínatelo como el polo opuesto a su gemelo malvado, *A Current Affair*, que sería mi hogar tan solo un par de años más tarde.

Supuse con orgullo que había conseguido el trabajo por la fuerza de mi prueba escrita y el rollo de historias que había ayudado a producir durante mis años en la cadena local de noticias WCBS-TV. Por el contrario, como me comentó el productor ejecutivo algún tiempo después: «Necesitaba hacer algunas contrataciones rápidas y pensé que tú eras un buen chico irlandés que no me daría quebraderos de cabeza». Ahora ya sabes cómo funcionan las ruedas de la contratación en la tele.

Cuando comento que había «ayudado a producir historias en las WCBS», eso es exactamente lo que quiero decir: había contribuido.

Ahora me había convertido en productor de segmentos, pero en realidad no había producido ninguno yo solo, y mis jefes no tenían ni idea de ello.

El segundo día en mi nuevo trabajo, mi jefe me entregó un libro y me dijo que produjera un segmento sobre él para dentro de dos semanas. Posé mis ojos en la cubierta: *The Art of Belly Dancing* [El arte de la danza del vientre]. ¿Sería algún tipo de broma? Al principio creí que me estaban tomando el pelo. En el momento en que confirmé que no se trataba de eso, supe que tenía un problema. Entre que no sabía *nada* sobre el tema y que no había producido nunca un segmento por mí mismo, pilotar yo solo un 747 habría sido lo único que me habría intimidado ligeramente más que aquello. Al momento se apoderó de mí la desazón de que en mi recién inaugurado viaje televisivo podría acabar por faltarme pista a la hora de aterrizar y terminar en una catastrófica bola de fuego.

No olvides que te estoy hablando de 1984. No había Internet ni página web mágica en la que poder escribir «cómo producir una historia televisiva» en el campo de búsqueda. Y tampoco admitiría en modo alguno ante mis colegas productores que necesitaba ayuda.

Una semana más tarde, cuando ya tenía que entregar mi guion, me presenté delante de Mike Rubin, el productor principal del programa. Era un tipo superperspicaz con un mordaz sentido del humor, y su rostro anguloso e inexpresivo en penetrante actitud de escucha parecía comunicar: «¿Eres idiota o qué?».

«A ver, déjame echarle un vistazo», me dijo.

Le entregué el guion. Sacó su lápiz rojo, que me pareció una jeringa de inyección letal. Fue entonces cuando cometí un error de novato: me quedé en pie, a la entrada de su oficina, observando cómo lo leía.

En menos de un minuto volvió lentamente la cabeza. Dejó caer su lápiz rojo, se echó hacia atrás mirando el techo, inexpresivo, soltó aire y espetó: «Ahora mismo estoy más o menos en los veinte a treinta segundos de tu segmento... y en vez de estar pegado a la pantalla, ¿sabes dónde estoy en este preciso instante, chico? Estoy en mi cocina preparándome un sándwich de mantequilla de cacahuete».

Le había perdido. Mi segmento no tenía garra y era tan tibio que no podía forzar la atención durante más de veinte segundos. Contemplar una rebanada de pan con mantequilla de cacahuete era absolutamente más atractivo para él que leer las palabras de mi guion denso, redundante y vacío de imágenes.

Al final, Mike acabó convirtiéndose en un verdadero mentor y un excelente amigo. Aquel día me enseñó una importante lección que no solo me acompañó a lo largo de mi carrera en televisión, sino que impregna el consejo que le doy a mis clientes hasta el día de hoy: el relato visual es el punto óptimo de la buena comunicación.

Así, los buenos comunicadores son muy parecidos a los directores de cine. Cuentan historias que pintan imágenes visuales en la mente de sus oyentes. Proporcionan ricos detalles, pero también se las arreglan para que el relato sea breve.

Según un estudio reciente, la probabilidad de recordar los hechos es veintidós veces mayor cuando se narran en historias, y las imágenes son sesenta mil veces más recordables que las palabras. Esto se debe a que los seres humanos son criaturas visuales. En el interior de nuestro cerebro va pasando constantemente un rollo de película. Como orador quieres ser el director de ese carrete. Si ilustras tu idea con historias coloridas, tus oyentes pueden imaginar, los mantendrás saciados... y una audiencia satisfecha es una audiencia comprometida.

Sin embargo, si te desvías hacia lo abstracto y la teoría, la película sigue adelante, pero ahora tus oyentes están creando sus propios filmes, que pueden no tener nada que ver con lo que estás diciendo. En lugar de visualizar escenas dirigidas por ti, están soñando despiertos sobre un tema totalmente distinto.

INDICADOR DE UN DISCURSO PERFECTO

¿Quieres ser un gran comunicador? Intenta escribir un guion. Aunque tu historia sea más espantosa que los filmes *Ishtar* y

Gigli juntos, aprenderás cómo captar y retener la atención. Esto se debe a que un guion te obliga a exponer tu idea a través de la descripción visual, la acción o el diálogo. No se permite un contenido abstracto o teórico. La actividad te fuerza a descubrir y desarrollar una narración visual.

EL ANTÍDOTO DEL ABURRIMIENTO

Cuando yo era pequeño, dos de mis programas favoritos eran *The Fench Chef,* con Julia Child y *The Galloping Gourmet,* con Graham Kerr. Aunque Julia y Graham tenían estilos completamente distintos (Julia era tranquila y sutil, mientras que Graham era bromista y atrevido), compartían una característica importante: ambos *chefs* describían sus creaciones culinarias con sensualidad.

Términos como *delicioso* no entraban nunca en la conversación. Considera cómo describía Julia el pollo asado: «Desde ese maravilloso aroma a asado que llena el aire hasta la primera vez que clavas el cuchillo traspasando su piel dorada, las perlas de jugo que aparecen al partirlo por la segunda coyuntura al empezar a trinchar, y finalmente ese primer bocado, el pollo asado ha sido siempre uno de los grandes placeres de la vida».

Sus palabras te ayudan a visualizar cada paso del proceso y a saborear indirectamente el alimento. ¿Habrá sido la naturaleza seductora y persuasiva de las técnicas de comunicación de aquellos programas la responsable de que yo haya sido un ávido cocinero durante los últimos treinta años? No lo descartaría.

Rara vez las personas nacen con esta aptitud. La mayoría, incluidos los chefs, necesitan que se les enseñe a hablar de esta forma y a convertirla en su modo por defecto.

No obstante, cuando sugiero que se cuente una historia, muchos clientes me recuerdan que les resulta difícil incorporar más «antídotos» a su discurso. En primer lugar intento contestar usando la palabra correcta: *anécdota.* Pero cuando no pillan la indirecta, tengo que ser un poco más franco y decir: «Quiero que añadas más anécdotas. Un antídoto es algo que se toma cuando te has envenenado o cuando te han obligado a sentarte durante una presentación con la proyección de cuarenta diapositivas en PowerPoint».

La gente mezcla estas dos palabras todo el tiempo, hasta las más inteligentes. Esto fue precisamente lo que hizo que me diera cuenta de que una anécdota es un tipo de antídoto excepcionalmente potente, que cura y evita al mismo tiempo una de las mayores enfermedades que merodean por las salas de conferencias, las salas de juntas y hasta por el dispensador de agua fría: el aburrimiento.

INDICADOR DE UN DISCURSO PERFECTO

Para comprender la importancia de la narración visual, remóntate a cuando eras un niño. ¿Alguna vez contaste historias alrededor de una hoguera? ¿Por qué crees que era tan fascinante? Te lo diré: las imágenes eran tan gráficas que estimulaban tu imaginación. Ahora piensa en los días de la escuela secundaria o de la universidad, y en algunas de las conferencias a las que asististe. ¿Muchos de tus maestros y catedráticos caminaban mientras hablaban y lo que salía de su boca era como botellas de somnífero? ¿Añadían más peso a tus párpados con cada teoría abstracta que recitaban con monotonía? Era porque no contaban historias. Sencillamente lanzaban hechos, números e información. Los oradores que más han captado tu atención crearon, sin lugar a duda, imágenes verbales que te permitieron ver, oír, sentir y gustar su mensaje.

FÓRMULA PARA GRANDES HISTORIAS

Bueno, es posible que pienses que no eres un buen narrador de historias. Tal vez sientas que las anécdotas no vienen a ti de una forma natural. Si en el pasado contabas chistes y el efecto final era un puro fracaso, el recuerdo traumático estará siendo ahora, probablemente, un impedimento en tu estilo de contar historias. La buena noticia es que contar un buen chiste o historia es el producto de la naturaleza y también de la educación. Sospecho que debe haber una cierta predisposición genética a tener dicha cualidad (una estudio genético personalizado podría sin duda demostrarlo), pero usar las historias de una forma eficaz para ilustrar tus ideas es una habilidad que puede adquirirse y fortalecerse.

Tal vez no hayas diseccionado y analizado nunca los componentes de una buena historia. Si contar historias no es un talento innato, pensemos por el momento en ello como si tuviera una cierta fórmula.

El montaje

Resístete al impulso de pronosticar o indicar. He escuchado muchas presentaciones arruinadas por el orador al decir: «Para ilustrar este punto me gustaría compartir una anécdota con ustedes». ¿Acaso un actor de Broadway se detiene en medio de una escena para anunciar que se aproxima una sección dramática de diálogo? Entreteje las historias en tus presentaciones, pero no hagas que parezcan un apéndice, una ocurrencia tardía que has forzado a posteriori en una presentación insulsa.

La construcción

Tu construcción establece el escenario, introduce a los personajes clave y da una pista sobre la tensión o el conflicto que hay que resolver. Saca, asimismo, a tus oyentes de sus pensamientos y los involucra en los tuyos, ayudándoles a ver con exactitud lo que estás describiendo visualmente. Cuando formules tu construcción:

No des por sentado que tu audiencia lo sabe todo. Suponer que tu oyente ya conoce el quién, dónde y por qué es una forma rápida de echar a perder tu historia. Yo lo denomino «la maldición del conocimiento». Te predispone para contar tu historia a trompicones, con frases como: «Un momento, he olvidado mencionar...» o «En realidad, ahora que lo pienso, esto es importante. Para entender esta historia, es necesario que sepan...».

Intenta que el número de piezas sueltas de tu narrativa sea el menor posible. Tu audiencia se frustrará y se desconectará si sienten que necesitan un organigrama para llevar la cuenta de las personas de tu historia. Menos es más en casi todas las formas de comunicación. Aprenderás más sobre esto en el capítulo 5.

Haz que tu construcción sea «plegable». Si tienes mucho tiempo, puedes hacerla elaborada, con numerosos giros y vueltas. Si te ves presionado por el tiempo o sientes que tus oyentes se están volviendo inquietos, querrás poder omitir gran parte de la construcción, acortando para llegar cuanto antes a la revelación. Tu construcción debería ser tan flexible que, si fuera necesario, pudieras empezarla y terminarla en quince segundos.

Independientemente de cuán larga o corta sea tu construcción, quieres que cree un sentido de expectación. Hacia el final de la construcción, anuncia que llega la revelación. Esto crea un efecto de redoble de tambor, y tu audiencia se inclinará hacia delante para escuchar lo próximo que vas a decir. Un buen avance podría ser sencillamente:

> *«Entonces hizo algo totalmente fuera de lugar».*
> *«Entonces ocurrió algo absolutamente inesperado».*
> *«Entonces ella dijo algo con lo que se ganó a todos los que estaban en la sala».*

La revelación

Es el equivalente anecdótico del remate de un chiste. Es el premio o la recompensa de tu oyente por permanecer atento durante la construcción. Es aun más potente cuando es contradictoria, algo que tu audiencia no espera. Si no creas un elemento de suspense y de expectativa alrededor de la gran revelación, a tus oyentes se les puede pasar por alto. La frase a modo de redoble de tambor sirve de advertencia a tu público para que estén muy atentos al momento más crítico.

La salida

Una vez trasmitida la revelación, deja que se interiorice durante un segundo o dos. Muchas personas me dicen que hacer una pausa las pone nerviosas. Les preocupa perder a la audiencia cuando dejan de hablar. A pesar de ello, la pausa crea el resultado opuesto. Permite que tu historia haga efecto y se asegura de que tus oyentes puedan absorber por completo el significado de lo que acabas de comunicarles.

CÓMO AÑADIR UN POCO DE SCORSESE

Los detalles gráficos son los que te permiten sentarte en la silla del director y dictar las imágenes que tus oyentes estarán visualizando mientras tú hablas. Sin ellos, te confrontarás con un oyente que, en medio de tu historia, mira por encima de tu hombro esperando que lo rescaten, con la señal internacional de «Me aburro». Una vez que conoces el montaje, la construcción, la revelación y la salida de tu historia, es hora de añadir un poco de atención a los detalles, al estilo de Scorsese.

INDICADOR DE UN DISCURSO PERFECTO

Si luchas con los detalles visuales, una de las técnicas siguientes podría ayudarte.

LA TÉCNICA DEL GUION GRÁFICO

Dibuja tu historia en una pizarra, creando una nueva casilla y una imagen para cada paso adelante en la historia. Si no puedes pensar en algo que dibujar en una casilla concreta, a tu historia le faltan detalles visuales necesarios.

LA TÉCNICA DEL GUION

Imagina que todo lo que planeas decir no se transmitirá con palabras, sino por medio de imágenes en movimiento, como en una película. No se narra un filme del mismo modo que un libro. Lo muestras. Cierra los ojos y comprueba que puedes ver tu historia como si fuera una película.

Podrías sentir la tentación de pensar: *Algunas historias no son nada visuales*. Yo no creo que eso sea verdad. He trabajado con muchos cientos de personas, a lo largo de los años, ayudándoles a añadir elementos visuales a innumerables historias. Todavía no me he topado con una que no se pueda contar de una forma visual.

No hace mucho, un economista visitó mi oficina para recibir entrenamiento a fin de lidiar con los medios de comunicación. Quería explicar que países como Brasil habían mejorado inmensamente su economía en solo treinta años. Su inclinación era comunicar la idea como si estuviera en la sala de conferencias de la Harvard Business School: «Cuando se mira a un país como Brasil, desde una perspectiva histórica a corto plazo, la visión a gran escala que se tiene es la de un país que se ha transformado pasando de la volatilidad de la divisa y la hiperinflación a un crecimiento estable».

Una frase más y te sentirías tentado a salir corriendo y hacerte un sándwich, ¿verdad?

Este es el tipo de idea que suplica un detalle visual. También es precisamente el tipo de concepto que muchos no llegan a suponer que se pueda hacer visual.

Solo que sí se puede.

Le pedí a este cliente que describiera lo que estaba sucediendo en Brasil allá por la década de los ochenta.

«Si recuerdas, hace treinta años en Brasil, las personas cargaban en carretillas sacos de efectivo que de repente carecía de valor y los llevaban a su banco local para cambiarlos por la mera cantidad que cabe en una cartera de la nueva divisa que el gobierno había introducido aquella semana... así de mala era la inflación. Era como presentarse en una boutique con una docena de vestidos en jirones y manchados, esperando cambiarlos por una nueva blusa», fue su descripción.

Eso está mejor. Anécdota visual + analogía ≠ aburrimiento.

Una buena historia merece otra, ¿verdad? El año pasado entrené a un aventurero buscador de granos de café, la clase de gran personalidad que te gustaría tener sentada a tu lado en una cena. Te amenizaría la noche con sus relatos de viajes por el mundo, por lugares exóticos y remotos en busca de los mejores granos de café que pudiera hallar. Ese es su trabajo, y si existe alguien que pueda proporcionar un guion verbal, es ese tipo. Pero hasta él, este Indiana Jones del mundo cafetero, cayó en una oratoria teórica y abstracta para exponer sus ideas.

Le pregunté si alguna vez siente presión cuando se trata de muestrear y probar estos granos de café recién descubiertos. Me contestó:

«Claro que sí. Es decir, uno siempre quiere que sus instintos sean los correctos, porque has invertido un montón de recursos para que se produjera ese viaje y, en ocasiones, el futuro económico de alguna aldea quedará determinado por la clase de valoración que hagas».

No es una mala respuesta, pero no hay nada en ella que ilustre el puro drama escondido detrás de lo que él hace en realidad. Por lo que sé, podría ser una especie de burócrata sentado tras un escritorio, revisando las solicitudes de préstamos que han de marcarse con un sello de aprobado o rechazado. Para ayudarle a encontrar una forma visual de contar una historia en particular sobre el café, le pedí que describiera una escena particular que pudiera ayudarme a experimentar indirectamente esa presión del momento de la verdad. Su respuesta proporcionó lo bueno que yo buscaba:

«Cuando desciendo de alguna montaña a una aldea remota donde he reunido una nueva fuente de granos de café, por lo general suele tener lugar un momento crucial en el centro del pueblo. Todos los aldeanos se reúnen para ver si ese grano de café cumple las expectativas. Están todos observando y esperando mi reacción, en realidad se arremolinan en torno a mí, mirando por encima de mi hombro y aguardando la señal del pulgar hacia arriba o hacia abajo. En ese momento, soy El Exigente».

CÓMO SER MARTIN SCORSESE CON EL CONTENIDO DE BEN BERNANKE

¿Qué tienen en común los estilos narrativos de un legendario director de Hollywood y uno de esos expresidentes de la Junta de la Reserva Federal? Absolutamente nada. Por esta razón puede resultar desafiante convertir las estadísticas y los datos en imágenes visuales. Pero si no estás a la altura de este reto, pierdes la oportunidad de hacer que tus datos tengan tanto sentido como sea posible.

Practica, pues, el arte de la analogía. Considera lo siguiente:

- Hemos mejorado nuestra eficiencia en un 30% es como si Michael Phelps recortara en un minuto su tiempo de natación en los 400 metros.
- Cada año, 56.000 mujeres mueren por una cardiopatía. Piensa en cuántos asientos hay en un estadio medio de béisbol. Las víctimas de enfermedades del corazón llenarían esos estadios y superarían su capacidad.
- Hemos descubierto un error contable que está causando que nuestra compañía pierda 375.000 dólares cada mes. Es como si un concesionario de Ferrari permitiera que, cada mes, un cliente probara un Testarrossa y no lo devolviera. No se podría tolerar en modo alguno.

Las analogías hacen más que mantener la atención. Contextualizan el dato para ayudar a tu oyente a entenderlo mejor. Cuando le lanzas un número a tu audiencia, no saben muy bien cómo reaccionar ante él. ¿Es un número alto? ¿Es bajo?

Tu tono de voz también puede ayudar. Si tu estadística es sorprendente, eleva tu tono para transmitir esa sensación. Si es desalentadora, que tus oyentes sepan mediante un tono más profundo que te parece inaceptable. Por ejemplo, digamos que los ingresos de tu empresa fueron excelentes en el trimestre anterior, tanto que todos los directores lograrán una buena y suculenta prima. Quieres transmitir una exclamación de asombro a la vez que pronuncias el número. Así que ralentiza tu ritmo y baja el volumen al hacerlo. Esto resaltará y subrayará aun más tu estadística.

Muchas de las mismas reglas de la brevedad con las palabras también se aplican a los números: menos es más. ¿En qué medida es fundamental esa estadística? No incluyas números con tal de engrosar tu presentación con datos gratuitos. Ten claro por qué usas cada cifra... y utilízalas bien.

INDICADOR DE UN DISCURSO PERFECTO

Si no tienes más elección que utilizar una estadística no visual, ayuda a tu oyente explicándola de dos formas distintas. Los números se olvidan con rapidez y esto significa que siempre se corre el riesgo de que tu audiencia se los pierda. Por tanto, encuentra dos maneras distintas de exponer la misma idea, como usar un número y un porcentaje: «Nuestros ingresos alcanzan este trimestre los cinco millones de dólares» y, solo para enfatizarlo, sigue con: «Esto representa un aumento del dieciocho por ciento sobre el año anterior».

PRACTICA TU SCORSESE

No cuentes tu historia por primera vez durante una importante presentación. Pruébala antes en eventos de bajo impacto: la mesa de la cena y los cócteles. Una vez compartida en varios entornos con mucho éxito, ya está lista para un momento de mayor audiencia.

Al ensayar cómo contar tu historia, presta atención al lenguaje corporal de tu oyente. Es probable que tus amigos y familiares no te digan que tu historia los está aburriendo hasta la saciedad, pero sí su lenguaje corporal. Considera las «Seis pistas indicadoras de que has perdido a tu oyente»:

1. Pies inquietos. Tu oyente parece no poder estar quieto y cambia de postura.
2. Movimiento rápido de los ojos. Los ojos de tu oyente se pasean por la habitación, como una bola por la mesa de billar, para ver si puede estar pasando algo más interesante por ahí.
3. El molino de viento manual. Tu oyente describe movimientos circulares con la mano, indicando: «Ya me he enterado, sigue».
4. La comprobación del teléfono. Tu oyente mira un artilugio en vez de a ti.
5. La mirada fija por encima de tu hombro. En lugar de tener contacto visual contigo, tu oyente mira fijamente por encima de tu hombro, para localizar a alguien más interesante con quien hablar.
6. El secuestro de la historia. Tu oyente rellena tus espacios en blanco y acaba tus frases con el fin de adelantar la conclusión de la conversación.

A veces nos sumergimos tanto en nuestros pensamientos que perdemos de vista estas indicaciones. Y, aunque puedan parecer groseras y aburridas, sirven a un propósito útil. Piensa en ellas como barómetro para saber lo cautivador que eres y el nivel de habilidad con que llevas a cabo la narración. Te ayudarán también a desarrollar un importante instinto: cortar para llegar a la frase clave. Recuerda: tu construcción es plegable. Cuando notas que alguien muestra una de las seis indicaciones, comprime la construcción tanto como te sea posible, cortando directamente hasta llegar a la revelación.

La capacidad de girar hacia la idea importante es fundamental. Puede ser la herramienta que evite que pierdas a tu audiencia. Como narrador de la historia tienes que ser un poco como el camaleón, porque un relato que a alguien le parece cautivador a otro le puede resultar largo. Distintas personas tendrán también diferentes niveles de tolerancia en cuanto al tiempo que se les obligue a invertir en cualquier historia.

Usa estos consejos para mejorar aun más tu narración:

Varía tu discurso

Tu voz tiene tres herramientas: el tono (alto o bajo), el ritmo (la velocidad) y la proyección (el volumen). Intenta variar las tres cosas. Cuando quieres que una idea clave se grabe en tu audiencia, ralentiza el ritmo y dale más énfasis al discurso. Que te tomes tu tiempo para transmitir este pensamiento le señala a tu oyente que tiene mayor importancia. Una breve pausa después de comunicar una idea clave también permite que el pensamiento se afiance y resuene.

Hace unos cuantos años, cuando Steve Jobs estaba presentando el iPad, quiso que su audiencia supiera que Apple eclipsaba toda rivalidad. Con cierta rapidez les dio unas pocas comparaciones mostrando que Apple realizaba más negocio que otros grandes fabricantes de dispositivos, como Samsung, mencionando que Apple era ahora una compañía que facturaba cincuenta mil millones de dólares al año. Luego, para subrayar este punto, ralentizó radicalmente el ritmo mientras decía: «Apple es la compañía número uno... de dispositivos móviles...». Hizo una pausa. Esperó un instante antes de bajar la voz reduciéndola a un susurro, y añadió: «...en el mundo».

Conoce a tu audiencia

¿Quiénes son? ¿Cómo les gusta consumir su información? Si tienes una audiencia de procesadores de números, puedes apoyarte más en los datos y menos en el relato. Si, por otra parte, tu audiencia es más creativa, los gráficos de barras no son un buen planteamiento.

Conocer a tu audiencia también se relaciona, en parte, con las «Seis pistas». Cuanto mejor conoces a tus oyentes, más fácil te resultará leer su lenguaje corporal y menos probable será que los malinterpretes. Hace años, trabajé con Jack Welch, el expresidente de General Electrics, un tipo que desde luego sabe cómo hablar sin repeticiones. Con frecuencia, durante las reuniones, solía hacer el «molino de viento manual», moviendo la mano en círculos como diciendo: «¿Quieres dejar ya de dar rodeos al asunto?». Por desgracia, algunos malinterpretaban el molino de viento y lo entendían como «Dame más detalles», cosa que ellos hacían hasta que Jack ya no aguantaba más y decía: «No, ya lo he entendido. Sigue adelante».

Proporcionar DII (demasiada información innecesaria) es una de las formas más rápidas de ser la víctima del molino de viento gestual. He trabajado con personas tan agudas que con una vez que les diga algo de forma concisa, responden: «Sí, lo tengo. ¿Qué más?», antes de que yo haya acabado siquiera la frase. Son el tipo de personas que quieren exprimir las ocho horas de trabajo para que sean cuatro, y más te vale no ser tú quien se interponga en su camino. Su tiempo es valioso para ellos, y no les gusta perderlo. Cuando tengas dudas, peca del lado de la brevedad.

No des nada por sentado

No supongas que tus opiniones políticas, religiosas o personales coinciden con las de tus oyentes. Cuando en mis presentaciones pongo ejemplos de meteduras de pata en los discursos de los políticos, intento ser completamente bipartidista. Las normas de una cena formal se aplican a todas las situaciones de trabajo: permitirse entrar en debates sobre sexo, política o religión es como manipular una granada cargada.

Mentalízate

Si de verdad crees que merece la pena contar tu historia y que es interesante, es natural que la cuentes con el mayor sentido de importancia. Pero si ese malvado crítico interior te pincha: «Estoy seguro de que ya la han oído antes» o «La van a odiar», lo más probable es que la pronuncies con un sentido de disculpa y derrotismo. Tu audiencia absorbe lo que tú proyectas.

Sé el editor más riguroso que conozcas

Cada vez que cuentes la misma historia a una audiencia distinta, crea una nueva oportunidad de encontrar partes que puedas recortar. Estate atento a cualquier hecho aburrido, no fundamental, y deshazte de él. ¿De veras necesita tu oyente saber que una casa era azul o que la historia sucedió hace cinco años? Quédate con los detalles que hagan la historia más interesante. Elimina los pormenores que no son importantes para entender su relevancia.

No te esfuerces en los detalles

Si ocurrió hace cuatro años en lugar de cinco, no te corrijas a mitad de la frase. Si te hundes en discrepancias tan pequeñas mientras cuentas una historia, perderás tu ritmo y tu ímpetu.

Como ejemplo, lee el párrafo siguiente en voz alta. Grábate mientras lo haces. Luego escucha lo que has grabado. ¿Dónde perderías la atención?

Hace cinco años, mi familia hizo un viaje a la selva brasileña. Bueno, lo siento, el viaje fue en realidad a Costa Rica; no era Brasil. En cualquier caso, estábamos allí como parte de una expedición de la escuela de arqueología. Bueno, ahora que lo pienso, sí que era en Brasil. Así que... estábamos solo yo y mi familia y, ¡ah sí!, el novio de mi hermana. Olvidaba que él estaba allí. Y durante nuestra última semana, su primo se unió a nosotros, aunque más o menos se invitó solo; no estoy muy seguro de que alguien quisiera realmente que estuviera allí. De cualquier modo, allí estábamos atravesando aquella selva y nuestro guía, que tendría unos treinta y tantos... Estoy bastante seguro de que tenía esa edad, porque dijo que se había graduado en una universidad de Argentina al principio de la década del 2000, así que eso quiere decir que... sí, tendría algo menos de los cuarenta. Aunque pasaba mucho tiempo al sol, así que eso le hacía parecer un poco mayor de lo que era realmente...

¡Haz la señal del molino de viento!

Es más importante mantener la historia en movimiento que tener hasta el más mínimo detalle al cien por cien de precisión. No te corrijas ni repitas. Actuando así no haces más que atascar tu historia.

¿DÓNDE SE ESCONDEN LAS GRANDES HISTORIAS?

Aunque contar una historia puede parecer más fácil que transmitir un contenido más abstracto y teórico, nunca te engañes pensando que la formulación de un buen material anecdótico requiere menos esfuerzo. La noche antes del gran discurso o presentación no querrás nunca pasarte la noche devanándote los sesos intentando imaginar historias atractivas.

Una mejor estrategia: fingir que eres un novelista que busca historias todo el tiempo. Lleva una libreta encima. Cuando ocurran sucesos o conversaciones interesantes y la historia simbolice una idea que tú toques con frecuencia en los discursos, las reuniones, las conversaciones y las entrevistas, escríbelas. Si no, te garantizo que las olvidarás.

Luego, cuando necesites urdir una historia en una presentación, revisa tu libreta. Si lo haces, descubrirás que no te verás desesperado por material. Siempre tendrás una manera fascinante de ilustrar tus ideas y cautivar a tus oyentes todas y cada una de las veces.

5

EL PRINCIPIO DE LA SALSA PARA PASTAS

Un buen discurso debería ser como la falda de una mujer:
suficientemente larga para cubrir el tema y lo bastante
corta para crear interés.
—Winston Churchill

APRENDÍ LA CONEXIÓN que existe entre la cocina y la conversación a los dieciséis años, cuando mi madre me pidió que saliera más temprano del entrenamiento de fútbol para acompañarla a una demostración de cocina en Macy's, en la ciudad de Nueva York.

Yo entendí cuántas ganas tenía ella de ir, por lo que intenté adoptar una buena actitud. Con todo, en ese tiempo de mi vida suponía que mis habilidades de pase como mariscal de campo tendrían más incidencia sobre los miembros del sexo opuesto que mis proezas en la cocina. (¡Qué equivocado estaba en esto!)

Cuando entré en Macy's, esperaba encontrarme con algún escritorzuelo con delantal blandiendo un cazo y pregonando un libro de cocina. En vez de esto, de pie en la parte delantera de la sala y destacando por encima de su ayudante de cocina se encontraba una de las chefs más famosas: Julia Child. Su discurso pronunciado con voz cálida y entusiasta me cautivó y cuando acabó la demostración yo era el primero de la fila para comprar su libro de cocina.

Ahora, años más tarde, me gusta cocinar tanto como a mi madre, y mis tareas soñadas siempre han sido las que combinan mi profesión con mi pasión: entrenar a *chefs* famosos. Desde Thomas

Keller hasta Marcus Samuelsson, y desde Guy Fieri hasta Iron Chef Masaharu Morimoto, cada uno de ellos ha sido un absoluto placer.

Fue durante una de estas sesiones de entrenamiento con *chefs* cuando no pude evitar observar varios paralelismos increíbles entre la cocina y la comunicación. En particular destacan dos: menos es más y cuanto más sencillo mejor. De hecho, una buena comunicación es muy parecida a la salsa para pastas. Cuando más hierves y reduces una salsa, más dinámico es el sabor. Hablar de forma redundante y usar palabras de relleno en tu comunicación es como añadir agua a la salsa. El resultado es algo insulso y fácil de olvidar.

CINCO RAZONES PARA NO HABLAR MUCHO

Irónicamente, el día que me senté para escribir este capítulo, una mujer acudió a la oficina para pedir consejo profesional. Ojalá hubiera estado grabando un vídeo o un audio para captar su incesante aluvión de pensamientos inconexos y desarticulados. Tras vomitar palabras durante casi cinco minutos, finalmente me invitó a hacer mi aportación. «En su opinión, ¿qué se necesita para ser un exitoso entrenador en medios de comunicación?». Le contesté exactamente en veinte palabras: «Debe ser capaz de enseñar a las personas a transmitir sus pensamientos más convincentes de la forma más concisa posible». Me miró con una expresión que indicaba «¿Y ya está? ¿Eso es todo?».

¿Por qué habla la gente tanto como aquella mujer? Por lo general lo hacen por una o más de las razones siguientes:

Exponer una idea

La gente piensa que cuanto más desarrolla y explica, más convincente será. Confunden cantidad con ser persuasivo. De modo que con frecuencia repiten y repiten lo mismo, hablan dando rodeos y hasta cuentan historias aleatorias que no respaldan su mensaje. Sin embargo, esto no convence a las personas. En vez de ello, las aburre.

Parecer inteligentes

Se cuenta que Abe Lincoln declaró: «Es preferible permanecer callado y que piensen que eres un necio a hablar y que se desvanezca toda duda». Cuanto más hablas, más te arriesgas a demostrar que Abe el Sincero tenía razón. En realidad, la persona más callada en cualquier habitación suele ser la más enigmática, así como la más poderosa. Al no hablar, esa persona crea más espacio conversacional que, invariablemente, llenan los demás porque se sienten más incómodos con el silencio. No debes ser la persona que rellene los tiempos muertos entre palabras. Lucha por ser la persona que ejerce el control.

Consumir todo el tiempo asignado

Uno de los mayores regalos que puedes hacerles a tus colegas es el del tiempo. Comunicar de forma eficaz puede permitirte acabar una reunión o una conferencia diez o quince minutos antes y restaurar un poco de cordura a los locos calendarios de trabajo de los demás. Y, solo por ello, puedes convertirte en su héroe personal.

Una planificación deficiente

Te han dado veinte minutos para que hagas tu presentación. ¿Cómo demonios te quedan diez diapositivas por mostrar cuando solo faltan dos minutos para acabar? Son dos las explicaciones posibles: no te has cronometrado nunca durante los ensayos o has alentado a la audiencia a que intervenga e interactúe, pero no has tenido en cuenta que esas interrupciones consumían el tiempo. Si invitas a la participación, deja que una tercera parte del tiempo se dedique a ella. Si te estás quedando corto de minutos, no apresures tu ritmo de hablar ni te saltes diapositivas enteras. Ambas cosas harán que parezcas perdido y poco profesional. En vez de actuar así, reduce tu información para cada punto de la diapositiva a la explicación más breve, mientras mantienes un ritmo controlado y sin prisas.

Explotar a una audiencia cautiva

Solo porque alguien esté sentado junto a ti en un avión no significa que tengas el derecho de convertir a tu compañero de asiento en tu caja de resonancia personal. No des por sentado que la otra persona:

- Quiere escuchar todos los pequeños detalles de tu vida.
- No tiene otra cosa que hacer, como llevar a cabo algún trabajo, dormir un rato, o sencillamente disfrutar de un poco de paz y silencio.
- Pidió específicamente ese asiento porque eres una persona muy fascinante.

Cuando viajo en avión, rara vez ofrezco ninguna información sobre mí mismo hasta que la persona junto a mí me pregunte. Esto es especialmente así si siento que la conversación representa una posible oportunidad de hacer contactos de negocio. En ese caso, lo último que quiero es parecer extremadamente ansioso por venderme y autopromocionarme.

TRANSFORMACIÓN DE UN DISCURSO EN UN DISCURSO PERFECTO

Recientemente, durante un vuelo de regreso a casa desde San Francisco, la mujer sentada junto a mí quebrantó varias RCP (reglas de conversación primordiales). La primera fue responder a mi pregunta convencional de «¿Qué tal?» con una interminable historia sobre su vida.

Me vi deseando:

(A) Haber mantenido al alcance de la mano mis auriculares anulacharlatanes, y no haberlos metido en el compartimento del equipaje de mano.

(B) Haberle entregado una copia del memo de protocolo (que obviamente ella no conocía) advirtiéndole de los peligros de DII y que la única respuesta que uno quiere recibir en realidad a su saludo para romper el hielo es «Bien, gracias».

Lamentablemente, ella necesitaba algunas ayudas desesperadas de comunicación, y el vuelo se convirtió en unas vacaciones con trabajo para mí. No pude evitarlo. Con frecuencia acabo escuchando a alguien como ella con un oído de diagnóstico estricto, y me proporcionó mucho que diagnosticar (y material que anotar para este capítulo).

LO QUE ELLA DIJO

«Sí, lo de mi hijo ha sido un verdadero desastre. Se rompió el brazo en un gran partido de *lacrosse* para determinar quiénes serían los campeones regionales. Así que se perdió la mayor parte del partido, porque se lesionó justo al principio; de hecho fue una jugada bastante sucia en la que el chico del otro equipo le golpeó con su palo. Mi esposo estaba tan furioso que prácticamente tuvieron que retenerle para que no se metiera en el campo y se quejara a los árbitros. Ya tiene antecedentes de ese tipo; me refiero a mi marido. Se remontan a la Liga Menor. Los árbitros siempre le estaban señalando en las tribunas y advirtiéndole que se quedara callado o lo expulsarían. Y ahora, claro está, nos sentimos preocupados de que esta lesión pueda arruinar las oportunidades de nuestro hijo de conseguir una beca de *lacrosse*, porque es la época del año en que los buscadores de talentos están en plena actividad... y siendo adolescente, toda la familia estamos sujetos a sus cambios de ánimo por no poder jugar...».

CÓMO PODRÍA HABERLO CONDENSADO:

«Si alguno de sus hijos es atleta en la escuela secundaria, estoy segura de que estará usted inmerso en cómo les va durante la temporada. Bueno, en estos momentos los ánimos están bastante bajos en nuestro hogar. Mi hijo se rompió el brazo durante un partido de *lacrosse* el otro día, justo cuando los buscadores de talentos universitarios examinan a quién ofrecerle becas. De modo que hemos tenido que idear un plan B y, de alguna manera, mantenerlo animado».

CÓMO REDUCIR UN MENSAJE

Si estás bregando con la noción de la brevedad, podría resultarte útil pensar en las palabras como si fueran calorías. Cada día tienes un número establecido con el que jugar; por ejemplo, 2.000. Sobrepasar esa cantidad nunca conduce a nada bueno. Observando desde mi asiento en primera fila y analizando cómo se comunican las personas, puedo decirte que existe una obesidad verbal epidémica. Estoy seguro de que has sido testigo presencial de esto. ¿Te has visto alguna vez indefenso mientras alguien participaba en una comilona verbal?

La gente necesita muchas palabras para exponer su idea, y hasta después de hacerlo tienden a repetir y repetir de forma monótona. Si nos impusieran a todos una dieta verbal, apuesto a que nos las arreglaríamos para decir lo que de verdad importa y nos convertiríamos en comunicadores más eficientes.

Otro incentivo importante para ceñirse a la brevedad tiene que ver con el periodo de atención de las audiencias: va desapareciendo a mayor velocidad que el casquete polar ártico. Los correos electrónicos se consideran ahora largos e incómodos en comparación con los preferidos mensajes de texto. Los tuits triunfan sobre las entradas de blog. El mundo vive exactamente así. Por tanto, si nuestros oyentes solo son capaces de digerir pequeñas porciones de información, ¿por qué creemos que funcionará si les servimos porciones de tamaño familiar?

Tu comunicación debería dejar a las personas satisfechas, no atiborradas e hinchadas.

Resulta difícil ser conciso. Requiere práctica. Si luchas por reducir las cosas, prueba esto:

Desarrolla principios y finales decisivos

Conoce tu apertura —los sesenta a noventa primeros segundos del contenido que saldrá de tu boca— y tenla bajo control. Es entonces cuando estarás más nervioso; por tanto, no dejes nada a la suerte. Una vez salvado limpia y suavemente el primer escollo, tu confianza se irá ampliando. Esto también sirve para el final. Debería ser un destino definitivo hacia el que te vas dirigiendo con un sentido de propósito. Haz que sea firme y dale un poco de impacto. Lo que suelo escuchar con mayor frecuencia son reiteraciones y sinopsis insípidas, que más que correr a toda velocidad, se deslizan pendiente abajo hasta la línea de meta. El punto central de tu presentación debería ser, no obstante, expandible o plegable, para que pueda crecer o encoger, dependiendo de las restricciones del tiempo y de la forma en que tu audiencia la esté recibiendo.

No me estoy refiriendo a ser capaz de reducir tu presentación en uno o dos minutos. Estoy hablando de ser capaz de cortarle una tercera parte o incluso la mitad. Sucede más a menudo de lo que puedas creer. Recientemente, mientras me encontraba en Zurich entrenando a varias mujeres ejecutivas, me enteré de que la empresa había designado solo treinta minutos para la que yo creía que sería una exposición de una hora. Contaba con apenas diez minutos para hallar una manera de reducir la charla. Lo hice quitando doce de las treinta diapositivas en la parte central de la presentación.

Si alguna vez se nos insta a hacer este mismo tipo de reducción en el acto, haz lo siguiente:

- Mantén tu titular original, ya sea una historia, una declaración inesperada o una estadística inusual. Ya lo has practicado. No te líes con esto.
- Corta a partir de la mitad. Por ejemplo, si la parte central de tu charla consta de cinco puntos, corta los puntos dos y tres.
- Ahora necesitarás una transición. Piensa cómo conectar el punto uno con el cuatro de forma coloquial.
- A continuación, asegúrate de que la nueva charla abreviada sigue llevando al mismo final que has practicado.

Corta tus lazos emocionales con el contenido

Rara vez me topo con la presentación de un cliente que no haya mejorado si la cortas en un veinticinco por ciento. No te enamores tanto de tu propio contenido que no puedas ver que parte del mismo sobra. Te garantizo que tu audiencia no se perderá todos los elementos que figuraban en la versión original (¡y como mencioné más arriba, te agradecerán tu brevedad!). Reduciendo estarás honrando al autor contemporáneo de novelas de terror, Stephen King, que escribió en su autobiografía *Mientras escribo:* «Mata a tus creaciones más queridas, mata a tus queridas, mata a tus queridas incluso cuando eso rompa tu corazoncito de escritorzuelo, mata a tus queridas». Es una horrible expresión, pero aunque sacrificar algo que has creado y a lo que te sientes apegado puede angustiarte, el contenido no hace más que reforzarse.

Usa el «Principio del titular»

Ve inmediatamente a tu idea. No vayas poco a poco hasta ella.

Practica, practica, practica

Cronométrate cada vez, recorta continuamente tu discurso hasta que consigas que tu mensaje se reduzca a su esencia más deliciosa. Como sugerí con el «Principio de Scorsese», practica delante de otros y mantente en alerta máxima para percibir las «Seis pistas indicadoras de que has perdido a tu oyente» (p. 75).

No te comprometas con un número

¿Recuerdas el momento en que Rick Perry perdió su candidatura a la presidencia por parte del partido republicano en el 2012? Fue cuando declaró que eliminaría tres departamentos del gobierno de los Estados Unidos, pero solo se pudo acordar de dos al enumerarlos. Anunciar exactamente cuántos puntos vas a tratar es más arriesgado que dejarlo de forma más general con un «varios» o «unos cuantos».

Déjalos siempre con ganas de más

No sucumbas a la trillada técnica de recapitular o resumir todo lo que acabas de decir. Nada consigue que la gente se hunda en su silla tan bien como la frase: «Permítanme recapitular rápidamente lo que acabamos de ver». En vez de esto, al final de tu presentación sugiéreles que prueben algo nuevo o adopta una nueva estrategia o forma de pensar, y después resalta los beneficios futuros que recogerán si siguen tu consejo. Para acabar una de mis conversaciones sobre cómo dar un discurso, dije: «La próxima vez que pronuncies un discurso, piensa en empezar con un contenido impredecible, visual y anecdótico. Creo que descubrirás que tu audiencia está más comprometida y que tu mensaje resuena de una forma más eficaz».

CUATRO SALSAS CONVERSACIONALES QUE SABEN MEJOR CUANDO ESTÁN CONDENSADAS

¿Tienes que reducir cada uno de tus mensajes? No es mala idea, pero hay algunas situaciones en las que un mensaje sabroso y condensado es mucho más importante que otros. Usa estas recetas para las siguientes situaciones de oratoria.

Pronunciar un discurso

Como ya he mencionado, la atención empieza a flaquear a los dieciocho minutos del principio de una conferencia. Algunas investigaciones también muestran que debes tener gran habilidad para mantenerlos interesados los dieciocho minutos. Por lo general, la atención decae incluso antes, y las personas pierden su enfoque a los cinco minutos, conectándose y desconectándose con frecuencia después de esto. Por consiguiente, cronometra tu mensaje para que permanezca dentro del límite de los dieciocho minutos. Practica tu charla con anterioridad para saber con exactitud cuánto dura, y elimina diapositivas y puntos hasta que consigas reducir tu discurso a esa duración o menos. Crea también minisegmentos de tres a cinco minutos dentro de tu conferencia. De esta forma estarás efectuando una transición a un nuevo tema antes de que tu audiencia pierda su enfoque.

Responder una pregunta

Sé que existe una estrategia que suele recomendar que no renuncies al terreno una vez conseguido. Pero la participación en una mesa de debate no es el fútbol: el jugador con el mayor tiempo de posesión no es necesariamente el que gana. Sigue el «Principio del titular» de idear una frase provocadora e impactante para cada uno de los ámbitos temáticos que el moderador suscite. A continuación, ilustra tu idea con un ejemplo, una historia o algún dato convincente —o tal vez una combinación de las tres cosas— y afiánzala con una frase o dos que reafirmen tu idea principal, pero enmarcándola de un modo distinto a tu titular. Entonces cede el terreno.

Lanzar a un nuevo cliente

La proporción mágica aquí es de aproximadamente tres a uno. La cantidad de tiempo que dedicas a escuchar a tus clientes y analizar debería ser el triple de la que pasas hablando sobre ti. Aquí, la estrategia clave consiste en jugar una partida. Identifica qué nuevo cliente necesita más lograr sus objetivos. Luego encuentra un caso práctico de éxito para mostrar que has proporcionado algo similar. La extensión de tu discurso podría ser meramente: «Hace unos cuantos meses, ayudamos a uno de nuestros clientes a salir de una situación muy similar a la que estás atravesando. Afortunadamente, la cuestión está resuelta y se encuentra reencaminado. Así que si alguna vez quieres que te echemos una mano con eso, solo tienes que decirlo. Es algo con lo que estamos muy familiarizados». En solo cuatro frases:

1. Deja claro que tienes experiencia reciente en hacer el tipo de trabajo que necesitan.
2. Dales una perspectiva de un buen resultado en un futuro próximo.
3. Ofrece tus servicios, pero no de un modo desesperado, y sin presionar. Es más bien dejar que se acerquen ellos a ti.
4. Muéstrales que la clase de trabajo que necesitan está en sintonía con tu mejor punto profesional.

Tener pequeñas conversaciones durante una reunión de trabajo

Me sorprende ver el tiempo que las personas dedican a lloriquear y quejarse de sus hijos, de los planes de fines de semana que se han torcido, de sus padres que se hacen mayores y están enfermos, y por supuesto, del jefe. La pregunta estándar «¿Qué tal va todo?» no debería desencadenar una inundación de negatividad. Te voy a contar un pequeño secreto: al formular la pregunta, a tu compañero de trabajo solo le interesa realmente una respuesta: «¡Muy bien! ¿Y a ti?». Una pequeña conversación debería ser exactamente eso: pequeña. Creo que de algún modo nos engañamos creyendo que quejarnos del trabajo es el adhesivo que nos mantiene juntos como colegas. Sin embargo, en última instancia, para una cultura esto es corrosivo y solo empeora el lugar de trabajo. Si te sientes mal en el trabajo tienes dos elecciones: esforzarte por lo que no funciona en el lugar o irte. Hundir contigo a tantas personas como puedas no es una tercera opción.

Podría seguir y darte docenas de maneras de condensar todo tipo de mensajes, pero algo me dice que hacerlo no haría más que contrarrestar la idea misma que estoy intentando explicar. Además, la mejor forma de dominar el «Principio de la salsa para pastas» no consiste en memorizar una lista de consejos. Es más bien esto: prestar atención a tus palabras y también a las de los demás. Actúa así y descubrirás que mucho de lo que tú y otros dicen sencillamente no es necesario, y que cada idea puede mejorarse y aclararse con menos palabras y no con más.

6

EL PRINCIPIO DE NO IR PEGADO A LOS TALONES

...ninguna palabra fue nunca tan eficaz como una pausa en el momento adecuado.

—MARK TWAIN

S I LAS NOTICIAS por cable 24/7 nos han enseñado algo es esto: si quieres dominar una conversación, no salgas a la superficie en busca de aire. En el equivalente de las noticias, que es el cuadrilátero de la lucha libre, quien se tome la milésima de segundo para respirar, pierde su sitio. Esto se podría denominar «doctrina de Chris Matthews». Tal modo de entender la comunicación, tipo «manguera para incendios», ha hecho que el resto de nosotros adquiramos costumbres bastante malas.

Muchas personas intentan mantener una corriente ininterrumpida de sonido, procedente de su boca, preocupándose de que los clientes, los colegas y los supervisores puedan interpretar la más ligera pausa como una señal de incertidumbre. Y, afrontémoslo, la mayoría de nosotros nos sentimos francamente incómodos con el concepto del silencio. Como resultado, hablamos deprisa y sin parar, sobre todo cuando intentamos mantener nuestro territorio, parecer más enérgicos o ganar una discusión.

Acabamos logrando lo contrario.

Cuanto más rápido hablemos, más probable es que hagamos dormir a la gente, que sacrifiquemos nuestra credibilidad o, lo que es peor, que digamos por accidente algo que después lamentemos.

Piensa en tu cerebro y tu boca como si fueran dos automóviles que viajan carretera abajo. El cerebro es el auto que lidera la marcha, y la boca va pegada a los talones, una milésima de segundo por detrás, siguiendo el rumbo conversacional marcado por el cerebro. En cualquier momento, el cerebro escoge qué camino verbal tomar y las palabras exactas necesarias para articular cada pensamiento.

Cuanto más lenta sea la velocidad del auto que va detrás (tu boca), más tiempo le das a tu cerebro para que decida cuidadosamente adónde irá la boca a continuación. Del mismo modo, tu boca dispone de más tiempo para girar suavemente en cualquier dirección conversacional en la que el cerebro le indique que vaya. Es exactamente como seguir a un amigo que conduce otro auto delante de ti. Cuanto más tiempo se den el uno al otro para disponerse a girar o detenerse, más suave y menos peligrosa será la maniobra.

El objetivo consiste en mantener tu boca a un auto de distancia de seguridad de tu cerebro. Sin embargo, cuanto más rápido hables, más cerca viajará la boca del cerebro. Yo lo denomino «ir pegado a los talones verbales». Cuando esto ocurre, el cerebro no dispone del tiempo suficiente para tomar decisiones cuidadosas y concienzudas. Resultado final: el cerebro se ve forzado a escoger la primera dirección (o pensamiento) en lugar de la mejor. Por esta razón nos encontramos a menudo en un callejón sin salida conversacional, diciendo algo irrelevante o, peor aún, inadecuado. Pregúntale a cualquiera que haya dicho algo lamentable: «¿Qué diablos te poseyó para que dijeras eso?», y la respuesta será probablemente: «No lo sé; solo solté lo primero que me pasó por la cabeza». Posiblemente fue lo que le ocurrió al director de cine danés Lars von Trier en el Festival de Cannes, en 2011. Durante una conferencia de prensa rutinaria sobre su película *Melancholia,* se le formuló una pregunta sobre sus raíces alemanas. En una larga y tortuosa respuesta, contestó: «He descubierto que era realmente un nazi, porque mi familia era alemana, algo que también me proporcionó algún placer. ¿Qué puedo decir? Entiendo a Hitler. No obstante creo que hizo algunas cosas incorrectas. Sí, desde luego, pero puede verle sentado en su búnker, al final... No es lo que uno catalogaría como un buen tipo, pero, sí, entiendo muchas de sus cosas y simpatizo un poco con él. No estoy a favor de la Segunda Guerra Mundial, pero... por supuesto que estoy muy a favor de los judíos. No, no demasiado, porque los israelitas son una verdadera molestia...».

Kirsten Dunst, una de las estrellas de su película, estaba sentada a su lado y le lanzó una mirada de horror, sopesando probablemente los pros y contras de levantarse y marcharse.

Entendiendo cuánto se había desviado del tema y cuán hondo había entrado en territorio tóxico, von Trier verbalizó justo lo que la mayoría de nosotros pensamos: «¿Cómo puedo salir de este tema?».

El entrevistador respondió: «Con otra pregunta. Aquí está su salvación».

Es raro que un periodista ofrezca un salvavidas como ese. Por lo general dejan que tú solito te tragues el anzuelo hasta que dejes de colear. Para ser más meticulosos y selectivos, necesitamos tiempo. Para ganar más tiempo, es necesario que ralenticemos. Sí, es realmente así de sencillo.

Hablar rápido es una propuesta de alto riesgo. Es casi imposible mantener las condiciones ideales para ser persuasivo, articulado y eficaz cuando la boca viaja muy por encima del límite de velocidad. Aunque nos gustaría pensar que nuestra mente es lo suficiente aguda para tomar buenas decisiones en todo momento con la máxima eficiencia, sencillamente no lo es. En realidad, el cerebro se encuentra con una intersección de cuatro o cinco cosas posibles que expresar y se sienta, inactivo, durante un par de segundos meditando las opciones. Cuando el cerebro deja de enviar instrucciones de navegación a la boca, y va a demasiada velocidad para detenerse; es entonces cuando se produce el golpe en el parachoques verbal, conocido también con el nombre de relleno o muletilla. *Hmm, eeh, ya saben* y *como* es lo que tu boca expresa cuando no tiene ningún lugar adonde acudir.

PUEDES ESTAR YENDO PEGADO A LOS TALONES VERBALES SI

· Las cuatro primeras palabras que salen de tu boca son: «Bueno, ¿saben?, creo que...».

- Tu audiencia se queda preguntándose cuál era tu idea principal.
- Exponer una idea te cuesta el doble o el triple que a personas más concisas.
- Te apoyas demasiado en *hmm, eeh,* u otro relleno.
- No puedes estar seguro de lo que dirás cinco o diez palabras más adelante.
- Con frecuencia dirás: «¿Cómo me he salido por esta tangente?» y «¿Cómo retomo el tema desde aquí?».

NO PUEDES ARREGLAR UN PARACHOQUES

Los parachoques verbales pueden pasarte factura. Por ejemplo, no hace mucho, un cliente de una empresa bastante tradicional me contó esta historia sobre una prometedora directora gerente. La ejecutiva estaba conversando con el director general durante un cóctel. Esta mujer estaba comprensiblemente nerviosa, y su terror tuvo un efecto predecible en ella. Sus nervios aceleraron su ritmo al hablar. Perdió el control y permitió que se le escapara una palabra malsonante. Ese error crucial creó un cambio de percepción, pasando de «prometedora» a ser «una bala perdida».

A diferencia del parachoques de un vehículo, no existen talleres de reparaciones para tu reputación y tu imagen profesional. Los progresos tecnológicos nos engañan, claro está, y nos hacen pensar que podemos borrar un naufragio verbal. Nuestra boca no viene equipada con botones de deshacer y borrar, pero nuestros ordenadores sí. Podemos poner algo en Facebook y, después de hacerlo, limitar quién lo ve a través de la configuración de privacidad, pero en la vida real no existen menús con opciones de este tipo. Si alguna vez has dicho algo que te hubiera gustado retirar, sabrás lo que quiero decir. Para cualquiera que sea objeto de la opinión pública, las palabras más temidas que tenga que pronunciar son: «Lo que en realidad quería decir...» o «De ninguna manera he pretendido insinuar...».

Nunca es tan importante ralentizar o hacer una pausa como cuando estás en territorio poco familiar. Improvisar o intentar salir airoso con la espontaneidad es como conducir por una carretera de montaña en medio de la niebla, donde no puedes ver a más de quince centímetros del capó del coche. No tienes ni idea de los peligros que te rondan en la próxima curva. ¡Y lo peor, ni siquiera sabes dónde están esas curvas! Por eso sugiero que cortes radicalmente la improvisación, sobre todo en situaciones de comunicación de alto riesgo. (Ver más en el capítulo 10.)

El expresidente de BP, Tony Hayward, lo sabe demasiado bien. Durante el catastrófico vertido de petróleo en el golfo de México, en el 2010, accedió a responder las preguntas de los reporteros en un intento de mostrar su genuina preocupación por la creciente crisis. Se llenaba la boca con los temas de conversación corporativos que había memorizado. Al parecer, todo iba según los planes. Entonces, Hayward decidió añadir una cosilla extra al final de sus mensajes clave aprobados por la empresa, algo que le habría parecido más relacionable con los obreros cuyos negocios estaba destruyendo aquel defectuoso pozo de petróleo. Declaró: «Nadie quiere esto más que yo. Saben, ¡ojalá pudiera recuperar mi vida!».

¡*Cataplum!* Los medios informativos reprodujeron su comentario en cada programa de entrevistas televisivo, y en pocos meses, la BP le indicó a Hayward dónde estaba la puerta.

El error crítico de Hayward se debió a dos razones:

1. Se engañó a sí mismo pensando que todo iba viento en popa. Probablemente pensó: *conseguiré más añadiendo algo personal.*
2. Su contenido adicional era improvisado. Tenía que serlo, porque si alguno de sus entrenadores lo hubiera oído antes, ciertamente le habrían advertido: «¿Sabes que no le puedes decir algo así a un reportero, verdad?».

Si Hayward hubiera tenido un botón de deshacer, así es como yo le hubiera aconsejado que lo hubiera dicho: «Todos mis planes no relacionados con mi empresa han sido retenidos hasta que yo esté personalmente satisfecho con el punto en el que nos encontramos en la resolución de esta crisis. Lo que está ocurriendo en el golfo merece toda mi atención y la tiene, y también la de las personas de más talento y conocimiento que tenemos, las cuales están trabajando sin horario para hallar respuestas y soluciones a esta terrible situación».

Es fácil burlarse de los parachoques verbales de Hayward y de otras personas; a pesar de ello, sin la presencia de ánimo para ralentizar y hacer una pausa, la mayoría de las personas sucumbiría ante un naufragio similar en la misma situación.

¿POR QUÉ VAS PEGADO A LOS TALONES?

Ciertas situaciones alientan esta tendencia. Por ejemplo:

Estar a la defensiva

Muchas personas piensan que cuanto más rápido hablan, más convincentes suenan. Sin embargo, como dije antes, lo cierto es lo contrario. Cuando más rápido hablas, más a la defensiva, ansioso e inseguro pareces.

Ansiedad

Cuando estás tenso y angustiado, tus pensamientos se aceleran desencadenando también que apresures tu ritmo al hablar. Cuanta más adrenalina tengas, con mayor celeridad te sentirás tentado a hablar y con más parachoques te encontrarás a lo largo del camino.

Malestar

Muchos de nosotros nos sentimos incómodos con el silencio, así que lo compensamos llenando ese silencio con palabras.

Inteligencia

Es posible que las personas muy inteligentes contemplen de forma simultánea más pensamientos con mayor rapidez que la multitud que no son socios del club de superdotados . Esto puede ser una desventaja cuando se trata de hablar en público, a la cual me gustaría denominar la maldición de la intelectualidad. El cerebro de las personas sumamente inteligentes tiende a correr muy por delante de su boca. Mientras la boca está articulando un pensamiento, su cerebro, ya aburrido, se encuentra ahora dos pensamientos por delante. Como resultado, las personas altamente inteligentes suelen interrumpirse, sin acabar un pensamiento, antes de pasar a otro que no está relacionado con el anterior. Acaban pareciendo dispersos e inconexos y no un reflejo preciso de lo inteligentes que son en realidad.

Imitación

Si conversas con una persona que habla rápido, podrías sentir la tentación de imitarla y apresurar tu ritmo. Esto lo veo muchas veces en los invitados del programa de titulares de la CNN, *Nancy Grace*, o en personas que están siendo entrevistadas por presentadores amantes del escándalo. En lugar de esperar pacientemente una oportunidad y hablar a su propio ritmo, se dejan llevar por la frenética naturaleza de la conversación.

Competición

Si estás en una reunión de negocios o en una sesión de intercambio de ideas, podrías hablar rápidamente sin atisbos de pausa por temor a perder terreno. En realidad, cuanto más lentamente hables y más breve y concreto sea tu mensaje, menos probabilidades tendrás de que alguien te interrumpa. Dar la lata es la forma de alargar demasiado tu presencia en lo que a la conversación se refiere.

CINCO RAZONES CONVINCENTES PARA DEJAR DE IR PEGADO A LOS TALONES

Además de evitar los momentos que pueden hacer naufragar tu profesión, ralentizar y hacer una pausa entre pensamientos te ayudará a:

Mantener la atención

Tus oyentes ansían una estructura discernible en lo que les estás diciendo, completa, con un principio, una parte central y un final. Cuando los oídos registran una corriente constante de palabras, se sienten abrumados y tiran la toalla. Suelo equiparar esto a la forma en que se alimenta a un bebé. Dale una pequeña cucharada y después deja que el bebé mastique y trague antes de volver a introducirle más en la boca. Intenta conseguir demasiado con demasiadas prisas y el receptor lo rechazará. Para un bebé, esto significa escupir los alimentos. Para cualquier miembro de tu audiencia, equivale a desconectarse.

Por esta razón, es más probable que los consumidores presten atención a un anuncio comercial con un segmento silencioso. También es el motivo por el cual los comediantes hacen una pausa antes del remate final. El silencio atrae la atención, dándole más impacto al siguiente pensamiento.

Rezumar confianza

Es típico de las personas seguras de sí mismas que se tomen las cosas poco a poco, firmes en su creencia de que no hay necesidad de apresurarse, porque cada palabra que pronuncian es importante.

Para ser un orador eficaz tienes que mentalizarte por completo para pensar que estás impartiendo un valor tremendo a tus oyentes. Cuanto más rápido hables, más parecerá que te estás disculpando, como si estuvieras transmitiendo que no mereces ocupar el valioso tiempo de tu audiencia. Uno de los peores ejemplos de esto es una expresión que escucho todo el tiempo en las presentaciones corporativas: «Permítanme explicarles esto rápidamente». Es como si estuvieras diciendo: «Sé que esto los va a aburrir como ostras, pero no tengo más remedio que tratar este tema». Quedaría mejor que dijeras: «Muy bien, recapitulemos rápidamente. Aquí es donde estábamos el año pasado por este tiempo... Aquí es donde nos encontramos ahora». Cuanto más lentamente hables, usando brevedad de palabras, más confiado se te verá en tu mensaje y más seguro de él.

Romper con tu borrador mental

Un ritmo más lento hace que sea menos probable que recurras a lo que yo llamo retroceso verbal, diciendo cosas como: «Oh, en realidad no quería decir eso. Lo que pretendo hacerles saber es esto». Para ilustrar esta idea, en ocasiones les muestro a los clientes un videoclip de Alicia Silverstone en la presentación de su libro *The Kind Diet*. Los treinta primeros segundos están plagados de retrocesos verbales. «Bueno... yo... a ver… este libro es... Bueno... gracias a todos por venir... o... gracias por acogerme aquí. Es un verdadero honor estar aquí... y estoy realmente, realmente...». Luego se va apagando hasta dejar el estrado y salir del plano de la cámara para tomar un vaso de agua.

Buscar constantemente una forma mejor de articular un pensamiento, mientras te encuentras en plena exposición de la idea, crea un titubeo y un discurso inseguro que mina tu confianza y tu convicción. Cuando sientas el impulso de retroceder verbalmente, haz una pausa y relájate pensando en que la forma en que lo dijiste la primera vez es la mejor.

Aparenta estar más comprometido

Cuando estés manteniendo una conversación, tu mente debería estar trabajando en sendas paralelas: en primer lugar, escuchando a la otra persona con interés genuino y, en segundo, pensando qué historias de tu propia experiencia personal conjugan bien con el tema entre manos. Hacer una pausa después de que la otra persona haya acabado de expresar un pensamiento señala que has escuchado lo que tenía que decirte, que lo has digerido, considerado y que ahora estás basando tu siguiente contribución en lo que se acaba de exponer, en vez de precipitarte con una incongruencia.

Tu respuesta parecerá posiblemente más genuina, sincera, comprometida y específica.

Habla sin rellenos, con naturalidad

Como entrenador en comunicaciones, probablemente sea este el ámbito sobre el que más me preguntan, porque los profesionales se dan cuenta de que eliminar lo innecesario y los rellenos de sus discursos realza enormemente su imagen. El relleno despoja nuestro discurso de convicción. El testimonio de los representantes gubernamentales antes de los comités del Congreso ofrece numerosos ejemplos de lo importante que es que el primer sonido que salga de tu boca no sea una palabra de relleno. En octubre del 2013, se le preguntó a una representante del Departamento de Sanidad y Servicios Sociales durante una audiencia en el Congreso si el gobierno sabía con antelación que la página web health.gov, plagada de problemas, no estaría totalmente lista a tiempo para su lanzamiento. La mujer empezó su respuesta con un: «*Hmm... eeh*». Independientemente de lo firme que fue el resto de su contestación, la inseguridad que transmitió ese relleno al principio cuestionó la precisión de lo que respondió.

Las palabras de relleno también son una forma segura de aburrir a tu oyente. En una encuesta del Instituto Marista para la Opinión Pública, por ejemplo, los encuestados opinaron que las siguientes palabras y frases están entre las más irritantes: *lo que viene siendo, es como que, ya saben lo que quiero decir, a decir verdad, en realidad, ¿saben?, es lo que es, de alguna manera,* y *a fin de cuentas.*

Estoy seguro de que habrás leído o te habrán dicho que omitas esas palabras durante tu discurso. ¿Cómo te está funcionando? A la mayoría de las personas no les va demasiado bien, ya que una de cada veinte palabras es relleno. Decirle a alguien que deje de decir *hmm, por el estilo* y *en realidad* es como pedirle a una persona aprensiva que deje de morderse las uñas. Llamar la atención sobre tus palabras de relleno solo crea ansiedad, y esto puede llevarte a pronunciar más palabras de relleno. Aquí es donde ralentizar y hacer una pausa puede ayudar de verdad.

CÓMO MANTENER UNA DISTANCIA SEGURA AL HABLAR

Probablemente pienses que hablas lentamente y haces más pausas de las que haces en realidad. Muchas personas, por ejemplo, me dicen que la cantidad de tiempo que les lleva tomar un trago de agua en medio de una presentación parece interminable. En realidad no lo es en absoluto. De manera similar, el momento que sigue después de que se le formule una pregunta al orador le suele parecer bastante largo a la mayoría de las personas, y esto lo obliga a que empiece a hablar antes de ordenar sus pensamientos. Sin embargo, solo pareció largo en *sus* mentes.

Por esta razón te animo a grabarte. Al ver la grabación tendrás una medida precisa de tu ritmo vocal. También te ayudará a escuchar tus rellenos, tus retrocesos verbales y otros puntos débiles. Ser consciente de que existe el problema es el primer paso para vencerlo.

La tecnología moderna facilita bastante que te grabes. Puedes usar una cámara web, una tableta o un teléfono inteligente. Incluso puedes llamar a alguien por Skype y grabarte mientras mantienes una conversación normal.

Cuando escuches lo que has grabado, fíjate en:

- Las palabras de relleno
- Los parachoques verbales
- Los retrocesos verbales
- Las tangentes, las repeticiones y las pérdidas del hilo de pensamiento

No uses tus grabaciones para machacarte. Empléalas para tener una idea de la dimensión del problema y también como un modo de calibrar tus progresos. Cuando trabajes en mejorar este aspecto, utiliza estos indicadores:

Haz mezclas de ritmo

Siente la libertad de expresar con brío aquellos pensamientos que te son bastante familiares (esos que les has manifestado una y otra vez a otros) y, a continuación, ralentiza para explicar tus ideas más importantes o el contenido que te resulte menos familiar.

Habla limpiamente

En la industria alimentaria ha habido mucho debate sobre el concepto de comer limpio: consumir ingredientes básicos reales en lugar de aquellos multisilábicos, que suenan a química e imposibles de pronunciar que impregnan los alimentos procesados. El concepto que yo denomino hablar limpio es similar. La idea consiste en eliminar toda la jerga oscura, el relleno, el vocabulario para impresionar y la estructura de frases complejas, llenas de florituras y verbosidad. Mantener una composición sencilla, directa y limpia (y pronunciarla a un ritmo moderado) le proporciona a tu cerebro el tiempo suficiente para ordenar el pensamiento siguiente, permitiéndote progresar de una idea a la siguiente de un modo ordenado, centrado y convincente. Las probabilidades de que vayas por delante de ti mismo, olvides puntos importantes, interrumpas tu propio hilo de pensamiento, presentes tus ideas en un orden ilógico por accidente o te salgas por la tangente serán infinitamente menores.

Hablar limpiamente es una experiencia muy zen. Se trata de estar cien por cien centrado en el pensamiento que estás articulando en ese momento. Si sigues hablando mientras tu cerebro está repitiendo y analizando algo que dijiste cinco segundos antes, al no estar seguro de haberlo expresado de la mejor manera, te pones en peligro. Permitir que tu boca siga sin ser guiada por tu cerebro podría causar un sinfín de problemas.

Cuando tengas dudas, deja de hablar

Cuanto más inseguro te sientas con respecto a tus siguientes palabras, más lento debería ser el ritmo al que hablas, e incluso debes llegar a pararte en seco si es necesario. Barack Obama lo hace con frecuencia. Cuando llega a una intersección conversacional y se da cuenta de que lo que va a decir a continuación producirá un impacto enorme, deja de hablar durante uno o dos segundos hasta estar seguro de que la palabra o frase que está a punto de pronunciar es su mejor elección. Rara vez permite que el ritmo de su discurso presione su cerebro y le haga tomar una mala decisión.

Si fueras un experto conductor de autos teledirigidos, esta disciplina te resultaría fácil de entender. Con esos automóviles de juguete, la clave para ser un buen conductor consiste en variar tus velocidades: rápido en las secciones de pista rectas, y lento en las curvas pronunciadas. Tendemos a tener dos secciones de pista mental durante la conversación: el contenido del que estamos seguros (las rectas) y los pensamientos que parecen menos practicados y más espontáneos, con una selección más insegura de palabras (las curvas cerradas). Si te imaginas conduciendo alrededor de esa pista y ralentizas en las curvas, las palabras de relleno tendrán menos posibilidades de infiltrarse en tu discurso.

Céntrate en lo que quieres decir y no en lo que crees que la audiencia está pensando

Muchas personas prestan gran atención a cómo las perciben los demás, y esto deposita mucho poder en manos del oyente y poco en la cabeza del orador. En tu cerebro no hay suficiente ancho de banda para que te concentres de forma simultánea en tu punto, tu discurso y lo que crees que podría estar pensando tu oyente basándote en sus expresiones faciales. Averiguar el nivel de compromiso de tu audiencia creará un exceso de ansiedad que apresura tu ritmo. En realidad no puedes saber nunca lo que está ocurriendo en la mente de otro. Las expresiones faciales no son un referéndum sobre tu actuación.

Escucha más, habla menos

Escuchar es uno de los cumplidos más eficaces que tenemos para ofrecer. Valida a los demás y hace que se sientan apoyados, además de darnos a nosotros también la oportunidad de preparar concienzudamente lo que queremos decir. Escuchar con atención se está convirtiendo en un producto cada vez más raro, y por esta razón resulta tan fácil destacar y causar una buena impresión demostrando que ese arte no se ha perdido en ti.

7

EL PRINCIPIO DE LA CONVICCIÓN

¡...establece tu postura con total convicción, como hacen los franceses, y lo pasarás fenomenal!
—JULIA CHILD

CUANDO YO ESTABA en quinto grado, tuve un maestro de inglés llamado Bosworth Farson. Su nombre evoca la imagen de un hombre con chaqueta de paño y corbata inglesa que habla con un pretencioso acento de preuniversitario. Bo no era nada de eso. Era agradable y atractivo: un profesor novato de veinticinco años, con pantalones de campana (sí, eran geniales en ese tiempo), que le gustaba el jazz y el rock 'n' roll y que insistía, entre otras cosas, en que leyéramos nuestras redacciones en voz alta frente a toda la clase.

Como te puedes imaginar, leíamos esas tareas con la misma elegancia que los Bad News Bears jugaban al béisbol. Nos encaminábamos al frente arrastrando incesantemente los pies. La mayoría de nosotros farfullábamos el contenido. Los estudiantes se iban apagando al final de las frases y las últimas palabras eran apenas audibles. Los ojos permanecían pegados al papel todo el tiempo.

Cada semana, uno de mis compañeros en particular no dejaba duda alguna con respecto al nivel de ansiedad y su falta de convicción durante su presentación. Empezaba diciendo: «Bueno, la primera parte apesta, y es probable que no quieran escuchar el resto».

Claro que, cuando tienes once años, esa es la norma. A pesar de ello, los adultos carecen de convicción en la misma medida que mis compañeros de clase y yo cuando estábamos en quinto grado. Su tono de voz, su conducta y su redacción van desde un ligero tono de disculpa hasta el derrotismo más completo, y esto se va colando en sus presentaciones, discursos y reuniones.

Cuando hablas quieres que se perciba en ti una acérrima convicción, que se vea que rezumas entusiasmo por el valor de la información que estás compartiendo. Tus palabras, el movimiento de tus ojos, tu postura, tu discurso y tu tono de voz deben transmitir seguridad.

Sin embargo, demostrar una confianza inconmovible en ti mismo es un proceso, sobre todo si en lo más profundo sientes de todo menos eso. Suelo decirles a los clientes que hablar en público consta de tres fases:

Fase 1. Temor

Fase 2. Tolerancia

Fase 3. Disfrute

Cuando te ves inundado por el temor, parece como si la fase tres fuera un mítico país de las hadas que en realidad no existe. Muy pocos son los que consiguen dar un instantáneo salto desde el número uno al tres. Pero, si te entregas, puedes migrar gradualmente desde el temor a la tolerancia, y después, finalmente llegar a disfrutarlo. Es como el golf. Si aprendes una mecánica bien aconsejada por un profesional, y sales a jugar con frecuencia, lo harás mejor y disfrutarás más.

Lo que quiero hacer por ti en este capítulo es proporcionarte una buena mecánica de oratoria que te ayudará a enmascarar el sentido de temor ante tu audiencia. Que puedas empezar por la fase uno no significa que tu audiencia tenga que saberlo. El truco consiste en simular que estás disfrutando hasta que puedes experimentarlo de verdad.

SEIS FRASES DE EVASIVA

Una forma infalible de socavar tu sensación de convicción es usar frases vagas de evasiva. Son una forma de no comprometer por completo tus pensamientos, ideas y opiniones. Se suele creer erróneamente que la evasiva es una forma de ir a lo seguro, que no demostrando una certeza absoluta las personas son menos vulnerables al desafío y al desacuerdo de su audiencia. Sin embargo, diluir tu convicción le hace pensar a tu oyente: *Es una idea débil*.

«Una especie de» y «algo así como»

Estas dos expresiones impregnan el discurso moderno. Las escucho con frecuencia en los entornos de negocios y otros. Son un tic verbal ubicuo, uno del que pocos son conscientes.

Muchos de mis clientes las usan para evitar sonar obstinados o arrogantes. Pero estas palabras le quitan la agudeza a tus pensamientos, convirtiendo tu presentación en algo tibio y haciendo que tu tono parezca inseguro.

Considera los ejemplos siguientes:

«Fue una especie de éxito» frente a «Fue un gran logro».

«Es como algo que nos distingue» frente a «Esto es lo que nos caracteriza».

«Es algo así como lo que estamos pensando» frente a «Esto es lo que tenemos en mente».

En mi experiencia como entrenador he descubierto que las mujeres son más susceptibles que los hombres a permitir que esas palabras se cuelen en su vocabulario. Muchas de ellas me hablan de sus luchas para hallar un término medio armonioso entre rezumar seriedad y parecer agresivas. Les contesto que yo preferiría que suavizaran su imagen haciendo gala de una conducta cálida y cordial, sin permitir que ese lenguaje tibio se apodere de ellas.

«Creo...»

Como ocurre con *una especie de*, esta expresión se usa para ablandar el golpe de una opinión, pero despoja de convicción a tu tesis. Considera las diferencias en lo siguiente:

«Creo que, posiblemente, deberíamos considerar cambiar nuestra política sobre esto» frente a «Deberíamos volver a examinar nuestra política».

«Creo que esta es la forma de hacerlo» frente a «Esta es decididamente la forma de hacerlo».

«Creo que sería necesario volver a pensar cuáles son nuestras prioridades» frente a «Estudiemos detenida y cuidadosamente nuestras prioridades».

«Es posible que esto no les guste, pero...»

Apártate de las profecías que se cumplen solas. Una cláusula como esta les advierte a tus oyentes que tu idea será impopular, pero que la vas a presentar de todos modos. Empezar con negatividad hace que tu audiencia frunza el cejo ante tu idea incluso antes de que la hayas expresado. Aquí tienes otras frases similares:

- «Puede ser que esta idea sea una bobada, pero...».
- «Estoy seguro de que alguien saldrá con algo mejor, pero...».
- «No sé. Probablemente no merece la pena considerarlo, pero en aras de la reflexión, ¿qué les parece...?».

«Permítanme brevemente...»

Mencioné esta frase cuando les hablé del titular principal. Se suele usar cuando se sospecha que la información que se está transmitiendo es completamente obvia o redundante. Estas palabras se pronuncian, por lo general, antes de los aspectos «domésticos», de establecer el programa o de recapitular. Si sientes que tienes que repasar algo brevemente, considera no verlo en su totalidad. Si es una información que tu oyente necesita conocer, no te disculpes. En vez de «Permítanme explicarles brevemente nuestros resultados del último trimestre», prueba con «Aquí tienen una instantánea del T1».

«Solo les robaré dos minutos de su tiempo»

Después de «El cheque está en correos», esta es una de las mentiras más corrientes. Con frecuencia se oye a los vendedores empezar así las llamadas sin aviso previo y los eventos de contacto, justo antes de divagar durante al menos otros quince minutos. Erróneamente creen que es una buena táctica, porque a la mayoría de las personas les daría vergüenza afirmar que no tienen dos miserables minutos que dar, así que te obligan. ¿De verdad quieres transmitirle a la otra persona que solo vales dos minutos? Prueba a decir: «Sé que estamos haciendo malabares con agendas apretadísimas, de modo que iré directo al grano».

Podría ser que eliminar estas frases de tu discurso requiera cierta disciplina. El primer paso es ser consciente de ellas. Escoge una frase cada mes y elimínala. Luego, presta atención a tu discurso a lo largo del día, intentando observar cuándo usas la frase. Cuando te sientas tentado a ser evasivo, recuerda el «Principio de la salsa para pastas» y el «Principio de no ir pegado a los talones». Di menos. Ralentiza bastante. Inserta una pausa en el lugar en el que usarías normalmente la palabra o la expresión que estás intentando no decir. Es similar a la concienciación que los nutricionistas les piden a sus clientes cuando hay comida presente: sé meticuloso con todo lo que te metas *en* la boca. Aquí estoy sugiriendo que tomes consciencia de todo lo que sale *de* tu boca.

NO COPIES A TUS COLEGAS

¿Una de las peores formas de practicar el «Principio de la convicción»? Observa lo que hacen muchos de tus colegas y después intenta imitarlos. Tres malos hábitos de oratoria impregnan en gran medida el mundo de los negocios, haciendo que algunas de las personas más seguras de sí mismas suenen temblorosas e inseguras.

Estereotipos

En una reciente encuesta, Britons escogió la insípida expresión «al fin y al cabo» como estereotipo número uno que infecta el idioma correcto. Otros de los «culpables» que merodean muy cerca son «compitamos en igualdad de condiciones», «desde esta perspectiva/ punto de vista» y «analicemos...». Un estereotipo más que ha infectado a todas las corporaciones de los Estados Unidos consiste en referirse a un problema como «desafío» o, peor aún, declarar que «esto no lo vemos en realidad como un desafío, sino más bien como una oportunidad». Ocurre lo mismo con *viaje*. ¿Cuántas veces te has sentado en una presentación y has oído «No hemos hecho más que empezar este viaje...» o «Al embarcarnos en este viaje a la rentabilidad...»?

Jerga industrial

Cada industria tiene su propia jerga, palabras y frases que todos usan, pero que apenas se entienden de verdad. No hace mucho, cuando estaba entrenando a una ejecutiva de una empresa de accesorios de moda, le pregunté qué se tiene en cuenta a la hora de diseñar un nuevo bolso de mano. Me respondió: «Todo, desde el color hasta las invenciones». No pude evitar preguntar: «¿Qué es una invención? Que yo sepa, una invención es algo imaginado». Aquella industria no solo había fabricado una palabra que a los consumidores no les suena y es innecesariamente más complicada que *material*, sino que había escogido un término que es sinónimo de mentir. A cualquiera que le provoque una arcada la noción de comer OMG (organismos modificados genéticamente) le parecerá igual de aborrecible la idea de hablar con PMJ (palabras modificadas por la jerga).

Si le hubieras dicho a alguien hace veinte años que «poner tus recursos en contra de tus prioridades» era algo distinto a un autosabotaje, habrían pensado que estabas loco. Eso habría sido tan chiflado como la idea de que «causar trastornos» era algo que se debía recompensar y no castigar. ¿Quién sabe cuánto se extenderá esta transformación de lo peyorativo en lo honorífico? En realidad estoy pensando en innovar con mi propia definición cambiante. Tal vez las molestas empresas que empiezan no causan trastornos a una determinada industria, sino que se pueden considerar «iconoclastas» con respecto a las grandes marcas contra las que están compitiendo. Y nos dirán que la firme resolución de sus líderes de conseguir los objetivos de la empresa no es más que «petulancia». Esto suena bien, ¿no te parece?

Me entristece que este tipo de galimatías corporativo sea tan impresionantemente corriente. Todos hemos oído la jerga industrial desde nuestros primeros días en los negocios. Creemos erróneamente que remedándola encajaremos en nuestra cultura corporativa, así como aquellos tipos de IBM de los setenta vestían, todos ellos, traje oscuro, camisa blanca y corbata formal a juego.

He tenido clientes que me han confesado: «Me preocupa que, si no uso esa jerga, mis colegas pensarán que no sé de qué estoy hablando». Esta noción no podría ser más retrógrada. Usar jerga corporativa sin sentido es una muleta que obstruye la verdadera profundidad de tu conocimiento. Como, al parecer, dijo Einstein en una ocasión: «Si no lo puedes explicar sencillamente, no lo acabas de entender del todo».

Si quieres deshacerte de la jerga, prueba esto. Practica tu próxima presentación en voz alta, usando el elemento de grabación de tu teléfono inteligente. Luego toma el contenido del audio y transcríbelo. Verás todas esas líneas rojas bajo palabras como *esforzoso*, *escogitivo* e *incentivización*. Tu ordenador te está recordando amablemente que estás usando una palabra fabricada. Si no es real no deberías usarla.

Simplificación excesiva

Lo contrario a la jerga industrial es lo que muchos denominan «empobrecimiento». ¿Cuántas veces te han implorado que simplifiques algo para no perder el enfoque y la atención de tu audiencia? Estoy totalmente a favor de mantener las comunicaciones simples y directas, pero he visto demasiados vídeos de individuos que piensan ser extraordinarios comunicadores, pero les hablan a las personas como si tuvieran cuatro años. Semejante insulsez verbal es francamente ofensiva.

TRANSFORMACIÓN DE UN DISCURSO EN UN DISCURSO PERFECTO

Cuando entrené a un ejecutivo de una empresa de belleza, estaba a punto de hacerle una presentación al personal de ventas. Su objetivo: conseguir que adquirieran nuevas herramientas analíticas que su empresa estaba usando para estimar lo que sus clientes querían.

LO QUE ÉL PLANEABA DECIR

«Buenos días. Estoy aquí hoy para hablarles de algunas nuevas iniciativas que la marca ha lanzado con respecto a la percepción de las consumidoras. Estamos aprovechando estos esfuerzos para entender lo que nuestras principales clientas consideran deseable e ideal. Con este fin, hemos emprendido recientemente y por primera vez una concienzuda encuesta a nuestras clientas que nos ha proporcionado gran cantidad de datos que, según creemos, nos aportarán una visión óptima y nos permitirán satisfacer sus necesidades».

LO QUE YO LE ENSEÑÉ A DECIR

«Piensen en el mejor regalo que le han hecho a alguien alguna vez, un regalo que encajaba a la perfección con la persona que lo recibió, y que coincidía por completo con lo que tenía un significado personal para ella. Un regalo así da tan claramente en el clavo del gusto personal que contamos los días para dárselo, porque no tenemos paciencia para esperar y ver la expresión en su rostro. Ahora piensa en un regalo que hayas hecho en el pasado y que fuera por puro compromiso, el típico presente de "una paradita y agarremos cualquier cosa, porque no podemos llegar con las manos vacías". Es probable que, una vez abierto, provocara la reacción de "¡Oh, qué bonito!" y finalmente fuera relegado a la estantería superior de algún armario. Hay un factor que separa básicamente estos dos regalos: el nivel de conocimiento que tienes de la persona, basado en la sustancia de la relación. Cuanto mayor es tu entendimiento, mejor es el resultado y más probabilidades hay de que el receptor piense en ti cada vez que use tu presente.

»Esta misma dinámica existe entre nosotros y nuestras clientas. Cuanto mejor las conozcamos y las entendamos, mejor podremos servirles exactamente lo que quieren. Por esa razón hemos lanzado una campaña recientemente que, por primera vez, les pregunta a las consumidoras de nuestra compañía lo que es importantes para ellas».

NO PERDER LA CONFIANZA EN UNO MISMO DURANTE LAS CONVERSACIONES DIFÍCILES

En ningún sitio cobra más importancia el «Principio de la convicción» que durante las conversaciones incómodas y tensas, del tipo que todos procuramos evitar.

Uno de mis primeros recuerdos de una conversación de este estilo también se remonta al quinto grado. Asistía a una maravillosa escuela de la ciudad de Nueva York llamada Riverdale Country School. En 1971, aunque la diversidad entre el cuerpo estudiantil no era la que es hoy, de treinta seis estudiantes varones, no más de cinco o seis eran chicos de color, lo que significaba que siempre eran minoría.

Poco después de que irrumpieran los Beatles, se desarrolló un debate entre Russel Jackson, un afroamericano amigo mío, y varios de mis compañeros blancos. El punto de discusión: «¿Quiénes eran mejores, los Beatles o los Jackson 5?». Russel era fan del entonces jovencito Michael Jackson y su familia. A medida que el conflicto se acentuaba, con ambas partes hablando la una por encima de la otra, tuve la idea de que debían salir todos con su orgullo y dignidad intactos.

Russel se volvió hacia mí y me preguntó: «¿Qué opinas tú, Billy?». Yo respondí: «Bueno, creo que ambos serán famosos durante mucho tiempo». Como intérpretes y animadores, me parece que los Jackson 5 son mejores. Como músicos/compositores, les doy la ventaja a los Beatles».

En un principio pensé que esa respuesta haría que ambas partes se sintieran terriblemente insatisfechas, pero lo que ocurrió a continuación me sorprendió. Como todos salieron con una victoria parcial, el aire de conflicto se disipó y la conversación cambió tranquilamente y se convirtió en un tema cómodo para todos los niños de once años: lo repelentes que eran las niñas.

Ahora, como entrenador en comunicación, me hallo en otro tipo de situaciones tensas. Con frecuencia debo encontrar una manera de dar formación a clientes reticentes. En ocasiones, las personas acuden a uno de mis entrenamientos mediáticos con la firme convicción de que poseen todas las aptitudes que necesitan y que la sesión será una instrucción de análisis que insulta su inteligencia y les hace perder el tiempo. Podrías pensar que un aprendiz malhumorado y resistente sería un verdadero provocador de ansiedad, pero he llegado a amar el reto. No hay nada más gratificante que ver cómo unos escépticos con actitud hostil salen cuatro horas más tarde proclamando que esa formación ha sido una de las cosas más beneficiosas que han hecho en mucho tiempo.

Cuando te encuentres en medio de una tensión conversacional, prueba estas tácticas:

Valida; no intimides

Validar las opiniones de los demás, aunque sean contrarias a las tuyas, se suele tomar por una señal de debilidad en esta era de tanta grandilocuencia de noticias en la televisión por cable. La urbanidad ha abandonado casi por completo el discurso moderno, ya que nos han condicionado a pensar que intimidar a los demás para que admitan que tenemos razón y que ellos están equivocados es la señal suprema de la capacidad de persuasión.

Encuentra una forma de coincidir

Resaltar hasta el más diminuto de los intereses comunes es una noción tan obsoleta que en realidad vuelve a ser fresca y nueva. Además, es el signo supremo de la seguridad y la confianza reconocer la opinión de otro y hallar valor en ella, en lugar de ser despectivo y arrollador.

Señala un punto fuerte

Reconocer los puntos fuertes de las personas a la vez que les dices que tienen alguna cuestión que resolver es una buena forma de equilibrar la conversación y evitar que se sientan avergonzadas o incómodas. Piensa en adoptar el modelo del «sándwich crítico». En él, la carne crítica de lo que tengas que decir se encuentra entre dos reconocimientos de sus fortalezas o de algo que hagan bien.

LA MANO DE LA CONVICCIÓN

Pocas cosas crean una primera impresión tan poco entusiasta como un apretón de manos blando. ¿Sabes a qué me refiero, verdad? Es algo que te han inculcado en la mente desde la escuela secundaria. Con todo, siento que debo mencionarlo, porque sigue siendo demasiado común. Lucy Cherkasets, que entrena a los buscadores de empleo para Clarity Media Group, trabajó en una ocasión en RH y se encontró con que la mayoría del grupo de buscadores de empleo propuesto por ella la saludaban con el más inseguro de los apretones de mano.

Uno en particular le extendió la mano con tanta suavidad que le recordó la forma en que la realeza alarga su mano para que alguien la bese.

Tal vez la petición más rara que me hayan hecho nunca ha sido una sobre el estrechón de mano «estilo almeja», es decir, blando y húmedo. Un ejecutivo de ventas de una importante empresa vino a nosotros principalmente para pulir su discurso a los clientes potenciales, pero sus jefes añadieron un objetivo más a la sesión de entrenamiento.

«Nos preguntamos si podrías hablarle sobre su apretón de manos», me indicó la mujer del departamento de recursos humanos de la empresa.

«¿Su apretón de manos? ¿Qué tiene de malo». No podía imaginar que era uno de esos apretones de manos blando como un pescado muerto. Jamás me había encontrado con una persona que padeciera de uno de esos.

«Sé que suena raro, pero su apretón de manos es el más sudado y blando que hayas sentido jamás».

«¡Vaya!», respondí. «Para un vendedor, eso puede provocar que se rompa el trato, imagino», añadí intentando validar la gravedad que le adscribían a este problema. Parte del éxito de nuestra compañía es no decir que no y hallar las formas de ayudar a resolver un problema aunque esté fuera de nuestras capacidades principales, por lo que confirmé: «Lo mencionaré con toda seguridad si siento que hay una manera natural en la conversación para aludir a ello, pero tal vez sería muy embarazoso. No obstante, veré lo que puedo hacer».

Cuando llegó el día de su sesión de entrenamiento, la expectativa de tener que estrecharle la mano a ese tipo era algo sacado directamente de un episodio de *Seinfeld*. Tenía el pañuelo preparado en mi bolsillo. Mis ayudantes son, por lo general, los primeros en recibir a las visitas y les advertí sobre la probabilidad de un saludo húmedo; por mi parte, ya estaba preparado para ayudarle a pasar de lo húmedo a lo árido.

La primera solución, la más radical, serían inyecciones de Botox en la mano. Sé que suena ridículo, pero los doctores dicen que si se logra que la glándula sudorípara quede inerte, la palma de la mano permanecerá seca.

La segunda opción sería aconsejar al vendedor que guarde un pañuelo en el bolsillo y, justo antes de dar la mano, lo agarre y se quite la humedad sobrante.

La tercera posibilidad sería hacerle decir que ha pillado un catarro y no quiere contagiar a la otra persona.

Si todo lo demás fallaba, el vendedor podría afirmar ser un seguidor de la escuela del apretón de mano de Howard Hughes y Donald Trump: negarse sencillamente a hacerlo. Pero entonces, claro está, correría el riesgo de parecer psicóticamente excéntrico sin los miles de millones que lo justificaran.

Allí estaba. Entró y yo respiré profundamente preparándome para un poco de humedad. Él extendió su mano y, con un ímpetu que pretendía contradecir mi temor, le alargué cordialmente la mía. Se juntaron. No te lo vas a creer: su palma estaba tan seca como la mía. Me sentí desconcertado y aliviado a la vez.

Aunque había preparado consejos y soluciones para ese día, nunca los compartí con él. Habría resultado demasiado estrafalario. Pero si tiendes a recibir miradas extrañas de la gente a la que le tiendes la mano, prueba alguna de las estrategias que acabo de mencionar. En esos momentos críticamente importantes, durante los primeros segundos de cualquier encuentro cara a cara, lo último que quieres es que sea esa desagradable experiencia lo que se recuerde.

CÓMO ESTAR EN PIE CON CONVICCIÓN

Más importante que tu apretón de manos es la forma en que estés en pie. Nuestra postura nos afecta más que la forma en que los demás nos perciben. Según una investigación de la Escuela de Negocios de Harvard, nuestra postura afecta nuestros sentimientos de confianza, y esto, a su vez, influye en nuestra conducta. Los participantes en el estudio que pasaron dos minutos en «posturas de poder» experimentaron un veinte por ciento de aumento de testosterona. Muchos piensan en esta hormona sexual como estrictamente masculina, aunque en realidad está presente en ambos géneros. Cuando aumenta su nivel en la sangre estimula la confianza tanto en los hombres como en las mujeres.

Sin embargo, no solo se trata de lo que ganas, sino también de lo que pierdes. Lo que experimentaron los participantes en el estudio no fue únicamente el impulso de la testosterona, sino que también hubo un descenso del veinticinco por ciento de cortisol, la hormona del estrés. Bloquear la liberación de cortisol puede ayudar a bajar tu nivel de ansiedad.

Por el contrario, cuando los participantes en el estudio se sentaron o estuvieron de pie en posturas más débiles, ocurrió lo opuesto: los niveles de cortisol aumentaron en un quince por ciento, y los sujetos se sintieron menos confiados y más estresados.

Para estar de pie con confianza, haz lo que tu madre siempre te dijo: ponte derecho. Usa esta guía de pies a cabeza.

Hombros

DEBES
Echarlos hacia atrás para abrir el pecho.

NO DEBES
Encogerlos hacia las orejas.

Brazos

DEBES
Crear un ángulo de noventa grados entre tus antebrazos y la parte superior del brazo. Mantenlos delante de ti, con los brazos y las manos sueltas y relajadas. Esto te permite hacer gestos con las manos si es necesario. No hagas nunca un largo recorrido con ellos, para que tus gestos no distraigan.

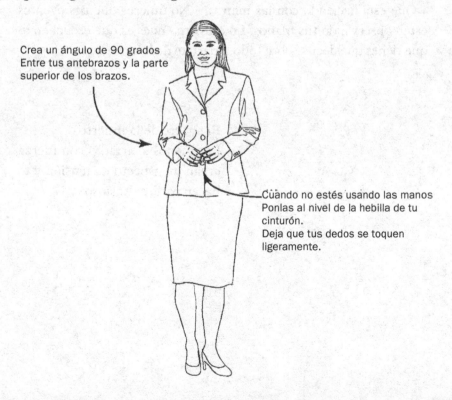

Crea un ángulo de 90 grados
Entre tus antebrazos y la parte
superior de los brazos.

Cuando no estés usando las manos
Ponlas al nivel de la hebilla de tu
cinturón.
Deja que tus dedos se toquen
ligeramente.

NO DEBES
Usar ninguna de las cinco posturas de duda (ver p. 120).

Manos

DEBES
Hacer un gesto para explicar un punto, pero no mantengas las manos en constante movimiento ni hagas el mismo gesto una y otra vez. También es mejor conservarlas dentro de la estructura de tu cuerpo en lugar de agitarlas a ambos lados, donde pueden distraer la atención. Cuando no estés usando las manos, vuelve a llevarlas al lugar donde se situaría la hebilla de tu cinturón. Permite que tus dedos se toquen ligeramente, casi como si los dedos de tu mano derecha estuvieran tocando suavemente un anillo en el dedo anular de tu mano izquierda. Tus palmas deberían estar vueltas hacia ti y el dorso de tus manos hacia tu audiencia.

NO DEBES
Colocar las manos en cualquier sitio que haga pensar a tus oyentes: «¿Qué está haciendo con las manos?». No quieres que tus oyentes estén observando tus manos. Lo que pretendes es que escuchen lo que tienes que decir. Sobre todo, apártate de lo siguiente:

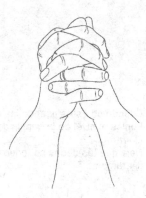

El agarre de la muerte.
Las manos agarradas con fuerza crean un aspecto de tensión y te hacen parecer ansioso.

El triángulo de los dedos.

En la década de los ochenta, muchos reporteros de televisión usaban el triángulo, con las puntas de los dedos de las dos manos tocándose, mientras explicaban un punto.

Cualquier postura que esté ya obsoleta, aunque fuera desde la década de los noventa, debe evitarse a toda costa.

La postura hoja de higuera.

Te acordaste de vestirte esta mañana, ¿verdad?

La postura del baño público.

En esta postura, te frotas las dos manos varias veces como si estuvieras usando un secador de manos eléctrico.

Pies

DEBES

Balancear tu peso ligeramente hacia delante sobre la parte delantera de tus pies, de manera que sientas una ligera presión en los dedos. Esto hará que tu peso se mantenga hacia adelante y tú estés inclinado hacia tu audiencia.

NO DEBES

Echarte para atrás sobre los talones. Esta postura no solo es más pasiva, sino que también facilita que tus pies empiecen a moverse. Cuando estás hablando en una situación de alto riesgo, tu cuerpo produce adrenalina y, aunque esto proporciona un buen pico de energía, tiene una desventaja. A nuestro cuerpo le gusta expulsar el exceso de energía nerviosa, y el portal más común por el que escapa es nuestros pies. Si observas a las personas cuando están nerviosas, lo notarás claramente. Algunos se balancean de un lado al otro. Otros casi parecen estar caminando sin moverse de su sitio. Estos tics hacen que se te vea inquieto y nervioso, comprometiendo tu proyección de confianza a los demás. Estar de pie, con el peso ligeramente hacia adelante, hace que sea físicamente casi imposible que te conviertas en un blanco móvil. Evita también cruzar las piernas al nivel de las espinillas. A lo largo de los años he descubierto que cuando las personas están nerviosas, con frecuencia caen en esta actitud. Debe ser el equivalente a la posición fetal en términos de la seguridad y la comodidad que proporciona, pero resulta sumamente fácil que se pierda el equilibrio en esa postura, llegando a tambalearse y hasta a tropezar. Caerse durante un discurso clave o una presentación no sería bueno.

CINCO POSTURAS DE DUDA

¿Has observado alguna vez lo que hacen los oradores con sus manos? De ser así, es probable que no hayas estado prestando demasiada atención a lo que estuvieran diciendo. Y esa es exactamente la cuestión. Para estimular el enfoque de tu audiencia en lo que estás diciendo y aumentar tu apariencia de convicción, confianza y mando, evita estas cinco posiciones de las manos y los brazos.

A la espalda

Aunque la postura funciona para los patinadores de velocidad, es demasiado pasiva y de disculpa. Proyecta una señal visual de que no mereces la atención de las personas.

Cruzadas sobre el pecho

También conocida como la postura de Nikita Khrushchev, da la impresión de ser desafiante y crítica, crea distancia con tu audiencia y hace que parezcas menos accesible. También lo asociamos desde nuestra infancia con la actitud adoptada por un maestro, o un padre, antes de impartir un castigo.

En los bolsillos

Las monjas de las escuelas católicas condenan esta postura para los chicos por razones obvias. También existen otros dos motivos para evitarla. Un cliente mío adoptó esta postura con monedas en sus bolsillos y el movimiento nervioso de las manos (otro medio de liberar energía) hacía que sonara como cuando el carrito de los helados se acercaba al vecindario. He sido testigo, asimismo, de numerosos oradores que echaban mano de sus bolsillos después de gesticular, y buscaban torpemente la abertura. Como dicen mis hijos: «Patético».

En las caderas

Es mejor dejarle esta postura a los superhéroes que visten leotardos y capas. Algunos piensan que esta postura les confiere autoridad y seguridad, pero por lo general se percibe como arrogante.

A los lados

Todos parecemos incómodos con los brazos colgando a los lados de nuestro cuerpo.
El peso de los brazos hace caer un poco los
hombros. También presenta un problema a
la hora de gesticular. Cuando tenemos los
brazos a los lados, tus manos tienen más
recorrido que hacer si las quieres subir
para insistir en un punto. También tienen
un largo camino para descender hasta una
posición de descanso. En esta postura, gesticular resulta más un movimiento coreo-
grafiado que uno orgánico.

Sería negligente si dejara esta sección sin el
persistente recordatorio de no tocarte nunca la cara, mesarte la barba, jugar con tu
cabello, retirarte el pelo de la cara con una
sacudida hacia atrás de la cabeza, o cualquier otra acción que tu audiencia pueda
percibir como un intento de acicalamiento
personal.

CÓMO SENTARSE CON CONVICCIÓN

Levantarse a hablar llama más la atención que sentarse, pero hay
dos escenarios en los que estar de pie parece inadecuado.

1. Hay menos de ocho personas sentadas alrededor de una mesa
   de conferencia.
2. Le estás hablando a una audiencia de colegas de trabajo más
   pequeña que el público de una sala donde solo se puede estar
   en pie.

Cuando estás sentado, lograr la postura adecuada es tan importante como cuando estás de pie. Repantigarte en tu silla y vender tus ideas será como una batalla colina arriba. No solo parecerá que te has fundido con el mobiliario, sino que tú también te sentirás así. Al otro lado del espectro está lo que yo llamo «la postura de la silla eléctrica». Cuando tus pies están pegados al suelo, tu espalda está completamente contra el respaldo de la silla, y tus brazos son uno con el reposabrazos, parece que se te ha acabado el tiempo.

Tienes que encontrar el término medio entre estos dos extremos. Intenta aclimatarte a esta postura para que puedas sentirte cada vez más cómodo en ella, porque tienes que sentir la sensación de comodidad para poder hablar bien.

Siéntate derecho desde la base de tu columna.

Apoya la mitad de tus antebrazos contra el borde de la mesa.

Siéntate cerca del borde de la silla para que tus pies puedan tocar el suelo.

Ajusta tu silla para que el borde de la mesa toque la hebilla de tu cinturón.

No levantes la cabeza para mirar a los demás

Antes de sentarte, asegúrate de que tu silla (si es ajustable) esté a la altura máxima. No querrás sentirte como George Bailey mirando hacia arriba al Sr. Potter desde el otro lado del escritorio en *Qué bello*

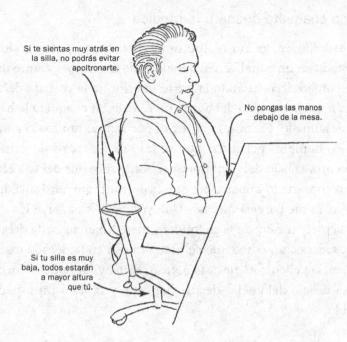

Si te sientas muy atrás en la silla, no podrás evitar apoltronarte.

No pongas las manos debajo de la mesa.

Si tu silla es muy baja, todos estarán a mayor altura que tú.

es vivir. Una de las razones por las que los nuevos presentadores de las noticias de televisión se ven tan dignos de crédito es porque su mesa solo llega a la altura de la hebilla de su cinturón.

Nota: si tu silla se balancea o gira, resiste el impulso. El movimiento hará que parezcas nervioso.

La barriga a la altura de la mesa

Sheryl Sandberg nos ha enseñado la importancia de «inclinarse». Estoy de acuerdo, pero también es cierto en el sentido literal. Si tus omóplatos descansan contra el respaldo de la silla, te has sentado demasiado lejos. Como mucho, solo la parte inferior de tu espalda debería tocar el respaldo vertical. Tu estómago debería estar justo al borde de la mesa, pero si tus hombros están alineados con la mesa, estás apoltronado sobre ella. Siéntate recto desde la base de tu columna. Deberías sentir un pequeño pellizco en la parte inferior de la espalda, de manera que puedas estar sentado derecho y hacia adelante a la vez.

Viste una chaqueta hecha a la medida

Si estás sentado, mejor no te abotones la chaqueta, sobre todo si estás sentado en un panel, sin el beneficio de tener por delante una mesa de conferencia. Cuando la parte inferior de la corbata de un hombre asoma por debajo del botón cerrado de su chaqueta le hace parecer desaliñado. Claro que no es ni por asomo tan malo como cuando los hombres permiten que se les vea un trozo de canilla desnuda entre el bajo del pantalón y el borde superior del calcetín; no debo recordarte lo impensable que es permitir que esto suceda... ¿o sí? Bien. Ya me parecía que no. Una vez sentado, agarra los dos lados de la parte trasera de la chaqueta y métela bien tensada debajo de tus posaderas, un truco que se hizo famoso en la década de los ochenta, en la película *Al filo de la noticia*. Esto evitará que se forme una bolsa debajo del cuello de tu chaqueta, y te dará un aspecto más pulido.

No te pongas demasiado cómodo

Si estás sentado en una silla que te hace sentir como si estuvieras en el salón de alguien y no en una oficina, no te dejes seducir por ella. Siéntate cerca del borde para asegurarte de que tus pies sigan tocando el suelo y permanezcas en una postura que fomente la alerta mental. Reclinarse en el asiento y ponerse cómodo podría propiciar, por el contrario, una siesta.

Pon los codos *sobre* la mesa

No quisiera incurrir en la ira del Instituto Emily Post (uno de nuestros clientes), pero si estás sentado en torno a una mesa de conferencia, o incluso en un almuerzo de trabajo, mantén las manos sobre la mesa. Tenerlas en el regazo, bajo la mesa, es cortés en un entorno personal, pero demasiado pasivo en un ambiente de negocios. La mitad de tus antebrazos deberían reposar contra el borde de la mesa. Desde esa posición, también resulta más fácil hacer gestos con las manos mientras hablas.

Levanta una pierna

Más del setenta y cinco por ciento de mis clientas femeninas me preguntan: «¿Qué debería hacer con las piernas?». Si tienes las piernas cortas, te puede resultar incómodo que no te lleguen los pies al suelo. Si seguiste mi consejo anterior y alzaste tu silla hasta el nivel máximo, este problema podría exacerbarse. También comprometerá tu cociente de seriedad si quedas expuesto de pies a cabeza sin una mesa de conferencia que oculte la visión de tus pies colgando en el aire. Prueba esto: crúzalos a la altura de los tobillos y mételos debajo de la silla, reposándolos quizá en la base rotatoria de la silla mejor que sobre el suelo. Por supuesto, cuanto más adelante te sientes en el asiento, mejor te sentirás. Incluso si tienes las piernas más largas, apuesto que descubrirás que esta postura te permite sentarte a mayor altura en la silla, algo que siempre es beneficioso para la presencia ejecutiva.

CÓMO VESTIR CON CONVICCIÓN

No creerás los incómodos comentarios que algunos clientes me han pedido que transmita a las personas que han enviado para ser entrenadas. Hasta al tipo que dejó la botella de enjuague bucal Scope sobre la mesa del colega que tenía mal aliento se le permitió el lujo del anonimato en aquella campaña publicitaria. Yo no tengo esa suerte. Mi consejo, que produce tanta incomodidad, siempre se transmite cara a cara.

Por tanto, aunque la siguiente lista de los «debes» y «no debes» de la moda pudiera parecer lógica, ten claro que no es así para todos. Si lees esta enumeración y piensas: *esto ya lo sé*, felicítate por tu conocimiento y limítate a leer la sección siguiente sobre cómo usarías el «Principio de la convicción» para comunicarle este tipo de información arriesgada a otra persona.

No obstante, si lees esta lista y reconoces alguna metedura de pata, emprende una acción correctiva.

Cejas espesas

Un director ejecutivo de éxito en el negocio de la ropa al por menor estaba a punto de salir en televisión con las cejas que parecían llevar extensiones de Brillo. Su ayudante ejecutiva me llevó a un lado y me rogó que hallara la forma de decirle que se las tenía que recortar. Sentí la tentación de preguntarle si tenía unas tijeras podadoras para que pudiera hacerlo yo mismo. Así que, una vez más, intenté que mi consejo sonara como si estuviera ofreciendo asesoramiento desde el punto de vista estrictamente estratégico y vinculado por completo al objetivo que estaba intentando alcanzar. Esto es lo que le dije:

«El factor más importante que permite a los telespectadores sentir una sensación de conexión contigo es el contacto visual. Es necesario que tengan un visión completa de tus ojos, lo cual resulta esencial para construir la confianza y agradar. Cualquier cosa que obstaculice esto debe ser corregida. Así, en ocasiones, cuando las mujeres aparecen ante las cámaras con el cabello aplastado y pegado al rostro, en realidad están impidiendo que los telespectadores vean uno de sus ojos. En tu caso, las cejas podrían crear esta misma desconexión. Si las recortas, permitirás que conecten totalmente con tu calidez y compromiso».

Éxito o fracaso

A la autora de un libro de cocina hubo que decirle que minimizara su escote. No le transmití este pensamiento con esas palabras exactas, claro está. Lo que le dije fue que una elección de vestuario estratégica e inteligente para los programas televisivos de la mañana podría incluir algo un poco menos provocativo y sexy. Compartí con ella la teoría bien documentada de por qué se eliminó a Deborah Norville como sustituta de Jane Pauley en *Today,* en 1991, después de tan solo quince meses en ese trabajo. El pensamiento tradicional de entonces era que las telespectadoras femeninas preferían no invitar a su salón a una mujer a la que sus maridos querrían invitar al dormitorio, o al menos es lo que pensaron los ejecutivos masculinos de la cadena. Así que a esta autora se le transmitió un mensaje siguiendo este razonamiento:

«Los telespectadores que ven este programa son predominantemente mujeres, y son ellas quienes compran, en abrumadora mayoría, los libros de cocina. Sí, queremos que se comunique el valor de lo que has escrito, pero también pretendemos que les gustes. De este modo se verán más inclinadas a hacer clic en añada a su carrito de la página de Amazon. Si se sienten amenazadas por ti, es probable que no compren. Así pues, con respecto a tu vestuario, si tienes que escoger entre ser seductora o ligeramente conservadora, yo me decantaría por el lado conservador. ¿Por qué arriesgarse?».

Una vez más, mi consejo no se basó en ser sentencioso ni en indicar que yo pensaba que su aspecto era el de una furcia. Mediante la exposición del argumento lógico de que unas elecciones eran mejores que otras, debía explicarle cómo la forma de vestir que eligiera podría ayudarla a lograr lo que quería. En realidad era la segunda vez que tuve que impartir esa orientación de vestuario. La primera fue a una mujer del campo educacional que respondió con presunción: «Lo siento, pero no puedo evitarlo. ¡Sencillamente soy sexy!». En su caso, nos saltamos la parte de la sesión dedicada a aumentar la autoestima.

Practica una higiene bucal meticulosa

Después de ser entrevistada en televisión, una redactora de prensa me envió el videoclip y me pidió ayuda para parecer menos nerviosa en un estudio televisivo. No obstante, tras verlo, me di cuenta de que lo que más necesitaba era un consejo sobre sus dientes sucios. Es una mujer hermosa, y ese rasgo negativo era el que más destacaba. De modo que esto fue lo que le dije:

«Se te ve fantástica en cámara... pero ten en cuenta que te está entrevistando un presentador de televisión profesional sentado frente a ti. Todos estos locutores tienen los dientes blanqueados profesionalmente. Cuando la cámara intercala tomas y proporcionan esa yuxtaposición inmediata, nuestros dientes pueden verse un poco sucios en comparación, aunque en persona se vean perfectamente bien. Es algo que hay que tener en cuenta».

Aquí, el nivel de comodidad del consejo se basa en que ella se encuentra en la distorsionada realidad de un estudio de televisión, donde lo que en cualquier otra parte se vería bien puede verse defectuoso porque el listón se ha subido de forma artificial.

INDICADOR DE UN DISCURSO PERFECTO

Si eres un tipo que asiste a muchos eventos nocturnos —cenas de negocios, programas y tertulias que suelen durar hasta bien entrada la noche— ten una maquinilla de afeitar eléctrica a mano. La sombra de barba de las cinco de la tarde hace que parezcas cansado en lugar de fresco y radiante. Cuando lo estés haciendo, añade también dos pares de ballenas para el cuello de la camisa y un par de gemelos que no sean caros (venden unos de tela en Brooks Brothers), para estar siempre pulcro y bien elegante. Trabajé con Charlie Rose en la década de los ochenta en CBS, y en Navidad el personal quiso regalarle una provisión de ballenas para cuellos de camisa que le durara para toda la vida. Por la mañana, justo antes de grabar el programa, sus cuellos estarían tan firmes como una rampa para esquiar. Dejamos de detenerlo en el pasillo para decirle: «No puedes salir al aire así».

FORTALECE TU MÚSCULO DE LA CONVICCIÓN

Existen dos razones por las que muchos de nosotros nos conformamos con gastados estereotipos, y apretones de mano blandos y flojos: la costumbre y la autocomplacencia.

Afrontémoslo, la autosuperación constante no es cosa de cobardes. Puede requerir un duro trabajo. Con frecuencia significa romper unos hábitos a los que nos hemos aferrado durante la mayor parte de nuestra vida adulta. ¿Y sabes lo que dicen? La conducta es una de las cosas más difíciles de cambiar.

Tus probabilidades de mejora son mucho más grandes si eres el tipo de persona que presta oído a un consejo fiable, se lo toma en serio y reconoce que, a veces, otras personas saben lo que es mejor. En la otra cara de la moneda están los que asienten con la cabeza, fingen escuchar y olvidan el consejo casi tan pronto como lo han oído.

Muy rara vez trato con esto último, excepto la ocasión en que entrené en comunicaciones a la estrella de *reality* y exsupermodelo Janice Dickinson. La estaba preparando para una gira publicitaria a fin de dar a conocer sus memorias en un libro llamado *No Lifeguard on Duty* [No hay socorrista de turno]. En la sesión, le formulé la pregunta que todo autor necesita responder bien si pretende vender libros: «¿De qué trata tu libro?». Es una pregunta muy sencilla, pero te sorprendería la cantidad de autores que tartamudean y se trastabillan para dar una respuesta poco memorable.

La primera respuesta de Janice fue: «Es un relato de advertencia contra el sexo, las drogas y el rock and roll, la moda, la moda, la moda, y "sobrevivir y florecer"». Mi deseo de apartarla del estereotipo «sexo, drogas y rock and roll» solo se vio superado por mi curiosidad con respecto a qué diablos significaba «sobrevivir y florecer».

«Es una frase que he acuñado y que procede de un cruce entre luchar y sobrevivir». La sala quedó momentáneamente en silencio mientras todos reflexionábamos sobre esta nueva contribución a la lengua. Su servil asistente personal fue el primero en hablar: «¡Oh, me *encanta* esa frase!».

Su forzada adulación hizo que me resultara más difícil decirle a Janice que estaba absolutamente engañada.

—El diccionario está lleno a rebosar de opciones establecidas. Saquémosles partido.

Esa fue mi forma de transmitir una de mis reglas más sabias: si una palabra que estás usando para comunicar está descartada en «Palabras para usar con los amigos», no deberías usarla.

—Y, además —le expliqué—, queremos que seas novedosa y original, y sexo, drogas y rock and roll está ya muy manido.

—Entonces, ¿qué recomiendas? —preguntó ella.

—Bueno, ¿qué me dices de... «Es un vislumbre sin restricciones de un tiempo en el que actores, estrellas de rock, atletas y supermodelos jugaron juntos con una intensidad rara vez vista antes y redefinieron la noción total de celebridad. Este libro no solo lleva más allá de las túnicas de terciopelo, sino tras las puertas cerradas de la zona lúdica VIP».

—¡Oh me *encanta*! ¡Escribe eso... escríbelo! —le imploró a su ayudante, que llevaba su cuaderno de apuntes.

Janice era, como ves, absolutamente divertida. ¿Cómo podría ser menos una mujer que afirma haber creado el término *supermodelo*? Transcurridas tres horas, me comentó cuánto apreciaba mi ayuda, me besó en ambas mejillas sin rozarlas apenas y firmó en mi libro, dibujando un gran corazón sobre la «i» a modo de punto al escribir Janice.

Unos pocos días después, yo estaba acomodado en mi estudio, esperando que llegara mi excéntrica y flamante pupila para ser entrevistada por Elizabeth Vargas para *Good Morning America*. Nada más empezar surgió la pregunta básica: «Bueno, Janice, ¿de qué trata tu libro?».

Mis vertiginosas expectativas se transformaron enseguida en conmoción y consternación, ya que Janice volvió a recorrer todo el camino de vuelta hasta su respuesta original, la que yo creí haber acordado con ella que era demasiado estereotipada y sin sentido para dirigir las ventas del libro: «Es un relato de advertencia contra el sexo, las drogas y el rock and roll, la moda, la moda, la moda, y "sobrevivir y florecer"». ¿Qué? ¿Qué había ocurrido con nuestra nueva y mejorada respuesta? ¿Acaso su lacayo no la había escrito? Era como si toda esa sección de la formación se hubiera eliminado de su memoria.

Fue de mal en peor cuando Elizabeth Vargas, en un tono de voz que parecía indicar «de qué demonios estás hablando, muchacha», arrugó la cara y preguntó: «¿Sobrevivir y florecer?». No hacía falta tener percepción extrasensorial para predecirlo.

Afortunadamente, existen casos sublimes para equilibrar lo ridículo. Más o menos en esa misma época tuve el enorme placer de entrenar a Trisha Meili, la valiente mujer más conocida como la corredora de Central Park. Meili era una inversora bancaria que había salido a correr por el parque una tarde al anochecer y fue atacada brutalmente por una banda de matones violentos, o eso pensó en un principio la policía.

La golpearon brutalmente hasta casi matarla en el que podría haber sido el primer caso declarado de «salvajismo». Se cree que, durante el interrogatorio policial, uno de los sospechosos pudo haberse referido al ataque como a hacer «esa cosa salvaje», y fue la mala interpretación la que creó un nuevo término.

Años después del ataque, Trisha decidió dar la cara y revelar por fin su identidad al mundo. Tuve el honor de ayudarla a prepararse para la que prometía ser una larga entrevista con Katie Couric, pues probablemente duraría dos horas. Trisha era una encantadora mujer cálida, inteligente, que transpiraba una sensación de gracia. Conocerla y trabajar con ella tuvo un profundo efecto sobre mí. Tal vez yo había esperado encontrarme con alguien que, a pesar de su milagrosa recuperación, albergaba una profunda amargura por su profunda y aleatoria desgracia. Cuál no sería mi sorpresa cuando vi que no manifestaba ni una sola pizca de negatividad.

Nos preparamos para una amplia variedad de preguntas que, sin duda, Katie formularía, entre las que se incluían:

- ¿Cómo era tu vida antes del ataque?
- ¿Qué recuerdas sobre aquella noche?
- ¿Tuviste algún reparo ante la idea de correr en el parque tan tarde?
- ¿Qué sientes hacia tus atacantes?
- ¿Cuál fue la parte más difícil de tu recuperación? (A nosotros, la gente de los medios de comunicación, nos encanta hacer preguntas en una versión ligeramente saneada de «¿Cuándo tocaste fondo?», porque suelen imprimir un giro emocional a la entrevista.)

Sin embargo, luego le planteé una que ella no había esperado: «¿Cuándo te apercibiste de que tu historia se había convertido en noticia nacional y hasta mundial, y que millones de personas seguían tu dura experiencia?».

Trisha me proporcionó una respuesta bastante vaga, abstracta y teórica. Que no la pueda reproducir aquí prueba lo fácil que resultó olvidarla. Por la expresión de mi rostro ella pudo entender que no me gustaba la respuesta.

—Está bien, lo admito. No es la mejor respuesta. ¿Qué debería responder en tu opinión?

—Yo me referiría sencillamente a algo que describiste en tu libro, cuando viste aquella docena de rosas de tallo largo enviada por Frank Sinatra en tu habitación de hospital.

—¿De veras? ¿Crees que debería decir eso? —me preguntó Trisha.

—Confía en mí. Nunca he estado más seguro de algo... jamás.

No te lo vas a creer, pero varios minutos después de empezar la entrevista, Katie formuló la misma pregunta. «¿Cuándo fuiste consciente por primera vez de que todo el país estaba siguiendo tu historia y rezaba por tu recuperación?».

En el rostro de Trisha se dibujó una sonrisa de colegiala antes de pronunciar su frase con autenticidad, nada estándar ni artificial. El rostro de Katie resplandeció de repente con esa sonrisa megavatio característica en ella y por la que se le compensa de forma espléndida; a continuación, ella y Trisha tuvieron un momento de chicas y risas tontas, como adolescentes en una fiesta de pijamas charlando sobre el nuevo chico guapo de la escuela. Fue un «momento» total en el programa y uno en el que me siento orgulloso de haber dado una mano creadora.

La idea que estoy intentando explicar no es que siempre sé lo que es mejor. Más bien es que, sin un plan de juego y sin práctica, será difícil que tu juego llegue al departamento de la convicción.

Lo que Trisha y Janice dejaron sobradamente claro es que todos tenemos el poder de decir algo memorable. Sí, el contenido tiene que ser bueno, pero es igual de importante transmitirlo con convicción. Espero que este capítulo te haya proporcionado varias formas que te hagan reflexionar para ajustar tu *swing*. Ahora depende de ti salir, ponerlas en práctica y ejercitarlas constantemente en tu memoria.

8

EL PRINCIPIO DE LA CURIOSIDAD

La sabiduría es la recompensa que obtienes por toda una
vida escuchando cuando habrías preferido hablar.
—DOUG LARSON

¿HAS LLEGADO ALGUNA vez a casa de vuelta de una fiesta y te has sentido agotado, como si cada conversación te hubiera absorbido la energía de la vida como esas criaturas, los Dementores, de Harry Potter? Con un poco de suerte, esas ocasiones se ven más que balanceadas por los eventos sociales que te hacen sentir renovado y feliz.

¿Qué es lo que marca la diferencia? ¿La comida? ¿La música? ¿El entorno? Tal vez. Creo que el mayor factor determinante de que la velada sea un aburrimiento o que te lo pases muy bien es el calibre de la conversación. Y el ingrediente clave que hace que esta sea realmente buena es la curiosidad. Lo malo es que es un elemento que se está volviendo cada vez más difícil de encontrar.

Mi esposa es catedrática de periodismo y, con frecuencia, al volver de nuestras funciones sociales compartimos en casa nuestras observaciones sobre las aptitudes conversacionales de cada uno. (¿Qué puedo decir? Para ambos son gajes del oficio.) A lo largo de los años hemos llegado a la conclusión de que algunas conversaciones son laboriosas y torpes, mientras que otras parecen espontáneas y elegantes.

Los grandes conversadores rara vez son anecdotistas que se convierten en el centro de atención de un grupo de fans que los adora.

Más bien son aquellos tan interesados como interesantes. Prestan atención a lo que tú tienes que decir y se sienten intrigados por saber más. Y no llevan este compromiso a modo de insignia en el brazo, sino en sus rostros, demostrando con sus expresiones su deleite en el toma y daca de estas interacciones sociales.

LOS BENEFICIOS DE LA CURIOSIDAD

La mayoría de nosotros no tenemos la más mínima idea de la clase de vibraciones que transmitimos cuando estamos escuchando. La conversación nos puede estar cautivando y aun así, sin darnos cuenta, es posible que estemos dando la impresión de estar pensando en otra cosa.

Soy testigo de esta contradicción casi cada vez que le hablo a una audiencia. Por desgracia, mi ojo siempre capta a alguien de la audiencia cuya expresión facial se parece a la de Jack Nickolson en la escena final de *Alguien voló sobre el nido del cuco*: boca ligeramente abierta, la cabeza inclinada hacia un lado, con la mirada fija al frente en nada en particular. La mayoría de las veces, sin embargo, es ese tipo —el de la mirada vacía— el que acude a mí después para decirme: «¿Sabe? De veras me ha encantado lo que ha dicho, sobre todo su idea sobre...», y pasa a debatir el discurso en gran detalle.

Con esto no quiero decir que todo aquel que tenga una mirada ausente y vacía esté reflexionando en lo que estás explicando. No obstante, lo que sí puedes suponer es lo siguiente: hay veces en las que *tú* comunicas accidentalmente «No me estoy enterando de nada» cuando en realidad quieres transmitir «Estoy pendiente de cada una de tus palabras».

Nadie puede meterse en tu cerebro y ver si en realidad estás oyendo y escuchando. Tienes que demostrarlo. De modo que, por contrario a la intuición que parezca, en la conversación puede ser exactamente tan importante ser perfecto en la forma en que escuchas como en la manera de hablar.

El «Principio de la curiosidad» te ayudará a vencer este desajuste entre cómo te sientes por dentro y cómo se te ve por fuera. Esto también te ayudará:

Alimenta las conversaciones importantes

Cuando de repente estás solo con tu jefe o con un cliente potencial, lo último que quieres es que la conversación se hunda en intercambios sin sentido y, a continuación, en un silencio incómodo. Las personas responden mejor cuando pareces mentalmente implicado e intrigado y actúas en consecuencia.

Marca puntos personales

Prestarle a alguien una atención dividida es el nuevo pináculo del servicio al cliente. A veces recurrimos a otros métodos de elogio (como los cumplidos rimbombantes) que nos hacen parecer aduladores rastreros. Los clientes quieren que se les escuche y se sienten agasajados cuando se les presta una atención sin distracciones.

Tómale el pulso a alguien

Cuanto más a menudo escuches con curiosidad, mejor se te dará leer en las personas, un activo de enorme valor que hay que desarrollar y afinar. Luego, una vez que consigues una clara comprensión de lo que mueve a la gente, te resultará más fácil incorporar el «Principio de Draper» (capítulo 9) y llevar la conversación en una dirección que les resulte agradable. Muchas personas no fortalecen nunca el músculo preciso para leer en los demás; en lugar de escuchar, están demasiado ocupadas esperando su turno para hablar. Por esta razón los trabajadores sociales, reporteros, detectives de la policía, psicólogos, rabinos y sacerdotes suelen ser buenos a la hora de leer en las personas. Su trabajo les exige estar escuchando y observando constantemente.

Manifestar un sentido de curiosidad e interés es una forma más de destacar entre tus competidores, ya que cada vez son más escasas las personas que demuestran esta aptitud.

LOS ELEMENTOS DE LA CURIOSIDAD

El arte de la conversación parece estar siguiendo el camino del teléfono pagado. Apenas se usa, así que no lo sueles encontrar a tu alrededor. Esto se debe a que muchos creen, equivocadamente, que la habilidad más importante que necesita un conversador es la capacidad de hablar sin cesar. De modo que les hablan *a* las personas en lugar de hablar *con* ellas.

Interés

La atención y el entusiasmo son necesarios para ser un buen conversador. Esto no significa que tengas que crear un nuevo grupo de MAPS (Mejores Amigos Para Siempre). El truco está en escuchar alguna pizca de información que te inspire para querer saber más sobre un tema en particular. Por ejemplo, si una cliente menciona que su marido le acaba de comprar un kayak para su cumpleaños, es una oportunidad que hay que aprovechar. Sería muy natural formular una de las siguientes preguntas para obtener una comprensión más profunda:

- ¿Tiene usted experiencia en kayak o está aprendiendo? (La respuesta me diría si le gusta estar al aire libre o si es una entusiasta de los deportes.)
- ¿Hay algún lugar para usarlo cerca de donde vive? (Ahora sabré en qué comunidad vive, y tendré una forma de llevar la conversación en una nueva dirección.)
- ¿Ha sido una sorpresa o usted pidió que se lo comprara? (Con esto podría tener una percepción del tipo de relación que tiene con su cónyuge.)

- ¿Es algo que solo hará los fines de semana o se lo permitirá también a mitad de semana? (Su respuesta podría decirme hasta qué punto está casada con su trabajo.)
- ¿Hay alguien más en la familia que ya esté buscando cómo disfrutarlo? (Ahora ya he abierto la puerta para descubrir si tiene hijos, otro tema sobre el que podríamos encontrar un terreno común.)

Este planteamiento te proporciona una forma mucho más orgánica y menos forzada de aprender más sobre alguien que las preguntas más torpes y directas que solemos hacer: Bueno, ¿cuáles son sus pasatiempos? ¿Dónde vive? ¿A qué se dedica? ¿En qué trabaja su marido? ¿Tiene hijos? Esto suena a un interrogatorio, un escenario desagradable para cualquiera.

Generosidad

Tu grado de simpatía es fundamental para tu éxito; la gente te buscará si eres un conversador generoso. Si eres un acaparador egoísta que solo habla de sí mismo, rápidamente se te conocerá como el muermo que todos quieren evitar. Pero si incluyes a las personas, les pides su aportación, buscas sus historias y consideras con esmero sus opiniones discrepantes sin burlas altisonantes, desprenderás un aura alrededor de la cual gravitarán los demás.

Modestia

No es difícil engañarnos a nosotros mismos pensando que la modestia y la humildad no tienen cabida en el mundo extremadamente competitivo de hoy, en el que se nos dice que nos anunciemos con tanta diligencia como la de Disney cuando vende la magia de sus parques temáticos. Pero en el arte de la autopromoción no hay necesidad de ser descarado. Solo requiere un poco de diplomacia. Si llegas avasallando a unos cuantos extraños en un evento de contactos y sorprendiéndolos con tu «discurso del ascensor», evidenciarás desesperación. Sé que es difícil cuando estás sintiendo una urgencia por lograr un nuevo negocio, pero el acercamiento más profesional y seguro de ti mismo sería refrenarte y dejar que sea la gente la que pregunte por ti.

¿Qué ocurre si nadie parece interesado en hacer la pregunta? Prueba a provocarlos para que lo hagan. Si están parloteando sobre clientes que no pagan sus facturas a tiempo, di: «Yo también veo mucho de eso en mi trabajo», o «Afortunadamente no tengo que lidiar demasiado con eso en nuestro negocio». Solo alguien denso como un ladrillo no sentiría la tentación de preguntar: «¡Vaya! ¿A qué te dedicas?».

Estar en segundo plano conlleva también una ventaja estratégica. Te permite identificar qué ámbito de tu negocio podría ser de mayor interés para la otra persona. Si estoy sentado al lado de alguien durante un vuelo y menciona que trabaja para un diseñador de moda de lujo, tengo dos opciones. Puedes sacar el señuelo comentando: «¡Oh qué interesante! A principios de mes hicimos un trabajo para Armani»; esto dará lugar invariablemente a: «¿Ah sí? ¿Cuál es tu profesión?». O me puedo poner cómodo en el asiento y esperar la pregunta; en ese momento, diré que somos una empresa de formación en comunicaciones que trabaja con numerosas industrias, incluidas las tiendas de artículos de lujo. Por lo general, esto pone en marcha la conversación.

La autopromoción y la modestia no son mutuamente exclusivas.

El cordial filibustero

El título de esta sección es un oxímoron casi del mismo nivel que «fuego amigo». ¿Qué tiene que ver este misterioso proceso legislativo con las aptitudes conversacionales? Bueno, estoy seguro de que en algún momento todos nos hemos encontrado atrapados en una conversación con alguien que imita al personaje de Jimmy Stewart en *Caballero sin espada*, a excepción del encanto altruista. Esos charlatanes hablan hasta por los codos, siempre sobre ellos mismos, y no parecen conscientes de que otras personas podrían tener algo que decir también. Rara vez, si es que en alguna ocasión lo hacen, escuchan a los demás.

Todos hacemos esto, al menos de tarde en tarde. Un ejemplo al respecto: los investigadores de Harvard nos comentan que muchos pasamos más del cuarenta por ciento del tiempo hablando de nosotros mismos. Aquí, sin embargo, me estoy refiriendo a una especie de acaparadores conversacionales que denomino Narcisistas Reloj de Arena (NRA en abreviatura). En menos tiempo del que se requiere para hacer un huevo pasado por agua, esos pelmazos egocéntricos planean y ejecutan un plan maestro que reinvierte cualquier cosa que puedas estar diciendo a su tema favorito: ellos.

No importa lo serio que sea tu tema. Podrías estar hablando de cómo un intruso irrumpió en tu casa mientras te encontrabas allí. Entonces, en medio de una frase, antes de que puedas revelar si todo salió bien, el NRA te interrumpirá con total banalidad:

«Ya, ya lo sé. La semana pasada estuvimos averiguando precios de sistemas de seguridad para el hogar, porque vimos ese anuncio en televisión para alarmas contra robos, ya sabes, de esas que puedes controlar desde tu teléfono inteligente. ¿Verdad que es asombroso? Por cierto, hablando de anuncios televisivos, ¿sabías que nuestro hijo mayor está vendiendo espacio publicitario para la cadena local NBC? Consiguió el empleo el mes pasado y ya se ha convertido en uno de los que más rinden entre sus colegas. De hecho, está destacando tanto que, el otro día, su jefe lo llamó aparte y...».

Me gustaría decir que esto es una exageración, pero, en todo caso, es un ejemplo discreto.

A estas alturas te encuentras tan lejos del tema que si lo retomas parecerá que *tú* eres quien se entromete. Todos nos hemos visto en esta situación cuando el gasto de energía por implicarse en ese tira y afloja conversacional no merece la pena. La senda de la menor resistencia consiste en limitarse a escuchar ese desvarío, esas fatuas tonterías, y planear en silencio una estrategia de escape.

Un viejo amigo nuestro era famoso por este tipo de inconsciencia. En las vacaciones mi esposa y yo lo hospedábamos siempre en nuestra casa. Invariablemente se plantaba en medio de la caótica cocina en el peor momento y empezaba con la retahíla de lo zoquetes que eran sus jefes. Durante ese tiempo yo estaba cocinando en seis fuegos a la vez y desplazándome a toda velocidad por la habitación como el Cocinero de Hierro. Es un milagro que nunca lo haya escaldado con el agua hirviendo de la pasta mientras iba desde la hornilla hasta el fregadero. Pensándolo bien, tal vez habría sido lo que necesitaba para recuperar cierta paz y tranquilidad culinarias.

A veces, en una fiesta, si tenía la mala fortuna de encontrarme con dos Narcisistas Reloj de Arena, ponía empeño en presentarlos. Luego daba un paso atrás y observaba cómo empezaba el juego. Imaginaba que era muy parecido a contemplar a un *Tiranosaurio Rex* y a un *Gigantosauro* enfrentándose en tiempos prehistóricos. La mutua aniquilación de dos criaturas agresivas puede resultar divertida de ver.

Los Narcisistas Reloj de Arena solían ser una especie rara, pero sus filas parecen haber crecido de forma exponencial. Los investigadores de la Universidad del Estado de San Diego han descubierto, por ejemplo, que los mileniales (también llamados Generación Y) muestran más rasgos de narcisismo que los miembros de la Generación X (nacidos entre 1965 y 1980), o los nacidos durante la explosión de la natalidad (después de la Segunda Guerra Mundial y antes de 1965). La psicóloga Jean Twenge prefiere el término *Generación Yo* para los mileniales. Esta aparente oleada del narcisismo puede surgir de la era en que vivimos, la que se conocerá por siempre como la que nos otorgó a todos nosotros nuestra propia red de difusión. Con los blogs, las publicaciones en Facebook, los tuits, las fotos que se suben a la red, Instagram, los Snapchat y mucho más, muchos de nosotros estamos publicando el equivalente a los periódicos diarios sobre nuestra propia vida. El surgimiento de todas estas nuevas formas asombrosas de comunicar ha provocado, sin lugar a duda, una clara consecuencia: nuestras aptitudes para la comunicación verbal están sufriendo. Existe una dinámica diferente para escribir textos y actualizar estados de la que hay para hablar. Los mensajes de texto y los tuits tratan de «¿Qué es lo próximo que voy a decir?». Es una actuación, algo muy parecido a pronunciar un monólogo. Te sientes menos propenso a reclinarte y dejar que otro reflexione. En lugar de conversar, las personas se hablan digitalmente unas *a* otras.

Los de la explosión de la natalidad y la Generación X nacieron *antes* de que esta tecnología se inventara. Como resultado, aprendimos a conversar a la antigua usanza: cara a cara y a través de un teléfono conectado a la pared mediante un cable. Cuanto más joven eres, más probable es que algunas de tus conversaciones iniciales tuvieran lugar con la yema de tus dedos que con tu boca.

No obstante, independientemente de la edad que tengas, el azote del narcisismo te ofrece una maravillosa oportunidad para destacar. En un entorno de trabajo donde todos hablan, la persona que escucha con curiosidad es la que más llama la atención.

ANATOMÍA DE UNA CONVERSACIÓN

Estás leyendo esto y, por ello, dudo que seas propenso a obstruir a tus amigos. Pero existen probabilidades de que, al menos en algunas ocasiones, tu espíritu esté dispuesto, pero tu boca sea, sencillamente, demasiado.

Me he reunido con amigos perfectamente bienintencionados y he prestado oído mientras ellos salían al galope, en lo que a conversación se refiere, como caballos desbocados para no regresar jamás. Yo me he quedado allí sentado, pensando: «No. No es posible que pueda seguir centrándose solo en él durante toda la comida». Una vez de vuelta a la oficina, siempre encuentro un correo electrónico de disculpa: «Gee, lo siento mucho. Me acabo de dar cuenta de que ni siquiera te he preguntado cómo estabas». Este es un ejemplo de sucumbir a la tentación de no soltar la palabra una vez que la tienes, y esto puede deberse a muchas razones: el entusiasmo, los nervios, el Red Bull al que le has pegado unos tragos justo antes de comer, lo que sea. Para ayudarte a impedir este fenómeno, diseccionemos las diversas partes de la conversación en las que no debes actuar como un NRA.

La apertura

El NRA inicia la conversación buscando formas de dominar. En el peor de los escenarios, el NRA se lanza a un discurso o historia sin conocer siquiera a los demás implicados en la conversación. Por otra parte, el oyente curioso empezará con preguntas. Haz tus deberes con tiempo. Aprende tanto como puedas sobre cada uno de los presentes antes de tu primera conversación. De este modo podrás entrar con calma en ella, preguntándole a alguien por sus pasatiempos, su familia o su plan de vacaciones.

El intermedio

Esta es la carne de la conversación. El NRA hace que todo trate sobre él. Si te inquieta en secreto poder caer en esta temible categoría, lleva la cuenta de la cantidad de veces que impulsas la aportación de la otra persona durante tu siguiente conversación. Una vez no es suficiente. No importa que todo tu intercambio dure dos minutos o dos horas, debe ser un toma y daca. Como norma general, intenta escuchar y formular preguntas durante al menos la mitad de la conversación.

La parte final

Entendí la importancia de esta parte cuando me topé con un antiguo compañero de clase en Madison Avenue. Ambos nos dirigíamos al centro, hacia la calle 57, así que caminamos y charlamos durante unas cuantas manzanas. Me encontraba en medio de una frase cuando él divisó a otra persona que conocía y que iba en la dirección opuesta. «Ahora voy a caminar un poco con él», me espetó de forma abrupta. Y, de manera sorprendente, se dio la vuelta y empezó a caminar hacia la parte alta de la ciudad, sin duda para calentarle la cabeza a aquel pobre imbécil durante unas cuantas cuadras. El torpe final de su conversación me dejó desconcertado. Si quería hacer un cambio, lo adecuado habría sido, por supuesto, detener a la otra persona y decir: «¡Oye, Marcus, qué bueno verte! Marcus, este es Bill McGowan, un compañero de clase en la secundaria. Bill, Marcus y yo fuimos juntos a la universidad. [*A Marcus*] Sabes, llevo dos semanas queriéndome poner en contacto contigo, porque hay algo que te quiero preguntar. Bill, espero que no te importe que aproveche esta oportunidad para ponerme al día con Marcus. Me ha alegrado mucho verte».

Algo parecido a esto me habría tranquilizado, asegurándome que mi amigo no había sido criado por un grupo de lobos.

Recordar este episodio me hace pensar en la forma tan torpe en que muchos acaban conversaciones en las fiestas del trabajo o en las convenciones. Considera las siguientes estrategias de éxito usadas durante eventos de contacto y cócteles:

«¿Me disculpa?». Esto es sencillamente descortés. La traducción literal de esto es: «No soporto ni un minuto más verme atrapado en la conversación con usted, y tampoco me importa lo bastante como para encontrar una forma más elegante de escapar de ella».

«Voy a servirme otra bebida». Me sorprende la frecuencia con la que las personas se apoyan en este raído estereotipo. Mantén en mente lo mal que se sentirá el compañero o compañera de conversación de quien te acabas de deshacer si al echar una mirada te ve conversando en un grupo distinto, en lugar de donde se suponía que estabas: en el bar.

«Estoy seguro de que ha dedicado más tiempo conversando conmigo del que pretendía». Esto surge de la disculpa y degrada tu categoría. ¿Para qué plantar la idea en la mente de la otra persona de que no eres digno de su tiempo?

El verdadero NRA no suele cerrar en absoluto su conversación. A veces se limita a marcharse sin decir ni adiós. O sigue hablando largo y tendido sobre sí mismo, hasta que *tú* acabas marchándote sin despedirte.

Los políticos lo tienen sumamente fácil. Tienen empleados (que son los que suelen llevar el higienizador de manos) que se acercan a ellos en el momento en que la conversación empieza a decaer, a morir o a irse por las ramas: «Senador, llegamos tarde a su siguiente cita».

Quienes no ocupamos cargos debemos aprender a hacerlo solos. Acaba la conversación más pronto que tarde. Prefieres que las personas quieran más. No pretendes dejarlos pensando: *menos mal que ha acabado.* Inicia tu salida en cuanto empieces a notar que se acercan sigilosamente a ti bocanadas de aire muerto o que empiezas a ocupar un terreno que ya está cubierto.

Los expertos en dietas y los nutricionistas te recomiendan, de una forma muy parecida, que comas algo antes de acudir a una fiesta donde habrá gran cantidad de comida; yo digo que deberías fortalecerte con algo más: excusas creíbles y originales para salir de una conversación dolorosamente torpe o unilateral. La ley de los promedios dice que necesitarás sacar al menos una o dos de tu bolsillo trasero. Aquí tienes un puñado de sugerencias:

La excusa del fin de semana: «Oh, le prometí a nuestra niñera que la llamaría antes de (da la hora de ese momento); ¿me disculpa un segundo?».

La excusa del día entresemana: «Mi hija tiene un examen importante mañana, y quiero llamarla para ver cómo le está yendo el estudio. Ha sido un verdadero placer hablar con usted».

La excusa de cualquier momento, Versión 1: «He traído un plato que hay que calentar, así que voy a encender la hornilla. Tal vez podamos retomar nuestra charla un poco más tarde».

La excusa de cualquier momento, Versión 2: «Por cierto, ¿sabe a qué hora acaba la fiesta? [*Escucha la respuesta.*] Oh, más vale que llame y reserve un auto. ¿Me disculpa mientras hago la llamada?».

Ahora, si resulta que estás conversando con un NRA, ignora todo lo que acabo de mencionar. Desenredarte de ellos no tiene que ser tan sutil como podrías pensar. Estás tratando con gente bastante lerda, así que lo que podría ser tan obvio como una catedral para ti, un NRA apenas lo notará. Una frase como: «Solo me quedaré un momento y hay otras personas con las que me quiero poner en contacto, así que espero que me disculpe», debería funcionar bien.

DESACELERA LA MÁQUINA PARLANTE

¿Cuál de los órganos correspondientes a los cinco sentidos es el más importante para que tengamos éxito en la conversación? A estas alturas ya te habrás dado cuenta de que no es tu boca, sino tus oídos. Sin una buena capacidad de escuchar no desarrollaremos la estrategia más eficaz para ser convincentes de cara a los demás.

Considera esto:

- Solo escuchando obtendrás importante información sobre las personas que podrás usar para confeccionar tu discurso. Por tanto, en lugar de acudir a tu jefe con una frase hueca como: «¿Qué tal su fin de semana?», podrás activar una conversación más sustancial si preguntas: «Por cierto, ¿cómo le va el semestre a su hija en el extranjero?».
- Cuando interrumpes o hablas por encima de alguien que está enojado o irritado, no haces más que echar leña al fuego y avivar su enfado. Por otra parte, si escuchas, estás enviando la señal de que te estás acercando al conflicto con una mente abierta y flexibilidad en lugar de obcecación. Una vez que entiendes las preocupaciones de alguien, podrás tratarlas de una manera más eficaz. Si alguna vez le has dicho a alguien: «Vamos, explícame cómo ves tú esta situación», lo más frecuente es que la otra persona respire hondo para relajarse, ralentice su ritmo de habla, se calme y discuta menos.
- Nunca podrás afinar la habilidad de leer en las personas si siempre tienes prisa por hablar sobre ti.

Al escuchar, presta atención a tu expresión facial y evita el ceño fruncido que delata tu aburrimiento y aflige, por lo general, a muchos oyentes (ver la siguiente sección para un consejo específico). Asimismo, expresa tu entusiasmo por la historia que alguien está contando, pero no entres en tópicos vacíos. Rellenos como «¡Vaya! Es asombroso», «Sí, lo sé» y «Qué interesante» señalan que tu mente está en realidad en otra parte. Para sonar verdaderamente involucrado, responde con frases concretas que demuestren la intensidad con la que has estado escuchando. Y mejor aún, formula una pregunta de seguimiento que impulse a la otra persona a compartir una historia.

Escuchar me ha salvado el pellejo en numerosas ocasiones y ha evitado que me dejara engullir por situaciones espinosas. Una de estas ocurrió a principios del 2013. Me habían contratado para entrenar a un grupo de actores y su productor (la fuerza motriz creativa detrás del espectáculo) justo antes del estreno. Cuando un programa sale al aire, por lo general genera un interés mediático, y puede resultar útil que alguien como yo sugiera ciertas respuestas para la entrevista que supongan una incitación a ver el programa. Para alguna gente tipo Hollywood, que una sesión de esta clase aterrice en su calendario es algo que aceptan con el mismo entusiasmo que un viaje obligado al Departamento de Vehículos a Motor. No los culpo. Si se invirtieran los papeles, me parecería una pérdida desagradable e improductiva de un tiempo valioso. Por tanto, no es de sorprender que este grupo comunicara a sus publicistas que no tenían el más mínimo interés en aparecer para tener su sesión conmigo. Afirmaron que la única razón por la que vinieron era porque la cadena los obligaba.

Llegaron los actores y el creador del programa. Eran encantadores y cariñosos y no me dieron ningún indicio de las pocas ganas que tenían de pasar la tarde conmigo. Intenté convencerme a mí mismo de que el publicista lo había entendido todo mal y que, en realidad, estaban verdaderamente preparados para la sesión de entrenamiento. Después de que dejáramos a un lado las bromas, el productor empezó a manifestar su profundo desdén por el concepto que yo había venido a enseñarles: el arte de una frase con gancho.

«Yo he creado aquí algo meditado, sutil, matizado y la noción de intentar resumirlo en una cita sucinta y pegadiza me resulta desagradable», me comentó.

A esas alturas, toda la conversación podía haber acabado de una de dos maneras. Mientras él expresaba su menosprecio por la frase con gancho, yo podía haber dejado los ojos mentalmente en blanco, haber pensado lo difícil que iba a resultar entrenarlo y, en general, permitir que las ondas de sonido que salían de su boca resbalaran sobre mí y salieran por una de nuestras ventanas abiertas. Esa estrategia habría resultado, probablemente, en un tira y afloja verbal, conmigo explicándole que las frases gancho eran importantes y él respondiéndome dónde me las podía meter.

En vez de eso, escuché atentamente y le formulé unas cuantas preguntas. Imaginé que no sería exagerado suponer que, por asociación, yo también era desagradable, porque era el tipo que intentaba hacerle hablar de ese modo. En vez de que me viera a *mí* como el adversario, quería que me considerara un socio, un compañero de equipo. De modo que intenté transformar la dinámica del «yo-contra-ti» en un «nosotros contra ellos».

«Escucha», le dije. «Ya lo tengo. Lo que tú has puesto en escena es complejo y muy razonado [y era verdad]. Si jugáramos según nuestras normas, no tendríamos que fabricar una frase gancho de unos quince segundos. Para bien o para mal, mañana jugamos con las reglas de los medios de comunicación, y esta es la moneda con la que comercian. Por tanto, si pretendemos tener los resultados que buscamos —que ellos estructuren el programa como nosotros queremos que lo hagan— comuniquémoslo solo mañana en el lenguaje que entienden».

Durante el transcurso de las cuatro horas siguientes elaboramos una historia concisa que resultó cómoda para él y los demás actores, que a los medios de comunicación les parecería atractiva y que impulsaría a los lectores a decir: «Oye, este programa parece interesante».

Lo que determina el éxito o el fracaso de tus tratos con las personas puede limitarse a un criterio básico por tu parte: «¿Me muerdo la lengua y no digo lo que pienso de verdad o jalo el gatillo y expongo lo que en realidad está en mi mente?». ¿Recuerdas a la ejecutiva a la que le indiqué que necesitaba importantes aptitudes sociales interpersonales? Esto podría haber servido para ese entorno, pero si hubiera escogido esa táctica años antes, durante una comida fundamental para hacer contactos, es posible que mi negocio no hubiera despegado.

Corría en ese entonces el año 2003 y mi negocio empezaba a abrirse camino, y buscaba ganar terreno. Aparte de las empresas de comunicaciones no teníamos demasiados clientes importantes en nuestras listas. Es probable que, durante aquellos años de vacas flacas, hubiera accedido a comer con John Gotti en Sparks Steak House si hubiera creído que aquello me conduciría a un nuevo negocio. Luego se presentó una gran oportunidad. Como resultado de algo muy parecido a una llamada sin previo aviso, me las apañé para conseguir una comida con un tipo muy conectado en relaciones públicas. Lo primero que observé fue que no le hacía mucha gracia estar allí, aunque hubiéramos quedado en conocernos. La conversación era tensa. Le formulé una pregunta y él pensó claramente que yo debería conocer la respuesta, porque más que hablar me ladró su contestación. Tenía una forma de expresarse entrecortada y abrupta que yo atribuí a su creciente aburrimiento por tener que estar allí sentado, frente a mí. Era como si una cita de Match.com hubiera salido mal.

Tras diez minutos de lo que yo percibía como hostilidad, me encontraba a punto de decir: «Mira, ni siquiera hemos pedido la comida y está claro que tú no quieres estar aquí. ¿Por qué no me voy por esta puerta y tú por la otra? No pasa nada».

Respiré hondo como si le estuviera oyendo acabar la frase. De repente me percaté de que había algo en la naturaleza de nuestra conversación que no funcionaba para él. Pensé: «Sigue adelante. Deja de tomártelo de forma personal y de sentirte herido. Pon esto en un marco adecuado y todo irá bien».

Intenté llevar la conversación a un lugar distinto, a un artículo que había escrito recientemente en *PR Week*. Pareció ser un tema que le interesaba, porque de repente se volvió más agradable y la comida me empezó a sentar ligeramente mejor. Luego, para mi mayor sorpresa, mientras nos despedíamos fuera del restaurante, me dijo: «Me gustaría presentarte a unas cuantas personas que, en mi opinión, podrían ser de una enorme utilidad para ampliar tu base de clientes». ¿Me habría estado poniendo a prueba de alguna manera? No tenía ni idea. Pero en dos meses consiguió para nosotros una compañía Fortune 100, una potencia mundial líder en su industria. Pronto, unos seis clientes que eran peso pesado surgieron del primero. Íbamos por buen camino, y todo por haber refrenado mi decisión aquel día en el restaurante.

¿Por qué decidí no llamarle la atención a él y, en cambio, sí escogí decirle algo a la otra ejecutiva a la que le señalé sus malas aptitudes interpersonales? Todo se reduce a leer en las personas, una habilidad que solo puedes desarrollar si eres un buen oyente.

RESERVA TU MIRADA PERDIDA PARA CUANDO JUEGUES AL PÓQUER

Por extraño que te parezca, durante cada sesión de entrenamiento trato la forma de lograr la expresión facial adecuada para escuchar. He tenido reuniones de entrenamiento con algunos clientes de alto perfil durante las cuales nos limitamos a analizar solamente esta técnica. Nos sentamos y observamos imágenes fijas de sus entrevistas televisivas y debatimos sobre lo que transmitía la expresión de su rostro, algo que según las investigaciones habla con mayor claridad que las palabras pronunciadas.

Incluso esas personas que reúnen un cierto nivel de entusiasmo mientras hablan, lo van perdiendo de manera emocional y expresiva cuando se convierten en oyentes. Su participación parece disiparse o, lo que es peor, las comisuras de la boca se vuelven hacia abajo, fruncen el ceño y en ocasiones hasta bizquean: todas estas cosas son completamente naturales cuando nos estamos concentrando mucho en algo. El problema es que, para una audiencia o para tu interlocutor, esa expresión facial se suele interpretar como «No tengo la menor idea de lo que estás hablando». Muchos caen víctima de esto. Es una expresión que el comediante Taylor Orci, de Broken People en el canal de YouTube, define con brillantez como CMD: cara de malhumorado descansando.

Tienes que parecer justo lo opuesto, algo que yo llamo CMA, o cara de mejor amigo. Es la curiosa expresión que tenemos en la cara cuando estamos escuchando a nuestro mejor amigo contarnos una gran historia. La perfecta CMA conlleva un cuarto de sonrisa.

No hace mucho, estaba entrenando a una cirujana y autora. Era la jefa de cirugía plástica de un destacado hospital de California, y tenía la mejor y más coherente CMA que había visto jamás.

Acudió a mi oficina una mañana con el fin de que la entrenara para una entrevista en los medios y, durante los noventa primeros minutos, no pude evitar maravillarme por su capacidad natural de mantener la más simpática y agradable de las expresiones. Ni siquiera se inmutaba ante las preguntas desagradables y sarcásticas que le lancé durante las entrevistas de práctica, como: «¿Cuándo dejaste de estafar a Medicare?». Por lo general, frente a una pregunta tan sucia, el instinto del entrevistado lo hace adoptar una expresión facial que refleja un total desprecio por el entrevistador o puro pánico. Pero ella se limitó a quedarse sentada sin parecer intimidada en lo más mínimo.

«Tengo que decirte que, en todos los años que lo he estado haciendo», le comenté, «nunca he visto a nadie con tu capacidad natural de transmitir tal sentido de completa calma y seguridad en sí mismo mientras le acosan a preguntas. Quiero decir, te he preguntado algunas cosas para probar si perderías la paciencia y me enseñarías los colmillos».

Su respuesta me dejó un tanto estupefacto: «Bueno, una pequeña inyección de Botox aquí (me señaló el lado izquierdo de su boca) y otra aquí (indicó el lado derecho de su boca) y ya las comisuras no pueden bajarse». Su respuesta me hizo desear pincharme yo también un poco de Botox en la mandíbula, porque estaba seguro de que la mía había llegado al suelo después de escucharla.

La buena noticia es que no necesitas Botox para ser capaz de sonreír. Solo necesitas un poco de conciencia y algo de práctica. Permíteme explicarte por qué eso es tan importante para tu negocio y tu profesión. Una CMA te puede ayudar a:

- **Parecer sincero.** Los que participaron en el estudio valoraron a las personas como más sinceras y sociales si sonreían que si su cara era neutral.
- **Ganar más dinero.** Las camareras que servían con una gran sonrisa conseguían mejores propinas que las que servían sonriendo poco.
- **Hacer que los demás se sientan bien.** Se ha demostrado que la sonrisa no solo estimula tu propio estado de ánimo, sino el de los que te rodean. También ayuda a que te sientas y parezcas más seguro de ti mismo.
- **Que caigas mejor.** En un estudio que examinó treinta y siete expresiones faciales y cómo las interpretaban los espectadores, las personas con expresión facial alegre fueron valoradas como más atractivas que otros que tenían otra expresión.
- **Parecer más joven.** Muy bien, ahora sí que he conseguido tu atención. Olvida el estiramiento facial que te hace parecer una de las atracciones del museo de cera de madame Tussauds. Cuando sonríes, disimulas de modo natural todas las arrugas. A los clientes les suele chocar parecer mucho mayores cuando las expresiones de su rostro se aplanan.

No tienes que andar por ahí con una enorme sonrisa emplastada en el rostro. No estoy hablando aquí de una sonrisa radiante. Eso te haría parecer falso. Te conviene simplemente una expresión facial relajada y de interés, pues quieres que se te vea entretenido con la situación.

Para quitarte la expresión de intrigado, haz lo siguiente:

Mira al espejo

Ensaya diferentes expresiones a ver cuál te conviene. Mira cuáles te hacen parecer involucrado y con cuáles se te ve falso o hasta aburrido. Cada uno tiene que descubrir cuál es la CMA con la que se siente más natural. La autenticidad es aquí la meta suprema, pero es posible que la tengas que fingir durante un breve espacio de tiempo (un viejo chiste) hasta que lo consigas. La verdad es que lo que a otros les puede parecer adecuado para ti puede ser la sonrisa de superioridad de un pedante. Se trata de una sonrisa con la boca cerrada. No de esa sonrisa de oreja a oreja, congelada, de anuncio televisivo de dentífrico; por favor, no parezcas una concursante de Miss Estados Unidos. Una vez consigas la sonrisa, practícala constantemente, usando aplicaciones de comunicación como Skype y FaceTime para calibrar tu progreso.

Muéstrate tan curioso cuando escuchas como cuando estás hablando

Una vez hayas dejado de hablar, no pierdas tu vivacidad transformándote al instante en un amargado. Cuando fuerzas una sonrisa repentina para la cámara o una audiencia, esta resulta falsa. De manera similar, si tu sonrisa se convierte en un ceño fruncido por el aburrimiento justo después de hablar, tu audiencia sospechará que era de todo menos genuina. Esto es especialmente importante cuando formas parte de una mesa de debate mientras otro tiene la palabra. Intenta inclinarte hacia adelante y parecer interesado en lo que otros están diciendo.

No te vuelvas robótico

Mitt Romney optó por la expresión robot-con-cara-de-satisfacción en la campaña del 2012, pero, para su desgracia, la presentaba mal. En vez de un cuarto de sonrisa, exhibía constantemente una insípida sonrisa tres cuartos. Tenía la expresión tan incrustada de usarla todo el día, cada día de la campaña electoral, que la mostraba lo mismo cuando miraba con adoración a su esposa, Ann, sentada junto a él durante una entrevista que cuando miraba a su rival político al que odiaba a muerte durante un debate presidencial. En ese ámbito, tener una expresión facial «unitalla que sirve para todo» no es una idea acertada. La falta de variedad de su expresividad me llevó a llamarlo la Sonrisa Perfecta. Después de un momento hace que te sientas un poco asustado. Michael Dukakis pecó de lo mismo cuando se presentó para presidente en 1988. Durante un debate presidencial contra George H. W. Bush (el presidente número cuarenta y uno, no cuarenta y tres), el moderador preguntó si su opinión sobre la pena capital cambiaría si su esposa, Kitty, fuera violada y asesinada. (Te garantizo que no enseñan esta línea de interrogatorio en la Escuela de Periodismo de la Universidad de Columbia.) Al primer indicio de que la pregunta se estaba convirtiendo en algo tan espantoso e impensable como un acto de violencia contra su esposa, al gobernador le habría venido bien perder esa sonrisa de drogado. Pero no lo hizo. De hecho, convirtió el intercambio en una metedura de pata memorable al ignorar la premisa de la pregunta y empezar su respuesta con un mensaje de política tambaleante sobre la pena capital. Creo que fue el episodio que impulsó al comediante Mark Russell a ponerle el apodo de Zorba el Funcionario.

Exagera la CMA si tienes vello facial

Los hombres con bigote lo tienen particularmente difícil. Si su vello facial cae por los lados de su boca (al estilo Fu Manchú), refuerza el contorno severo del rostro.

Enséñale a tu boca a relajarse

Además de sufrir de CMD, muchas personas realizan por accidente un millar de movimientos problemáticos involuntarios que yo denomino colectivamente «Boca inquieta». Cuando las personas se sienten ansiosas o están concentradas, hacen cosas con la boca que son de todo menos atractivas. Algunos se lamen los labios. Otros los aprietan (el gesto que las mujeres hacen después de pintarse los labios). Los hay que hacen todas estas cosas.

La «Boca inquieta» irrumpe después de que alguien haya terminado de hablar. Ahora la boca tiene que pasar de un montón de movimientos durante el discurso a permanecer en calma e inmóvil mientras escucha. Si una CMA fija fuera fácil de conseguir, más personas serían capaces de hacerlo sin recurrir a estos movimientos de «Boca inquieta». Pero es difícil y, peor aún, la mayoría de nosotros no tenemos ni idea de estar haciéndolos.

Si crees que estoy siendo quisquilloso en cuanto a esto, considera el primer párrafo de esta columna deportiva del *New York Times* del 18 de junio del 2013, después de que los Miami Heat perdieran un partido crítico en las finales de la NBA: «Era tarde, el ánimo era sombrío y LeBron James hacía de nuevo ese gesto extraño con la boca, ronzando, apretando los dientes y girando toda la mitad inferior de la cara, exhibiendo así toda su incomodidad». Evitar la «Boca inquieta» podría ser tan sencillo como centrarse en usar la sonrisa de cuarto de boca cerrada mientras escuchamos a los demás. Es difícil morder, lamer y apretar los labios si estás sonriendo de una forma atenta y participativa.

INDICADOR DE UN DISCURSO PERFECTO

Cuando haces contacto visual estás comunicando: «Estoy prestando atención». Sin embargo, muchas personas se sienten incómodas mirando a los ojos; tal cosa los priva de la intimidad mental que necesitan para ser capaces de concentrarse en lo próximo que van a decir. Esta privacidad se hace pedazos cuando estás mirando a alguien que te observa fijamente mientras hablas. Pero bajar la vista para mirar la alfombra o levantarla hacia el techo está estrictamente prohibido. Hace que parezcas distraído y poco interesado. Si te sientes incómodo con el contacto visual, prueba este truco: fija la vista en la patilla de un hombre o en el pendiente de una mujer. Será algo muy pequeño y privado en lo que enfocarte mientras recuperas la capacidad de concentrarte, y la otra persona nunca sabrá que tu contacto visual está ligeramente desviado.

No reserves tu expresión curiosa y tu estilo conversacional solo para las conversaciones de alto riesgo. Practícalos en casa mientras cenas, en el aeropuerto mientras conversas con extraños y en la línea de banda mientras ves jugar a tu hijo al fútbol. De esa forma afinarás tu habilidad, y será mucho menos probable que seas propenso a expresiones faciales que despistan y a gestos nerviosos. Finalmente tendrás la práctica suficiente, tu CMA se convertirá en tu cara de todos los días y serás capaz de usar las preguntas curiosas para mantener cualquier conversación activa. Una vez esto ocurre, serás la persona en torno a la que todos giran durante la fiesta, la persona misma que se asegura de que todos regresen a su casa con el pensamiento: «¡Vaya! Me lo he pasado genial».

9

EL PRINCIPIO DE DRAPER

¿Hay alguien que tenga preguntas para mis respuestas?
—Henry Kissinger

OJALÁ CADA UNO de mis clientes viera el exitoso programa de televisión sobre una agencia de publicidad en la avenida Madison, a principios de la década de los sesenta. Lo digo porque Don Draper, el personaje principal del programa, se pasa el tiempo dando consejos publicitarios prácticamente idénticos a los que yo les doy a mis clientes para hablar en público, durante las entrevistas de trabajo, las entrevistas en los medios, y casi para todas las situaciones conversacionales de alto riesgo.

En todas las temporadas que se ha emitido *Mad Men*, uno de los mantras de Draper ha resaltado sobre los demás: «Si no te gusta lo que se está diciendo, cambia de conversación».

La primera vez que lo dijo fue cuando su empresa estaba representando a los promotores que iban a echar abajo la vieja estación de Pennsylvania, en Nueva York, para construir el entonces flamante Madison Square Garden. Los neoyorquinos estaban muy apegados a su majestuosa estación de tren, así que hubo mucha oposición y la gente protestó en las calles. Draper le dijo al jefe de la promotora que la táctica para esas situaciones controvertidas era sencilla. Había que cambiar de conversación. Sacarla del enfoque de lo que se está perdiendo y dirigirla hacia lo que se estaba consiguiendo: una nueva ciudad moderna, fantástica y resplandeciente sobre una colina.

NO IGNORES A DON

Muchos acuden a las entrevistas de trabajo y los medios de comunicación sin tener en cuenta el consejo de Don Draper. En lugar de sacar la conversación de los ámbitos que no son su fuerte, se limitan a responder obedientes a las preguntas que les formula el entrevistador. Es como sentarse en la parte trasera de un auto para ir a dar un paseo. ¿Acabará el auto donde tú quieres ir? Es probable que no. Lo más posible es que vayas adonde el conductor quiera dirigirse. En vez de actuar así, piensa en la dinámica de esta entrevista como un auto de prácticas en el que aprendes a conducir. ¿Recuerdas aquellos que tenían doble volante?

Permitir con pasividad que otros dicten el contenido y el flujo de una conversación te arrebata el volante de las manos, y esto es algo que tú tienes que evitar. Este problema aparece en toda una diversidad de entornos importantes:

- Cuando diriges una reunión o un panel de debate. Una persona intenta dominar la discusión. Si permites que alguien se apropie de los procedimientos, parecerás completamente ineficaz a la hora de controlar la situación.
- Cuando estás a punto de cerrar un trato. Uno de tus colaboradores decide que es un buen momento para compartir sus frustraciones sobre cómo educar a su hija adolescente huraña y terca. Por la expresión en la cara de tu cliente puedes ver que el trato que está casi cerrado puede deshacerse si esto sigue mucho tiempo.
- En una sesión de intercambio de ideas que varios colegas han convertido en una competición para impresionar al jefe.
- Cuando cenas con un importante cliente que no para de hablar sobre un tema del que tú no sabes nada. Quieres cambiar la conversación y pasar a un tema en el que puedas participar, pero no deseas que el cliente sienta que ha sido interrumpido de forma abrupta.

Desarrollar la habilidad de cambiar con sutileza de conversación te puede ayudar a mantener un curso fluido en las reuniones, a cerrar más tratos y hacer que se escuchen tus ideas durante las sesiones de intercambio.

El «Principio de Draper» es una de las aptitudes más importantes que les enseñamos a los clientes que se están preparando para entrevistas en los medios de comunicación y laborales. En esas situaciones nunca sabes qué tipo de entrevistador te tocará. ¿Será alguien frío y polémico? De ser así, tendrás que asegurarte de que su agria conducta no te afecte. Recuerda que es más probable que sea la personalidad básica del entrevistador y no una respuesta negativa hacia ti. Pero tal vez te encuentres con alguien entusiasta y amistoso. A primera vista, podrías pensar que esa persona sacará lo mejor de ti. Cuida que no te agrade demasiado. Con la gente que nos gusta y en la que confiamos instantáneamente, tendemos a revelar más y bajar la guardia. Siempre les digo a los clientes que los entrevistadores con los que te gustaría ir a tomar una copa son aquellos con los que deberías ser más precavido. Cuando les tomas simpatía, quieres ayudarlos y esto podría significar responder frontalmente a una pregunta que no favorece tus intereses. El exalcalde de la ciudad de Nueva York, Ed Koch, un experto de los medios de comunicación, dijo una vez: «Los más astutos entre los reporteros son los que parecen amistosos, sonríen y parecen apoyarte. Son estos los que procuran destriparnos a la menor oportunidad».

Independientemente del comportamiento de tu entrevistador, tu prioridad número uno consiste en seguir teniendo el control de la conversación. Esta determinación aumentará extraordinariamente tu probabilidad de éxito.

CONDUCE LA CONVERSACIÓN HACIA DONDE TÚ NECESITAS QUE VAYA

La inmensa mayoría de las personas dirigen las conversaciones de una forma mediocre. Cuando John King, moderador de la CNN, intentó que el candidato presidencial Mitt Romney respondiera a la pregunta que había formulado, Romney ladró: «Oye, tú puedes hacer las preguntas que quieras; yo te daré las respuestas que me dé la gana». No es una estrategia ganadora, al menos para Mark Twain, que declaró en una ocasión: «Nunca busques pelea con gente que compra la tinta por barriles».

A continuación, otros graves ejemplos de llevar la conversación de un modo mediocre.

Ceñirse al guion

Si te fijas con atención en algunos políticos mientras son entrevistados, es probable que te des cuenta de que muchos de ellos parecen recitar un material palabra por palabra. Dan siempre las mismas respuestas facilonas independientemente de cuál sea la pregunta. Esta técnica está tan extendida que Robert McNamara explicó que una de las cosas que aprendió como Secretario de Defensa durante la Guerra de Vietnam fue: «No respondas a la pregunta que se te ha hecho. Contesta a lo que te gustaría que te hubieran preguntado».

La incongruencia

Cambiar radicalmente el tema de conversación sin una transición fluida es como pasar de Mozart a Meatloaf a mitad de tema. Es discordante y deja a tus oyentes con una extraña sensación.

Cuando Todd Rogers y Michael Norton, de la Escuela de Negocios de Harvard, les pidieron a los oyentes que valoraran la fiabilidad de los oradores, estos les dieron una mala puntuación a aquellos ponentes que cambiaban abruptamente de tema; en este caso, hablar del cuidado de la salud cuando se les preguntaba sobre terrorismo. Por otra parte, si el orador divagaba, aunque solo fuera ligeramente (una técnica que aprenderás más adelante en este capítulo), en la mayoría de los casos la audiencia no se dio cuenta de que había esquivado la pregunta y tendía a calificar al ponente como digno de confianza.

La mano verbal

Reconozco a las personas que han recibido una formación mediocre en comunicaciones cuando se sacan de la manga un débil intento como: «No estoy aquí para hablar de eso. He venido a hablarles de...». Cuando cambias de tema de esta manera abrupta, le estás diciendo a tu entrevistador y a cualquiera que esté escuchando: «No me importa lo que me preguntes, yo voy directo a mis temas de conversación». Es la táctica que emplean los políticos de tercera. Es obsoleta y torpe. Otra línea transparente que se suele usar para evitar una pregunta no deseada: «En realidad estamos centrados en...». Eso no engaña a nadie. Queda mucho mejor: «Claro, imagino por qué puede generar interés, pero en mi mente esto es lo que de verdad importa...». Este planteamiento valida la premisa de la pregunta en vez de contradecirla.

Zigzaguear de un carril a otro

Sarah Palin lo hizo constantemente, para gran placer de Tina Fey. Más de una parodia de *Saturday Night* se basó en la propensión que Palin tenía a virar bruscamente de un carril conversacional a otro durante las entrevistas de los medios de comunicación. Ahora sabemos que no seguía el flujo del tráfico en la conversación porque no dominaba el material. Pero es exactamente la idea. Si quieres parecer un peso ligero de la información, zigzaguear todo el camino es una forma segura de conseguirlo. Por ejemplo, Charlie Gibson, el presentador de ABC News, le preguntó en una ocasión a Palin: «¿Qué percepción le da a usted la proximidad [de Alaska] con respecto a las acciones rusas, sobre todo en las dos últimas semanas?».

Ella respondió: «Son vecinos nuestros puerta con puerta. Y en realidad se puede ver Rusia desde tierra, aquí en Alaska. Desde una isla de Alaska».

A continuación Gibson la presionó para que contestara la pregunta, añadiendo: «¿Qué perspectiva le da de lo que están haciendo en Georgia?».

Esta vez, el viraje de Palin fue incluso mayor: «Bueno, le estoy dando esa perspectiva de lo pequeño que es nuestro mundo y de lo importante que es que trabajemos con nuestros aliados para mantener buenas relaciones con todos esos países, especialmente Rusia».

»...No repetiremos una Guerra Fría. Debemos tener buena relación con nuestros aliados, presionando también, ayudándonos a recordarle a Rusia que es en su beneficio, también, una relación beneficiosa para todos en la que nos llevemos bien».

El paso del tartamudeo

Cometes este error garrafal cuando vacilas. Tienes que empezar a hablar. Abres la boca. Respiras hondo. Hasta puedes hacer un ruido gutural. Pero no llegas a iniciar la conversación. Estudios realizados por Rogers y Norton en Harvard descubrieron que era probable que los oyentes notaran que un orador estaba esquivando una pregunta si tartamudeaba. La idea es: no abras la boca para hablar hasta estar seguro de que el primer sonido que emitas sea nítido, que el contenido tenga sentido y no sea solo sonido, o lo que es peor, nada en absoluto. Intenta también evitar pronunciar tus primeras palabras en una exhalación. Este sonido se asocia estrechamente a la futilidad y la frustración, y hace que suenes exasperado.

CÓMO HABLAR AL ESTILO DE DON

Ahora ya sabes cómo *no* cambiar de conversación. Entremos en la parte importante: cómo llevar cualquier conversación en la dirección que escojas, sin dejar que los demás participantes sientan que has secuestrado la discusión. A continuación, unas técnicas que te pueden ayudar:

Métete en la cabeza de tu entrevistador

Antes de adentrarte en una situación de Discurso Perfecto, piensa en los tipos de preguntas y temas con los que te puedes encontrar.

¿Qué es lo más probable que te pregunten los demás? ¿Qué material sobre ti podrían querer conocer tus oyentes? ¿Qué es lo más probable que surja? Tal vez no puedas prepararte para todas y cada una de las preguntas que alguien pueda lanzarte, pero es probable que te acerques mucho.

Anticipa la pregunta

En el capítulo 8 hablamos sobre la importancia de escuchar con curiosidad. Aquí tienes una de las razones más importantes para que asimiles esta aptitud: escuchar con curiosidad te permite planear mejor tu respuesta. Lo que hizo que Andy Murray fuera tan imbatible durante la histórica Final Masculina de Wimbledon fue su asombrosa anticipación. Al observar la posición de la raqueta de su oponente antes de golpear la pelota, Murray podía empezar a correr hacia el punto en el que sabía que esta acabaría. De haber aguardado hasta que Novak Djokovic lanzara la pelota, no habría tenido ninguna posibilidad.

En la conversación y las entrevistas solemos cometer este error con frecuencia. Esperamos hasta que la otra persona haya acabado de hablar antes de contemplar qué vamos a decir. Como ya hemos visto cuando expusimos el «Principio de no ir pegado a los talones», pensar y hablar simultáneamente es una mala estrategia que lleva a errores. Es cuando acabas tropezando, ganando tiempo mediante transparentes tácticas de rodeo («¡Es una buena pregunta!»), empezando con una palabra de relleno («Hmm, eeh, aah, creo que, mmm...»), o respondiendo de forma tan literal a la pregunta que no llegas a exponer tu idea.

Para dar un salto en la dirección en la que va la pregunta, presta suma atención al inicio mismo de lo que alguien diga. Incluso antes de que te formulen una interrogante, te darán muchas pistas contextuales que establecen la pregunta. Escucharás una opinión u observaciones relacionadas con lo que alguien va a preguntar muchas frases después.

Por ejemplo, esta es una pregunta típica de entrevista:

«Veo que ha decidido expandirse a Latinoamérica. Ha habido gran especulación en cuanto a que las empresas están invirtiendo sus ingresos por publicidad en esos mercados. ¿Qué piensas de este tipo de inversión en América Central y del Sur?».

Muchas personas no empiezan a pensar en una respuesta hasta que escuchan la frase «¿Qué opinas?». A pesar de ello, tú puedes empezar a planificar tu contestación en cuanto oigas la palabra «Latinoamérica».

Buscando tus pistas desde las primeras palabras y no a partir de las últimas descifrarás pronto la dirección de la conversación. Esto te proporcionará tiempo para pensar tu respuesta mucho antes de que te pregunten: «¿Qué piensas de esto?».

Alinea el triunvirato perfecto

Cuando desarrollas esta nueva habilidad de escuchar la pregunta con intensificada atención desde la primera frase más o menos, descubrirás que puedes identificar mucho antes el tema de la pregunta. Esto te proporcionará un tiempo valioso para responder tres cuestiones clave:

1. ¿Cuál es mi idea?
2. ¿Cómo la ilustraré (un ejemplo, una historia, un dato)?
3. ¿Cuáles son las cinco primeras palabras que saldrán de mi boca?

Este proceso en tres pasos impedirá que divagues y des rodeos enfrascándote en un discurso largo y redundante. Ahora, solo para hacer que las cosas sean más interesantes, convirtamos la conversación en una en la que no quieras tener parte alguna. Tal vez el debate se dirija hacia un tema controvertido del que tú prefieres desviar la conversación. O quizá te enfrentas a un obstáculo conversacional. El tema es uno con el que no te puedes relacionar. No tienes material y no puedes entrar en la conversación sin recurrir a un ardid para salir del paso. Esto ocurre con frecuencia. Hace poco, uno de los flamantes canales de televisión por cable

tenía un segmento acerca del hecho de que tres de cada cinco estadounidenses admitían que intentan parecer más inteligentes de lo
que son en realidad. ¿Una encuesta de locos? Hmm. Sin embargo, indica que muchas personas lidian con más de lo que pueden
enfrentar durante sus conversaciones. Es una forma peligrosa de
vivir. En las páginas siguientes encontrarás consejos específicos
para navegar sin sobresaltos a través de estos escenarios potencialmente peligrosos.

EL RODEO CONVERSACIONAL

A menudo nos encontramos sumidos en conversaciones que nos
hacen añorar la capa de la invisibilidad de Harry Potter. Esto sucedió exactamente la noche pasada en una fantástica cena a la que
asistieron cuatro matrimonios, todos éramos amigos desde la universidad. De repente, en medio de esa sabrosa comida casera, uno
de los hombres hizo una observación de mal gusto. Había reparado
en que una de nuestras compañeras de estudios (que no estaba presente en la cena) había subido fotos a Facebook al final de su carrera
de 10 km.

De buenas a primeras soltó: «¡Vaya! ¿Alguno de ustedes ha visto
las piernas de Cynthia recientemente? ¡Está más que increíble!».

No tuve el valor de alzar la mirada de mi filete de lomo de ter-
nera por temor a poder captar la mirada furiosa de su esposa tala-
drándolo. En los dos segundos de silencio que siguieron, todos en
aquella mesa esperábamos que la conversación se moviera en otra
dirección. ¿Pero cómo? Cualquiera que intentara el viejo «Oigan,
¿qué me dicen de esos Yankees, eeh?» habría recibido una patada en
las espinillas por debajo de la mesa. Para gran disgusto nuestro, la
manifestación pública de la obsesión de nuestro amigo por el aspecto de Cynthia no se detuvo allí.

«No, quiero decir que está mucho más guapa ahora que cuando estábamos en la facultad. Si yo fuera su marido, pensaría en ir
deshaciéndome de esa panza, porque cualquiera que mire a esa pre-
ciosidad en shorts... ¡es un imán para los hombres!».

El rostro de su esposa tenía ahora el color de las remolachas asadas.

Conducir semejante conversación a un lugar seguro requiere un toque hábil. Tienes que encontrar el punto óptimo entre cambiar de tema de forma demasiado radical y contribuir con cualquier cosa al tema en cuestión que impida prolongar la charla de mal gusto. Para hacerlo, hay que dominar el arte de ampliar el tema.

Toma el campo restringido de la conversación y ensánchalo solo en la medida necesaria para escapar a la toxicidad, pero que siga pareciendo relacionado con el tema del que se está hablando.

Por ejemplo, en esa cena, yo metí baza con: «Bueno, creo que la mayoría de nuestras compañeras de clase están cuidándose lo mejor que pueden. Quiero decir que, muy probablemente, mis padres nunca hicieron ejercicio a los treinta años...». De repente todos estábamos conversando sobre las diferencias inherentes entre la generación de nuestros padres y la nuestra, un tema más seguro y benigno.

Esta táctica es especialmente práctica cuando uno está a punto de llegar a un callejón sin salida conversacional. Por ejemplo, si mi esposa está en una fiesta y alguien habla de los Mets, ella no sabría qué decir. Ella no los sigue (como yo, es fan de los Yankees) y no dispone de nada que guarde relación con la conversación. Sin embargo, puede ampliar el tema con algo que tenga fresco en su mente: una entrevista que había escuchado en la NPR con R. A. Dickey, el ganador del premio Cy Young del 2012 que, en su tiempo, estaba en los Mets. En cualquier momento puede conducir la conversación en una dirección diferente con: «El otro día escuché la entrevista más interesante de R. A. Dickey y cómo su carrera estaba casi acabada cuando otro lanzador le enseñó a tirar una bola matadora». Así que, aunque mi esposa pueda no saber si los Mets estaban en las eliminatorias o en último lugar, este conocimiento que está relacionado la mantiene activa en la conversación.

De manera similar, pongamos que estás en una cena y alguien habla de la locura del proceso de admisión en educación preescolar, algo que obsesiona a muchos padres de niños pequeños en la ciudad de Nueva York. Pero si eres como yo, tus hijos ya son universitarios.

A primera vista, este es un tema en el que te encuentras pillado, pero puedes ampliar la conversación con algo como: «Tengo que decirles que este tipo de estrés por las admisiones los seguirá durante años. Mi hija acaba de tener una entrevista para estudiar fuera, y también estaba muy nerviosa por ello».

Reflejar un poco de la pregunta en tu respuesta te puede ayudar a pasar de un tema a otro tan solo en una o dos frases. A veces, el presidente Obama ni siquiera necesita una frase completa para salir de una pregunta. Con frecuencia le basta con una palabra. ¿Sabes en qué palabras se apoya para evitar responder a la pregunta inicial y pasar a la idea que quiere transmitir en realidad? Una es *mire*, y la otra es *escuche*. Sobre el papel parecen apremiantes y condescendientes, casi una reprimenda por naturaleza. Pero intenta pronunciarlas en un tono de voz que comunica: «Seamos francos y sinceros por un minuto».

EL CORTE CAMUFLADO

Pocas cosas en la vida nos hacen sentir más incapaces que perder el terreno en una conversación y no ver ninguna esperanza de recuperarlo. A veces, quedarse por ahí en una conversación de grupo en una fiesta de la oficina con el jefe es muy parecido a un segmento de comunicaciones cruzadas de la CNBC en la que participan cinco o seis invitados a la vez: es una batalla campal y la persona que se hace oír es, a menudo, la primera que toma la palabra o la que habla más alto. O tal vez estés moderando un debate y algún contertulio egoísta piensa que las normas del límite de tiempo no se aplican a él. Ese tipo de personas parecen no respirar siquiera con tal de no permitir tu participación. Tienes que interrumpir, pero debe ser de una forma que no te haga parecer grosero.

Ejecutar un corte camuflado es una técnica muy simple. Solo tienes que acabar el final de la frase de otro. Es exactamente lo que hacen las parejas que llevan mucho tiempo casadas.

Es probable que haya varias oportunidades en las que sepas cómo va a acabar alguien un pensamiento. Así que termina la frase por ellos y di rápidamente: «Es interesante que saques eso a relucir, porque en realidad es el núcleo central de otro tema al que quiero llegar...». O dirígele la conversación a otra persona del debate o de tu grupo conversacional. Prueba algo como: «Creo que Susan estaba mencionando algo relacionado con eso recientemente. Susan, ¿qué era lo que estabas diciendo sobre...?».

Que no parezca que te estás disculpando o sientas que has sido grosero por interrumpir. Es posible que pronuncies unas cuantas palabras cuando todavía otro está hablando, pero el truco está en no detenerte. Es como el juego de la gallina, a ver quién aguanta más, pero verbal, y solo tienes que decidir que no vas a ceder, que harás que sean los demás quienes se rindan.

Es exactamente la misma técnica que le enseñé a la ejecutiva de una importante empresa de relaciones públicas que mencioné en el capítulo 1. La primera vez que la entrené, estaba a punto de moderar un debate. Los moderadores de paneles de discusión tienen que ser capaces de dominar discretamente a los panelistas que intentan gastar todo el oxígeno disponible de la sala.

El «Principio de Draper» no es algo que necesites para las conversaciones de todos los días. Piensa en él como el trabajo para conseguir ese crédito adicional que te ayudará durante esos momentos conversacionales fundamentales, pero a la vez tensos. Practícalo ahora para que seas capaz de echar mano de él durante las sesiones de preguntas y respuestas, las mesas de debate y las reuniones de negocios, esos momentos en que los resultados importan de verdad.

10

CÓMO REACCIONAR CON PRONTITUD

*Siempre he considerado que solo tengo un talento de nivel
medio y que lo que sí tengo es una ridícula obsesión insana
por la práctica y la preparación.*

—WILL SMITH

NUNCA OLVIDARÉ EL día en que el aura de superestrella de Diana
Ross se puso «boca abajo».

Fui testigo de primera mano después de que mi escuela secundaria alma máter me contrató para producir un vídeo a fin de promocionar la escuela.

Resulta que la hija de Diana estaba en la clase que se graduaba
aquel año. Esto hizo que Diana accediera a pronunciar el discurso
de la ceremonia de graduación. Me acordé de mi propia clase de
graduación. Al otro lado del espectro de la celebridad, nosotros, los
estudiantes que nos graduábamos, escuchamos cómo la presidente
del Consejo Municipal de Nueva York, Carol Bellamy, hizo gala de
todo el talento de oratoria y el carisma de un taquillero del metro.
¿Cómo no se me ocurrió filmar a Diana Ross, la reina de Motown,
para el vídeo de la escuela? Es la cantante que la revista *Billboard*
declaró «artista del siglo».

Era un glorioso día de junio bañado por un sol al que no le hacía
sombra ninguna nube. Todos los estudiantes que se graduaban,
sus padres, toda la facultad y el alumnado estaban reunidos en una
suave ladera de césped, verde como una mesa de billar, sobre el
majestuoso río Hudson. Todos estábamos preparados para algo

verdaderamente especial. La leyenda de Motown subió al atril sin papel alguno.

«¡Vaya!», pensé. «Estamos a punto de ver cómo lo hace una verdadera profesional».

Su discurso no tomó más de seis a siete minutos que me parecieron una hora. No había estructura, flujo, ni contenido. La gran diva del pop dijo, al menos en media docena de ocasiones: «Lo siento, esto no está saliendo como yo lo planeé».

Pero esa era exactamente la cuestión. No lo había planeado. Y, cuando se apartó del micrófono, estaba muy claro, al menos para mí, que hasta ella era consciente de que su actuación había sido una desilusión. Su discurso había sido claramente esa montaña bastante alta... en realidad, demasiado alta.

Créeme. No importa quién seas —una celebridad o un ingeniero, un orador de talento o solo alguien que intenta salir adelante en el trabajo— no tienes por qué caminar con tacones de aguja como los de Diana. Nadie quiere sentir el sonrojo de incomodidad que la diva del pop debió de sentir aquel día, delante de aquella audiencia que deseaba con tanto empeño disfrutar de lo que ella estaba diciendo.

Si te acostumbras a improvisar —hablar en público sin haberte preparado con antelación— solo es cuestión de tiempo que esto te ocurra. ¡Son muy pocas las veces en que el polvo de hada mágico se esparce sobre ti, concediéndote una elocuencia y una profundidad instantáneas! Tendrás un día malo y tu confianza en la espontaneidad te explotará en la cara.

Es posible que no ocurra hoy. Tal vez no sea mañana. Pero te aseguro que sucederá.

En el capítulo 6 asemejé la improvisación a conducir un auto por una sinuosa carretera de montaña en medio de la niebla. Si lo has hecho alguna vez, sabrás que puedes sentir puro terror por no saber si va a suceder algo terrible en los próximos cien metros. En momentos así, lo único que puedes hacer es ver lo que hay más allá del capó del automóvil. Cuanta menos visibilidad tengas, más ansiedad sentirás.

Esto mismo es cierto en el caso de la comunicación. No estar seguro de tu siguiente pensamiento o incluso de tu próxima palabra es igualmente aterrador, pero he aquí la diferencia: en un auto, siempre puedes ralentizar para minimizar la probabilidad de un accidente. ¡Ojalá nuestros instintos fueran tan buenos cuando hablamos!

En la oratoria en público, lo único peor que improvisar es hacerlo mientras se va pegado a los talones. Esta combinación mortal crea un suelo fértil para toda una hueste de desgracias verbales: estereotipos, tropezones y tartamudeo, palabras de relleno y narraciones con rodeos e inútiles. Los amigos no deberían dejar improvisar a sus amigos cuando se la están jugando.

Hasta los profesionales —personas que hablan en público como medio de vida— suelen acabar lamentando sus observaciones improvisadas. Considera el discurso de agradecimiento de Jodie Foster por el premio Cecil B. DeMille en los Globos de Oro del 2013.

Bueno, mientras estoy aquí en plena confesión, siento que tengo la repentina urgencia de decir algo que nunca he sido capaz de expresar en público. Es una declaración que me pone un tanto nerviosa, pero tal vez no tanto como lo estará ahora mi publicista... eeh... ¿Jenifer? Pero lo voy a decir aquí, ¿está bien? En voz alta y con orgullo, ¿de acuerdo? Así que voy a necesitar el apoyo de todos ustedes para hacerlo.

Estoy soltera. Sí, lo estoy, estoy soltera. No, es broma, pero quiero decir que en realidad no estoy bromeando, sino que lo estoy haciendo en cierto modo. Gracias por su entusiasmo. ¿Alguien puede silbarme o algo así? ¡Dios mío! En serio, espero que no se sientan decepcionados porque no pronuncie un gran discurso de presentación; es que ya hice mi salida hace un millar de años, en la Edad de Piedra, en aquellos días singulares en los que una frágil jovencita se abría a amigos de confianza, familiares y colaboradores y, después, poco a poco, para orgullo de todos los que la conocieron, de todos aquellos con los que se juntó...

Es sorprendente cómo la actuación incómoda de alguien puede hacer que te replantees la admiración y el respeto que has sentido por esa persona durante tanto tiempo. Siempre he sido fan de

Jodie Foster. Siempre me impresionó por ser una mujer sumamente inteligente y realizada, una inconformista que no convino con el mismo nivel de narcisismo superficial de muchos de sus colegas de Hollywood. Cuando oí ese discurso, mi primer pensamiento fue: «¡Diantres! ¿Me habré equivocado con ella?». Es probable que rendirle homenaje a Mel Gibson —otro actor que antes me gustaba bastante— hacia el final de su discurso tampoco la ayudara mucho.

En cierto modo, los famosos se hacen ilusiones. *Cuando se prende la luz roja, yo enciendo mi magia.* Tal vez se deba a que ninguno de los aduladores que los rodean tiene el valor de decirles que se preparen y practiquen. Toda esa meticulosa preparación que conduce a la grandeza oratoria puede ser poco glamurosa.

Nota para uno mismo: es una buena idea no hablar sobre temas controvertidos o sensibles —incluida la violación, la pornografía, los grupos étnicos, la política y la religión— a menos que hayas planeado cuidadosamente tus observaciones con antelación. Esto no ha detenido a muchas celebridades, atletas y políticos. Clayton Williams perdió su candidatura para ser gobernador de Texas por un descuidado comentario sobre la violación. Incluso la World Wrestling Entertainment despidió a Abraham Washington después de que el director de lucha manifestó, en directo en *Monday Night Raw,* que «el luchador Titus O'Neil era como Kobe Bryant en un hotel de Colorado... imparable».

Pésima analogía. También lo fue aquella con la que salió Mark McKinnon, ayudante del expresidente George W. Bush, para describir un momento de congelamiento cerebral de Rick Perry, gobernador de Texas, durante un debate republicano. El momento funesto de McKinnon consistió en denominar el percance de Perry «el equivalente humano del lanzamiento del *Challenger*». No compares jamás algo incómodo con algo trágico. La nación sufrió por la pérdida de vidas en la catástrofe del *Challenger*. Establecer un paralelo con el contratiempo de Perry es estúpido e irrespetuoso. También les aconsejo a los clientes que se abstengan de usar el término *tsunami* en los negocios para describir una entrada masiva de algo beneficioso, como en: «Literalmente hemos tenido un tsunami de nuevos pedidos en cuanto sacamos el modelo actualizado». Oírlo en ese contexto produce un sabor amargo.

Y el congresista Todd Akin recibió duras críticas cuando, durante su carrera por el Senado, se le preguntó si una mujer que se hubiera quedado embarazada tras haber sido violada tendría opciones de abortar. Contestó:

> Bueno, como sabe, la gente siempre intenta hacerlo pasar por una de esas cosas; ¿cómo... cómo se resuelve este duro tipo de pregunta ética? En primer lugar, según tengo entendido por lo que afirman los médicos, es algo que ocurre pocas veces, en realidad. Si es una violación legítima, el cuerpo de la mujer tiene sus formas para intentar resolver todo ese asunto. Pero supongamos que tal vez no funcione o algo. Creo que debería haber algún castigo, pero que este debería recaer sobre el violador y no sobre la criatura.

Estoy seguro de que, en el mismo momento en que Mitt Romney escuchó esa joya, se golpeó la frente con la palma de su mano. Akin perdió su candidatura al escaño del Senado por un amplio margen, pero lo más importante es que les proporcionó un combustible retórico de alto octanaje a los demócratas en una etapa clave de la elección. Las observaciones profundamente estúpidas que se sueltan en un momento impulsivo son como una emergencia en una planta de poder nuclear: resulta casi imposible contener las consecuencias perjudiciales.

INDICADOR DE UN DISCURSO PERFECTO

Conforme te vas convirtiendo en un orador público experimentado y consumado, mayor será la tentación de coartar tu preparación. Pero cualquier artista o intérprete de alto nivel te dirá: «Actúas según practiques». Si pones intensidad y una esmerada atención al detalle en el ensayo, podrás llevar a cabo mejor la verdadera actuación. Si solo cumples con las formalidades y despachas rápidamente el tema durante las sesiones de práctica, no tendrás nada que imitar cuando lo estés haciendo de verdad. Practica, practica, practica. Y cuando tengas dudas, practica una vez más.

LA ESPONTANEIDAD ES OTRA PALABRA QUE LAMENTAR

En mis sesiones de entrenamiento, con mucha frecuencia lo primero que escribo en una pizarra es la palabra *espontaneidad*. Luego hago un círculo alrededor de ella y la cruzo con una gruesa línea. No lo hagas. Sí, es verdad; tal vez te entusiasme vivir cerca del borde, pero vivirás para lamentarlo.

Algunos se enfurecen cuando les digo que, por mucho que amen la espontaneidad, esta no les corresponde en su amor. «Es curioso», suelen responderme. «Me gusta mostrar que puedo reaccionar con prontitud. ¿A quién le gusta ser un autómata programado? ¡Es aburrido! Además, no es posible practicar para todo, ¿no es así?».

En modo alguno estoy sugiriendo que tengas que escuchar sermones y ensayar veinticuatro horas al día, los siete días de la semana. Pero, en cualquier momento, cada uno de nosotros tiene un puñado de situaciones que requieren una comunicación perfecta en las que no hay razón alguna para improvisar nada. Podría ser una actualización que le tengas que proporcionar a tu jefe, una llamada a un cliente potencial, una evaluación que tengas que hacer de tu ayudante durante una revisión de empleo o una conversación con uno de tus hijos sobre un asunto de importancia. Las emociones y las presiones asociadas con cada una de estas cosas te pueden impedir que pienses con claridad. Tener un bosquejo de cómo expondrás tu idea y usar las técnicas del Discurso Perfecto para comunicar una información sensible es la mejor póliza de seguro que conozco para evitar tener que decir: «Ojalá se me hubiera ocurrido decir esto».

INDICADOR DE UN DISCURSO PERFECTO

Cuando sientes la urgencia de salirte del guion en una situación de alto riesgo —pongamos, por ejemplo, que sientes un repentino impulso por compartir un chiste que te contaron anteriormente ese mismo día— imagínate a la otra persona mirándote con cara inexpresiva, que es peor que la de no divertirse, y con una mirada que indica: «¿De qué demonios estás hablando?». Haz una pausa, y retoma tu plan de juego.

Todos nos hemos lamentado alguna vez: «¡Ojalá no hubiera dicho esto!». O hemos meditado: «Si pudiera repetirlo de nuevo, esto es lo que debería haber dicho». Es típico que estos lamentos se pronuncien después de momentos de improvisación en los que te sentiste sorprendido y no tenías material alguno a mano. ¿Algo como estar de repente junto a tu jefe en una fiesta de la oficina? ¿Estuvo tu charla salpicada de rellenos como *hmm*, *aah*, y de una torpeza general?

Puedes intentar achacarlo a los nervios, pero en realidad es una sencilla falta de planificación. Seamos sinceros. ¿De veras deberías sorprenderte ante la perspectiva de estar conversando en grupo, con el jefe, en una recepción de la oficina? No lo creo. Es obvio. Considera dedicar un poco de tiempo a la preparación como si fuera una póliza de seguro profesional. Puede ser que al final no la necesites, pero no querrás precisarla y no tenerla. Es una situación clásica en la que decir lo primero que te pase por la cabeza podría acabar con tu profesión.

Antes de una reunión importante te gustará, probablemente, hacer un poco de investigación. Entonces, ¿por qué no hacerlo también para un encuentro que es diez veces más importante? Es una oportunidad de demostrar que vales para mucho más de lo que tu jefe ve en el trabajo u oye sobre ti de boca de los demás.

Una sencilla estrategia: mantente siempre al día sobre los intereses de tu jefe, sus pasatiempos y los acontecimientos importantes de su familia. ¿Le acaban de publicar una página de opinión en el periódico o un blog en HuffPo? ¿Es un fan empedernido del baloncesto universitario? ¿Acaba de conseguir su hija una maestría? Todas estas cosas suponen sólidos inicios de conversación:

1. «Imagino que se ha acostado tarde esta semana viendo los partidos de la NCAA, dado que su alma máter está en los Sweet Sixteen».
2. «He leído su publicación sobre la necesidad de más diversidad en las juntas de directores corporativos. Desde luego que es un importante mensaje que transmitir».
3. «Enhorabuena. Me he enterado de que su hija se acaba de graduar en la escuela de negocios. Debe estar muy orgulloso. ¿A qué quiere dedicarse?».

Bueno, ya has roto el hielo de la mejor forma posible: colocando al jefe en el punto adecuado para hablar de algo que le haga sentirse bien. ¿Y ahora qué? Lo que te está distinguiendo de los demás es ser un igual en la conversación, en lugar de un perrito faldero adulador y rastrero en plena actividad como si no hubiera un mañana. Además, todo lo que sale de tu boca no tiene por qué ser una pregunta. Asumir el papel de un entrevistador haría sentir al jefe que se encuentra en el trabajo o, lo que es peor, como si un reportero lo estuviera acribillando a preguntas.

Para defenderte bien, necesitas saber una o dos cosas sobre el tema que has suscitado. Sal con una observación de algo interesante que hayas leído o visto. Si lo haces medianamente bien, te llevará treinta segundos completos encontrar algo pertinente.

Así que, para el fan baloncestístico prueba algo como: «Hace poco leí en el *New Yorker* un perfil interesante sobre el primer entrenador, y me fascinó saber que...». Es mejor forma que: «¿Vio el perfil del primer entrenador en el *New Yorker*, la semana pasada?». Intenta no poner nunca a los jefes en una situación así, obligándolos a admitir que tú has hecho algo que ellos no. Tienes que ser un desafío intelectual sin aventajarlos, del mismo modo que te deberías cerciorar de perder por uno o dos golpes si juegas al golf con ellos.

Para el escenario número dos, tienes que adoptar el mismo planteamiento. «La semana pasada vi ese documental que comparaba a dos empresas, una muy diversa y la otra unidimensional por completo. Las conclusiones eran realmente interesantes...».

Para el escenario número tres, sé positivo. Lo último que querrías es citar un artículo que hubieras leído y que destacara que esta cosecha de profesionales tenía menos probabilidades de encontrar un empleo que cualquier otra en la historia reciente. No es desilusionando a la gente como tienes que demostrar lo bien informado que estás.

Estate preparado para que se te pida tu opinión. Ten algo sólido que responder, algo que no sea vago, pero no demuestres una mente rígida y cerrada.

Tener una plantilla conversacional como esta puede ayudarte a evitar que metas la pata. Y, si eres tímido, obtendrás un beneficio adicional: te proporcionará algo que decir. Elimina la presión de tener que ser interesante de improviso. Cuanta menos presión sientas, más posibilidades tendrás de ser elocuente.

Esto no es más que un ejemplo entre muchos. En realidad hay pocas situaciones de oratoria, si es que hay alguna, que no puedas preparar con antelación. A veces también me han contratado para ayudar a clientes con estrategias ganadoras cuando, durante un evento, alguien le susurra al oído: «Oye, ¿te importaría levantarte y decir unas palabras?». Hablar cuando te avisan con poco tiempo puede ponerte nervioso, pero, por sorprendente que parezca, también hay una forma de prepararte para ello.

INDICADOR DE UN DISCURSO PERFECTO

¿Qué haces si ese organismo bacteriano conocido como tu enemigo en la oficina interfiere en una importante conversación e intenta robarte el terreno? Dirige la conversación a un tema en el que tú y el sujeto con quien hablabas originalmente tengan una relación. No deberías excluir abiertamente a esta persona y hacer que sea obvio que le estás cerrando la puerta. Solo deberías darles menos oportunidades. Y si intenta entrometerse en la conversación, su propia desesperación lo dejará en evidencia.

Por ejemplo, pongamos que tú y el jefe fueron a una excursión de la empresa y la otra persona no. Tal vez inicies una explicación sobre aquella salida o sobre algo que ocurrió antes de que la otra persona se uniera a la compañía.

HISTORIAS QUE CONCRETAR

La mayor parte de tu repertorio conversacional debería aparecer en forma de historia. Y esto es lo bueno: las historias se disfrutan más y nos resultan más naturales de transmitir que el típico «discurso del ascensor»; también mantienen a tu oyente más interesado.

Hasta las chácharas sin cerebro en una fiesta son una oportunidad para que añadas algo de narrativa. Pasa algún tiempo ahora mismo considerando los tipos principales de historias que quieres tener a mano para cualquier situación espontánea en la que tengas que hablar.

Las historias que se cuentan con una bebida en la mano

Piensa en historias que ilustren las respuestas a las preguntas habituales que las personas suelen formular. En la sección siguiente encontrarás preguntas comunes de interconexión junto con las historias que tengo personalmente a mano.

¿TIENES HIJOS?
«Sí. Tenemos tres, de veintiuno, veinte y diecinueve años». Y, dada la respuesta, me preparo para la siguiente pregunta hortera: «¿No crees en eso de tomarte un respiro, verdad?». Esta es una ocurrencia a la que no suelo responder directamente. «Con los años ha tenido sus ventajas, ya que por lo general a todos les interesa ver las mismas películas y hacer las mismas actividades cuando están de vacaciones», es lo que digo típicamente. Nunca lloriqueo ni me quejo ante los extraños, tampoco ante mis conocidos.

¿DE DÓNDE ERES?

«Nacido y criado en la ciudad de Nueva York y, salvo por el periodo de un año y medio en Washington, DC, nunca he vivido en otro lugar. Pero he visitado cuarenta y ocho estados». Esta última frase suele encender la curiosidad en cuanto a cómo me las he apañado para viajar tanto y, también, cuáles son los dos estados que faltan. (Por si acaso sientes curiosidad: Idaho y Dakota del Norte.)

¿A QUÉ TE DEDICAS?

Yo suelo decir: «Soy entrenador en comunicaciones. De modo que si eres autor o músico y te entrevistan en televisión con respecto a tu nuevo trabajo, o eres un ejecutivo de empresa a punto de dar una charla sobre tecnología, entretenimiento y diseño, o un famoso que va a hacer pública una crisis personal, yo sería la persona que te prepararía para hacer lo correcto con el fin de realzar tu imagen pública». Es breve, pero da tres ejemplos diferentes y claros, algo que yo denomino la respuesta espectro. La idea es lanzar la red lejos y amplia en términos de lo que haces para incrementar la posibilidad de que otros descubran la necesidad de hacer negocio contigo en el futuro.

¿TE GUSTA?

Esta pregunta abre una trampa en la que muchos caen: una queja incesante sobre su trabajo. Nadie quiere escuchar esto. Es mejor poner el foco en un elemento positivo de esa experiencia y, en vez de ello, habla de tus verdaderas aspiraciones o de lo que te gustaría hacer a continuación. Por ejemplo cuando me preguntan cómo me sentía cuando trabajaba para ABC, digo: «Tengo una enorme deuda de gratitud con esa cadena por prender en mí el lado empresarial y hacer posible que empezara mi propia empresa». ¿No suena esto mejor que: «En aquel punto de mi carrera, solo contaba con la televisión y estaba en desacuerdo con la dirección que estaba tomando el programa»?

¿CÓMO TE METISTE EN LO QUE HACES AHORA?

«Fui reportero y productor televisivo durante veinticinco años y tal vez seguiría siéndolo hoy de no haber sido por el consejo de una mujer en el año 2000». Y, a continuación, cuento la historia de la toma de vídeo que inició mi negocio de entrenamiento que compartí contigo en la introducción de este libro.

La historia de cuando se te encendió la bombilla

Es a la que acabo de aludir, y todos deberían tener una. Se trata de un momento crucial en el tiempo cuando algo empezó a aclararse dentro de ti y llegaste a un importante entendimiento sobre el trabajo, la vida familiar o cualquier otra cosa. Una buena historia suele recordar el momento exacto en que tomamos una decisión crucial, experimentamos una importante revelación, decidimos hacer rodar los dados e ir por ello.

Tema de actualidad

Y, para acabar, sigue estrechamente una historia de las noticias y hazte una opinión sobre ella, mejor una que no suponga una falta de respeto hacia las opiniones discrepantes de los demás. Debería ser un tema que no tenga nada que ver contigo. Examina el periódico cada mañana y familiarízate con al menos un evento actual que a otros les pueda parecer interesante. A continuación, cuando te veas en la cola de un Starbucks cerca de la oficina con un colega, puedes iniciar una conversación ligeramente más provocativa que: «¿Qué hay? ¿Cómo va la vida? ¿Qué me dices del tipo que ganó la lotería? ¿Te has enterado de que un juez de familia ya le ha embargado parte de sus ganancias, porque se atrasó varios meses en el pago de la pensión de manutención de su hijo?».

Si tienes esas historias a mano, rara vez sentirás la repentina urgencia de improvisar. Pero con esto no basta. También tendrás que tener unas cuantas frases preparadas para ayudarte a abrir y cerrar cualquier Discurso Perfecto.

CONOCE TU APERTURA

Siempre me sorprende el gran quebradero de cabeza que supone para las personas pensar qué decir durante una importante reunión, y lo poco que reflexionan en cómo romper el hielo. La mayoría de las personas dejan el saludo inicial y el apretón de manos librados a la suerte. Solo lo lanzan y así se pierden una importante oportunidad de sellar el trato.

Si tu rompehielos va bien, habrás pavimentado el camino para rematar el relato mucho antes de haber iniciado siquiera tu discurso. Por otra parte, un pobre y torpe rompehielos significa que te va a costar mucho más resarcirte. Y ahora, más vale que la presentación en sí sea extraordinaria. ¿Para qué añadir a lo que ya es una importante presión?

Para romper el hielo, juega con los tres grados de ruptura. Casi todos nosotros podemos hallar algo en común con casi todas las personas con las que entramos en contacto. Lo único que te separa de la persona que quieres ganar es el conocimiento. Así que ve armado de él. Estudia a cualquiera con el que planees reunirte para hacer negocio de la misma manera que analizarías a alguien con quien fueras a salir. Casi nadie sale con alguien en estos días sin proceder a una verificación de sus antecedentes en los medios sociales. Haz lo mismo con tus proyectos de negocio. Conoce su biografía. Búscalos en Google. Comprueba sus páginas de Facebook y su perfil en LinkedIn. Repasa sus redes de Twitter.

Si te esfuerzas lo suficiente, descubrirás algo en común. Hace años, me contrataron para entrenar en comunicaciones al comisionado de una de las principales ligas deportivas. Tras hurgar por la red durante cinco o diez minutos, vi que había jugado al fútbol en la escuela secundaria, en una escuela muy cercana a la mía y exactamente en el mismo año. Esto me proporcionó la oportunidad de hablar sobre cuánto se parecía nuestra vida deportiva en aquel tiempo, y que había sido una pena estar tan próximos y no haber jugado nunca el uno contra el otro.

Si tienes suerte, ni siquiera necesitas buscar un denominador común. A principios de este año me llamaron para trabajar con una actriz famosa, alguien que, según me comentó su representante, pensaba que la sesión de entrenamiento en comunicación conmigo no era más que una pérdida de tiempo. «Te advierto», me dijo el agente, «que ya ha anunciado que llegará tarde y que se marchará pronto. Así que, ¡buena suerte con esta!».

Sabía que tenía que ganármela en los primeros segundos de conversación o toda la sesión de entrenamiento sería incómoda e improductiva. Afortunadamente, yo tenía un grado de ruptura y era uno condenadamente bueno. Hace unos treinta años había trabajado para una ejecutiva de las noticias televisivas a quién esta actriz interpretó más tarde en una película. Esta actriz estaba investigando su papel y filmando la película justo al mismo tiempo en que yo trabajaba en esa agencia de noticias. Así que, tras el apretón de manos inicial, le comenté: «Tenemos una interesante coincidencia biográfica. Justo en esos tiempos en que te estabas adentrando en este personaje, yo trabajaba para ella».

Una sonrisa genuina resplandeció en su rostro y lo siguiente que supe fue que estábamos inmersos en una profunda conversación sobre el estado de las noticias televisivas, nuestra separación quedaba ya lejana en el retrovisor. Fue una oportunidad de mostrarle a aquella actriz de éxito que yo no era un mero asesor de pacotilla ni un teorizador superficial que la iba a someter al Entrenamiento en Comunicación 101. Para satisfacción y sorpresa mías, ella tomó notas durante la sesión y resultó ser una persona encantadora y auténtica. Aunque es enormemente beneficioso hacer este tipo de trabajo de campo con antelación, nunca hagas que la otra persona sienta como si la hubieras desnudado digitalmente. Sé sutil al respecto y cíñete a un detalle pertinente y divertido en lugar de presumir de saber hasta lo más mínimo de su vida. El objetivo es que esa persona se sienta relajada al tratar contigo. Eso no sucederá si das la impresión de ser un horripilante acosador. Lo que sigue no debería, pues, salir jamás de tu boca antes o durante la reunión con un cliente:

«Anoche pasé un montón de tiempo en Facebook verificando su trayectoria».

«¡Caramba! Es sorprendente la cantidad de menciones que aparecen en Google cuando se hace una búsqueda sobre ti».

«Esas fotos tuyas con tus hijos en Instagram son muy lindas».

INDICADOR DE UN DISCURSO PERFECTO

Las conferencias empresariales son campos de cultivo para conversaciones aburridas y momentos torpes. Tal vez te hayas visto envuelto en alguna. Te encuentras con un colega al que no has visto en todo el año. Entablas una conversación en el vestíbulo. Enseguida se están mirando fijamente, pensando: «¿Cómo me escabullo de esto?».

El truco para sobrevivir a estas conversaciones consiste en canalizar tu David Petraeus interno. ¡No, no te acuestes con tu biógrafa! Ten un plan completo de batalla diseñado por adelantado, con una idea clara de tu prólogo inicial así como de tu estrategia de salida. Repasa nuevas historias, comentarios o incluso libros que se hayan podido escribir recientemente sobre sector empresarial. Por ejemplo, si te encuentras en una conferencia de escritores, podrías mencionar las últimas noticias sobre una editorial que está en pleitos con Amazon o cualquier otra gran librería. Inicia la conversación y después pide la opinión de alguien.

CONOCE TU FINAL CONVERSACIONAL

Tu final conversacional puede ser tan importante como el comienzo. No tiene por qué ser elaborado. Bastará con una o dos líneas. En algún lugar entre tosco y brusco, y retraído y como disculpándote, existe un punto medio eficaz. Aprendiste varios cuando leíste sobre el «Principio de la curiosidad». Además de aquellos, puedes reconocer que la persona con la que estás hablando es importante. Admite que su tiempo es valioso y, quizá, haz referencia a la próxima vez que se vayan a ver, mencionando que lo esperas con impaciencia. Podría sonar parecido a esto:

«Oye, sé que hay un montón de personas con las que tienes que tratar y hablar, así que solo quería saludarte. Me ha encantado hablar contigo, y sé que nos veremos en ese evento de la semana que viene. Tal vez podamos ponernos al día otra vez».

CÓMO HACER UNA RÁPIDA SALIDA
CONVERSACIONAL

En ocasiones, una conversación se vuelve tan patentemente incómoda que la única opción es salir huyendo. Si te has visto alguna vez en un receso del trabajo con gente que está hablando pestes de un colega de la oficina, ya sabes lo que quiero decir. No deseas alimentar el chismorreo ni hablar mal de nadie por detrás, pero tampoco ser cómplice con tu silencio. Alejarse de forma brusca no es una gran opción, como tampoco lo es decir: «Saben, no deberíamos hablar de Ron de esta forma, a sus espaldas». Esto sonaría más santo que tú.

Prueba esta opción la próxima vez. Señala los atributos de la persona que está siendo criticada y, a continuación, desaparece. Podrías decir, por ejemplo: «Digan lo que quieran sobre Ron, pero es uno de los tipos que hay aquí con quien uno puede contar...».

Otra ocasión en la que podrías necesitar una rápida salida es cuando otro colaborador te sonsaca información sobre los rumores que circulan. Tal vez haya despidos inminentes, llega un cambio en la dirección, una compañía se quiere fusionar con la tuya, o existe la amenaza de que se venda la empresa. Di algo como: «Sí, lo sé, la especulación es bastante intensa... Como tú, no sé nada especial sobre lo que se está cociendo. Solo escucho lo mismo que tú». Dicho esto, sé disciplinado y mantén la boca cerrada.

Luego está el escenario de la «cadena de presidiarios» en la que estás atrapado durante un largo vuelo o un extenso viaje en auto, sentado junto a un cliente. En esta situación, el silencio es mucho mejor estrategia que hablar sin parar. Sé intuitivo. Lee el lenguaje corporal de la otra persona. No te embeleses tanto en tus propios pensamientos de tal forma que se te pasen por alto las señales de advertencia de que la otra persona necesita un receso. Si tu jefe saca una montaña de trabajo administrativo y tú sigues parloteando, puedes apostar que él pensará: «¿Cuándo se callará John?». Corta la conversación en seco. Di: «Estoy seguro de que tiene mucho trabajo por hacer, así que no permita que le entretenga».

CONSEJO ESPECÍFICO PARA SITUACIONES ESPECÍFICAS

En nuestra vida diaria se presentan muchos escenarios incómodos y repentinos, y requieren un plan de juego si queremos salir ilesos. En las páginas siguientes proporciono consejos detallados para situaciones específicas de alto riesgo en las que tengas que hablar sin previo aviso, y cómo prepararte para cada una de estas antes de tiempo.

Se te pide tu opinión

Pongamos que tu jefe da vueltas por la oficina y, de repente, te pide tu opinión sobre algo. El vello de la parte trasera del cuello se te ha erizado solo con leerlo, ¿verdad? ¡Hablando de situaciones de riesgo! Bajo la superficie de semejante petición subyace un intimidante imperativo: «¡Deslúmbrame!».

Semejante situación puede no presentarse a menudo, así que tienes que esmerarte cuando lo haga. Parte de lograrlo depende de estar preparado. Y, seamos sinceros, si estás en una sala de conferencias con tu jefe para una reunión de la que conoces el orden del día con antelación, ¿te podría preguntar algo que te pillara por sorpresa? Planifica con tiempo lo que responderías si tuvieras que opinar.

La forma más rápida de fastidiar esta oportunidad es ofrecer una respuesta tibia que haga dolorosamente patente que estás tomando precauciones para que no te puedan censurar por decir algo incorrecto. En el lugar de trabajo, los aduladores se cuentan por montones, y forman un club del que no tienes que formar parte. Aunque estos pueden proporcionar una momentánea sacudida de placer, es como comerse una barrita de caramelo: nunca sienta demasiado bien una vez que el ego/azúcar ha desaparecido.

Además, si tu jefe busca tu opinión, puedes estar seguro de que eso es exactamente lo que quiere. No le gusta perder el tiempo escuchando todas las opiniones posibles. Él o ella quieren saber lo que *tú* piensas. Si dices «pero, por otra parte...» ya estás perdido. Si quieres ir a lo seguro cuando el jefe te abre la puerta de par en par para que vayas a por todas, esto le resultará tan ofensivo como que lo adulen públicamente.

Así que toma una postura y estate preparado para respaldarla con algunos ejemplos concretos. Hazlo aunque te preocupe que tu jefe no concuerde contigo. Más vale tener una opinión firme y apoyarla que transmitir un contenido vago mediante un discurso vacilante.

Si das tu opinión y se hace pronto evidente que tu jefe piensa justo lo contrario, no te desmorones y empieces a pedalear hacia atrás a velocidad endiablada. Lo peor que podrías hacer es parecer que se te ha malentendido y que «lo que querías decir en realidad» fuera exactamente lo que tu director ejecutivo piensa. Empieza mejor con algo como: «Puedo entender perfectamente que esa sea la opinión prevaleciente a nivel ejecutivo. Solo estoy ofreciendo otra manera de considerarlo». Si tu jefe empieza a darle demasiada importancia a tu desacuerdo, una continuación adecuada podría ser: «Entiendo que voy contra la mayoría aquí, pero sé que tenemos una cultura que valora la diversidad de opinión, así que pensé que debía ofrecer este punto de vista».

Se te pide que pronuncies unas cuantas palabras

Tengo un cliente en Washington DC que se siente cómodo con cualquier oportunidad de comunicación. Es bueno como comentarista de televisión. Se siente a gusto pronunciando un discurso en un acto o recepción. No tiene problema para dirigirse a su personal en una reunión informal. Sin embargo, existe un escenario que le hace sudar y le deja la boca seca. Que le pidan que se levante y diga unas pocas palabras improvisadas le provoca un ataque de pánico. Y estoy seguro de que esto no le ocurre solo a él.

Planifica siempre, *siempre*, por si se da esta aterradora posibilidad.

Hay un cinco por ciento de probabilidades de que te llamen para «decir unas palabras», pero es una de las mejores eventualidades para hablar en público que podrías tener jamás. Al no saber nunca cuándo llegará o en qué ocasión será, lo mejor que puedo hacer es proporcionarte una hoja de ruta estratégica:

- Si es un acontecimiento en el que se honra a alguien, decídete con tiempo por una historia personal sobre esa persona.
- Si es un acontecimiento sobre una causa especial, planea contar una historia sobre cómo te implicaste por primera vez, lo que te inspiró para formar parte de ella.
- No seas indecente.

Te acaban de tender una emboscada

Empecé este libro con una historia del tiempo en el que le tendí una emboscada a un tipo imputado cuando se dirigía a su auto. Afortunadamente, a la mayoría de nosotros no nos arrojará preguntas como granadas un pitbull con micrófono.

Sin embargo, otras muchas situaciones pueden parecer una emboscada. Tal vez acabas de terminar una presentación y tu enemigo, ese que siempre intenta ponerte la zancadilla, empieza a acribillarte a preguntas sobre un material que no has preparado. O quizá te estás dirigiendo a accionistas y uno de ellos empieza a machacarte pidiendo hechos y estadísticas que no tienes a mano.

¿Qué haces? Considera lo siguiente:

DEBES

Prepararte para hablar de las cuestiones candentes.
Todas las industrias tienen lo que yo denomino temas de tercer carril, ámbitos de controversia que en realidad pueden no ser tan polémicos, pero que de alguna manera cobran vida propia. En la industria alimentaria es la obesidad; en la tecnología, es la intimidad; en los medios de la moda y el modelaje son los retoques y la anorexia. Si hay un tema tóxico por ahí afuera, te engañas si crees que la gente externa a tu empresa no ha tenido acceso a él.

Así que no esperes a que te pillen por sorpresa para pensar en cómo responderás cuando alguien te tienda la emboscada e intente sacar tus trapos sucios para que todo el mundo los vea. Elabora tus respuestas ahora, y llévalas más allá de vagos mensajes clave y temas de conversación. Cita ejemplos específicos o datos que respalden tu defensa. Es impresionante cuán rápido los agresores se apocan bajo el calor de un contenido específico.

Crear la sensación de que quieres hablar.
Hazlo incluso cuando en realidad no estés divulgando información. Quieres hacer como si te encantara contar tu versión de la historia pero que la decisión está fuera de tus manos. Por ejemplo, si yo le estuviera aconsejando al delincuente al que mencioné en la introducción sobre cómo manejar nuestro encuentro, le habría dicho que afirmara esto: «Por mucho que me gustara hablar con usted, porque estoy seguro de que tiene un argumento convincente y fascinante, los abogados me han prohibido estrictamente que hable en público. Si me quiere dar su nombre y la información de contacto, estaré encantado de llamarle y programar algo una vez que tenga luz verde para hablar sobre ello. Hasta ese momento, mis manos están atadas. Lo siento. Sé que esto no le sirve de mucho ahora mismo y que tiene un trabajo que hacer, pero esas son las normas a las que tengo que sujetarme, al menos por ahora».

Cambiar el foco y dirigirlo a algo mayor que tú o tu empresa.
Cuando la gente te interroga, con frecuencia está buscando un defecto personal. Tu respuesta debe ser sobre algo más que tú. Tienes que hacer que suene como que tú o tu empresa están realizando una práctica estándar. Por ejemplo, no hace mucho tiempo entrené a la ejecutiva de unos almacenes de utensilios de cocina de lujo. Yo sabía que esa tienda vendía los productos un cuarenta por ciento más caros en Asia que aquí y que esto saldría en las entrevistas, de modo que acribillé a preguntas a la ejecutiva, ayudándola a elaborar una respuesta a la interrogante: «¡Caramba! ¿Tus clientes de China compran esto? ¿No les incomoda tener que pagar un cuarenta por ciento más por exactamente el mismo producto?».

La entrené para que empezara su respuesta así: «En casi cualquier empresa global es una práctica bastante estándar tener un sistema escalonado de precios para diferentes regiones. Por tanto, permítame explicarle cómo establecemos nuestros precios». De esta forma, ya no se trataba solo de ella y su empresa. Hablaba de todas las empresas globales. Aquí tienes otras frases que también podría funcionar:

- «Independientemente del puesto que tenga tu empresa en *Fortune 500*, ese tipo de presiones solo se presentarán de vez en cuando».
- «La mayoría de los ejecutivos de nivel medio te dirían que este es un desafío en el que todos estamos trabajando para encontrar respuestas más eficaces».
- «Es importante tener en mente algunas de las tendencias que están afectando a la totalidad de la industria».

Cambia de una redacción negativa a otra positiva.
Cuando entrenaba a la ejecutiva de la tienda de cocina de lujo, le sugerí que dejara de usar la expresión *más cara* y que usara la menos disuasoria *de calidad superior*. Estas son algunas frases más con sugerencias para convertirlas de negativas a neutrales o positivas.

De *preocuparnos* por algún sector, sería...	Nos mantenemos *prudentes* en nuestro planteamiento...
Perder a esos ejecutivos nos *perjudica* en nuestra competitividad.	Cuando las personas de talento *progresan*, tienes que hacer un *ajuste*.
Adoptamos una actitud *agresiva* en nuestros tratos con socios de negocio.	Somos *firmes* y *nos hacemos oír* cuando pensamos que nuestra aportación puede mejorar el resultado.
Como organización tendemos a movernos de una forma un tanto *lenta* en cuanto a esas decisiones.	Históricamente nos hemos beneficiado enormemente de ser *rigurosos* y *atentos* al tomar nuestras decisiones.
Para seguir siendo competitivos, nos ponemos un poco *al día*.	Basándonos en los cambios que hemos hecho, esperamos *ganar* participación en el mercado en un futuro próximo.

NO DEBES

Escapar.
Te hace parecer culpable.

Ser beligerante.
La persona a la que le tendí una emboscada debería haber sido conciliadora y empática para bajarme los humos, y yo habría parecido entonces un imbécil poco razonable por seguir presionándolo sobre el problema.

Finjir responder a una pregunta.
Sé directo y sincero diciendo algo como: «En lugar de hablarle de memoria, prefiero proporcionarle unos datos más exactos y meditados. Así que ¿por qué no le damos seguimiento más tarde, hoy mismo?

Refutar una negativa repitiendo las palabras tóxicas.
Actuar así no hace más que reforzar lo negativo, aunque estés diciendo que no es el caso. En la introducción de este libro mencioné la famosa metedura de pata de Richard Nixon, cuando afirmó: «No soy un ladrón». Los labios de Nixon no deberían haber pronunciado jamás la palabra *ladrón*.

Esta disciplina es particularmente importante en estos tiempos de deficiencia de atención. Observamos y escuchamos a otros con un enfoque tan fragmentado que la probabilidad de que se malinterprete lo que decimos es mayor de lo que haya podido ser nunca. De haber refutado Nixon aquella noción hoy día, en la televisión, la mayoría de nosotros habríamos estado absortos en nuestras «segundas pantallas» y el televisor no hubiera servido más que para proporcionar un glorificado ruido de fondo. Esta dinámica facilita que creamos escuchar algo que no se ha dicho. «¿Acaba de decir Nixon que es un ladrón? ¡Dios mío!». Al minuto siguiente ya lo estás publicando en Facebook o Twitter para las masas. Ahora, todos tus amigos y seguidores que no estaban viendo la televisión y se han enterado de la noticia por ti, de forma anecdótica, difunden aún más ese rumor. Por esta razón no se repiten las palabras negativas. Podrían hacer que muchas cosas fueran mal.

¿Cómo manejo esto, pues? En lugar de repetir lo negativo y hablar sobre *lo que no es,* ocúpate de *lo que es.* Sé afirmativo y declarativo desde la primera palabra y no mires nunca atrás. Considera cómo pueden invertirse los mensajes siguientes.

Refutar lo negativo	Acentuar lo positivo
No soy un ladrón	He acumulado una larga y distinguida carrera de servicio público impulsado por un único principio rector: hacer lo correcto a cualquier precio.
No somos gente amargada ni deprimida	Somos profesionales experimentados que entienden plenamente que llegarán momentos en los que ustedes serán puestos a prueba... y emerger de esos periodos con mayor fuerza y resolución puede ser gratificante.
No estamos dando nuestra versión ni ofreciendo un truco de relaciones públicas.	Solo tenemos un objetivo: compartir la información de la que disponemos de una forma rápida y precisa.

Tu colaborador ha actuado de una forma inadecuada

Aunque es algo que sucede con alarmante regularidad, sigue siendo absolutamente chocante. Espero que no te veas nunca en semejante postura, pero si te ocurre, guarda un as bajo la manga. Una pistola Taser estaría bien, pero yo pensaba más bien en algo más parecido a una respuesta eficaz.

No me estoy refiriendo a los casos de franco acoso. Para esto debería haber una tolerancia cero y acudir de inmediato al jefe de recursos humanos. Estoy hablando de una zona gris, una observación que coquetea con traspasar la línea de lo inadecuado, pero sin llegar a hacerlo. Te hace sentir incómodo, pero te preguntas si la ofensa no estará tan solo en tu cabeza.

Cortar por lo sano algo como esto puede ser arriesgado, sobre todo si se trata de alguien a quien ves cada día y que, posiblemente, ocupe la mesa de al lado. ¿Cómo desalentar esa conducta con firmeza y detenerse justo a tiempo de no envenenar el ambiente? Es un delicado acto de equilibrio, desde luego; lo que dices y tu forma de hacerlo es lo que puede marcar toda la diferencia.

«Roger... sé que eres un tipo demasiado listo como para jugar con fuego. Creo que sería recomendable guardar una distancia de seguridad».

«Gee... todo este tiempo he pensado que lo que admirabas era mi profesionalidad y mi inteligencia. ¿Y si te limitas a que este sea el foco de tu admiración?».

«Tengo por política no entablar una conversación que me hiciera sentir incómoda si mi esposo la escuchara por sorpresa. Y esta es una de esas».

«La dinámica de esta oficina es ya bastante complicada. No creo que tengamos necesidad de añadir a ella por meternos en camisas de once varas».

«Oh Sean. Intentar flirtear conmigo es tan predecible. No querrás ser un estereotipo andante, ¿verdad?».

Lo único que jamás habrías pensado que saliera mal se malogra

Algo que les enseño a mis clientes es lo que yo aprendí por las malas, de los errores en mis propias presentaciones: las precauciones que hay que tomar no se me ocurrieron hasta que fue demasiado tarde. Alerta de estropicio: si estás dando una presentación desde tu propio ordenador portátil, apaga siempre la función «aeropuerto» o «inalámbrica».

Un lunes por la mañana se me invitó a hacer una presentación a un grupo de la agencia de talentos William Morris Endeavor. Todo iba bien y me encontraba ya en la cuarta o quinta diapositiva de la que me pareció una presentación muy buena cuando, de repente,

ocurrió lo impensable. Sin avisar, mi portátil se conectó a la red inalámbrica WME. Lo siguiente fue que todas mis alertas de correos
electrónicos desde la noche anterior empezaron a aparecer en la
esquina inferior derecha de la pantalla, y toda la mejor selección de
correos basura y propagandas también, como «venta de drogas Ed»
y otras ofertas para mejorar la vida sexual. Estoy convencido de que
mi audiencia ha dejado de centrarse en mis consejos para hablar en
público y que, ahora, se estará preguntando por qué me encuentro
entre los contactos de esas direcciones de correo.

No abalanzarme sobre el ordenador y arrancar el cable que lo
conectaba al proyector requirió hasta el último ápice de autocon-
trol. En momentos espantosos como esos, compórtate como si otra
persona te tuviera a punta de pistola: no hagas ningún movimiento brusco o todo habrá terminado. De modo que, a pesar de mi
nivel DEFCON 5 de pánico, intenté seguir mi propio consejo que
consiste en ralentizarlo todo y no parecer acabado. Me las apañé
para hacer de tripas corazón y soltar una risa (Dios sabe de dónde
salió) y me dirigí lentamente hasta el portátil para eliminar tan solo
mi aplicación de correo electrónico. Dando por sentado que era un
buen momento de enseñanza, les dije que ese era el recordatorio
supremo de que nunca llegas a ser demasiado bueno para ser humi-
llado o aprender algo nuevo en el mundo de la oratoria pública.
Luego provoqué la risa diciendo: «¡No tengo la menor idea de cómo
estoy en esas listas de correos de Viagra!».

Si aparentemente puedes ignorar una equivocación y mostrar
que no estás en absoluto desconcertado, tienes posibilidades de que
tu audiencia no se sienta angustiada por ti.

No te lo vas a creer, pero la semana siguiente me encontraba en
Palo Alto, en los cuarteles generales de Facebook, para una sesión
de entrenamiento cuando casi tuve un *déjà vu*. Ni siquiera había
encendido mi propio ordenador. Estaba usando el de la sala de conferencias, pero mi cuenta de Facebook se proyectó en una pantalla
enorme. Estaba revisando con Randi Zuckerberg (la hermana de
Mark) algunas de sus entrevistas en directo con técnicos invitados
cuando mi sobrina Olivia me envió un mensaje por Facebook que
apareció en pantalla: «¡Oye tío Billy! ¿Cuándo te vas a meter en la

cocina para hacerme una remesa de pesto?». Lo único que me libró de experimentar un trastorno por estrés postraumático fue que todos los presentes se rieron y les pareció algo muy tierno. En un momento así, ni siquiera permitas que tu mente se entretenga pensando en lo malo que podría haber sido.

En última instancia, cuanto más familiarizado estés con lo que vas a decir en situaciones anticipadas y también inesperadas, más cómodo te sentirás. Espero no estar abogando por que seas perfecto todo el tiempo. Sería una vida bastante aburrida. Más bien sé espontáneo mientras los riesgos profesionales y personales no sean demasiado altos. Las situaciones de bajo perfil de la vida (que afortunadamente son muchas) son las oportunidades perfectas para probar el nuevo material conversacional por primera vez. Tus amigos más cercanos y tu familia no te tomarán en cuenta que desentones ligeramente.

LOS SIETE PRINCIPIOS
EN EL TRABAJO

No pongas reparos, busca un remedio;
cualquiera puede quejarse.

—HENRY FORD

CUANDO CONTEMPLO EN retrospectiva aquellos años en los que trabajé en televisión, los Emmys o los premios no son lo que me produce más orgullo, es que mis colegas confiaran en mí para que les ayudara a resolver sus problemas, tanto en lo personal como en lo profesional. Pasaban por mi oficina, asomaban la cabeza por mi puerta y me preguntaban: «¿Tienes un minuto?». El sofá de mi despacho no tardó en convertirse en el sofá del psicólogo. Lo único que faltaba era el letrero de «Lucy's Psychiatry 5¢» de la tira cómica *Snoopy* que colgaba de la puerta de mi oficina. Hasta el día de hoy, los clientes del entrenamiento en medios de comunicación echan una mirada al cálido y relajado entorno de las oficinas de Clarity Media Group y comentan: «Me siento como si estuviera en la consulta de mi terapeuta». Mi respuesta frecuente es: «De algún modo lo estás».

Muchos de mis antiguos colegas querían ayuda para navegar por las situaciones delicadas: dar malas noticias, admitir un error y rectificarlo, ocuparse de una relación conflictiva con un colega rival, responder a los desafíos de las relaciones personales. Lo que puedas imaginar. Parecía que independientemente de lo específico de mi consejo, la ecuación básica siempre era la misma: Imparciali-dad + Sinceridad + Empatía = Buen resultado.

La parte de la empatía es inmensa. El valor de salirnos de nues-tra propia mente y comprender cómo considera la otra persona un problema es algo que no se puede sobrestimar. Sin embargo, a menudo sobrepasa el mero reconocimiento del lugar de proceden-cia del otro. Validar de verdad la postura de otro, aunque sea con-traria a la tuya, fue también una parte potente de la mezcla, como lo fueron los «Siete principios de la persuasión».

En las páginas que quedan por delante encontrarás consejos para abrirte camino a través de muchas situaciones complicadas, así como para los problemas más comunes de comunicación con los que mis clientes se han encontrado. Soy un gran fan de estos «Siete principios de la persuasión», porque están relacionados con casi cualquier dificultad a la que te puedas enfrentar.

CÓMO SEPARARSE DE UN SOCIO DE NEGOCIO SIN ROMPER LAZOS

Predigo que en algún momento de tu profesión, en al menos una ocasión, pensarás: *¡no puedo trabajar con esta persona!* Tal vez hayas caído ya en esa cuenta más de una vez. Tal vez ocurrió después de que tu jefe te asociara con el gandul de la oficina y te pidiera que acabaran juntos, para el viernes, un proyecto que requería mucho tiempo. Quizá fuiste tú quien aceptó trabajar con un colega en una presentación y, a mitad de camino, te percataras de que esa persona era demasiado egoísta y obcecada para poder colaborar de verdad.

Es posible que sea incluso más arriesgado: Tienen un negocio a medias y tu socio está haciendo gala de la agudeza comercial de un muchachito de catorce años.

Cualquiera que sea la situación, por tentador que pueda resul-tar decir exactamente lo que piensas, no te separes de esa persona aniquilándola. Como me enseñó hace muchos años Tom Flynn, un productor de talento de la CBS News, siempre te encuentras dos veces en este negocio con las mismas personas, una cuando subes y la otra cuando bajas. Dado que las personas rechazadas suelen tener gran memoria, es mejor que te separes de ellas de una forma amable y sin drama, siempre que sea posible. Para hacerlo con éxito, lo siguiente *no* debe suceder:

- Que la otra persona lo vea como un rechazo.
- Dar a entender que hay algo inadecuado en sus aptitudes o su personalidad.
- Hacer alusiones a que estarás mejor sin ella.

Uno siente la tentación de romper con una frase estereotipada como: «Sencillamente no encajamos bien». Este es el equivalente en los negocios a decir: «No eres tú, soy yo». Es algo tan trillado que cualquiera que lo oiga puede leer entre líneas y adivinar que en verdad quieres decir: «No te soporto. En realidad, no soy yo. La culpa es solo tuya».

Busca palabras que no suenen demasiado personales, que sean un cumplido para la otra persona y que aludan a un futuro en el que ambos estén mejor. Tu intención es que tu socio vea lo bien que va a estar *sin* ti.

Para ello, piensa en las preguntas siguientes: ¿Puedes hablar del asunto de un modo que no le eche explícitamente toda la culpa a tu socio? ¿Posee alguna aptitud, personalidad o talento que merezca ser elogiado? ¿Cómo mejorará el futuro para cada uno de ustedes si se separan?

Considera los ejemplos siguientes:

La apertura impersonal	El cumplido	La venta
Nuestras fuerzas son demasiado similares.	Eres un experto increíble en el lado creativo del negocio. El único problema es que yo no soy un buen equilibrio para ti en ese sentido.	Ambos ganaríamos mucho trabajando con otros que tengan aptitudes complementarias y distintas a las nuestras.

La apertura impersonal	El cumplido	La venta
Estamos solapándonos demasiado en lo que queremos poner sobre la mesa.	Cuando veo lo bien que se te da cerrar el trato con nuevos clientes me pregunto hasta dónde llegarías con alguien que pudiera ejecutar el negocio. Básicamente tenemos dos personas que ponen la mesa y nadie que sirva la comida.	Es mejor que tratemos esto ahora y no dentro de cinco años, cuando vayamos cuesta abajo y estemos estancados sin proyectos de crecimiento.
Ambos ganaríamos mucho trabajando con otros que tengan aptitudes complementarias y distintas a las nuestras.	Tienes una visión tan fuerte de adónde llevar esta compañía que no necesitas a alguien como yo que sea una barrera para la toma de decisiones.	¿No sería fantástico que pudieras tomar decisiones importantes en la vida sin tener que revisarlas con alguien tan combativo como yo?

Una vez que te parezca tener tu discurso de separación, ponlo a prueba contigo mismo. Si tu socio de negocio te dijera esas mismas palabras a ti, ¿cómo te sentirías? ¿Su falta de sinceridad haría que te sintieras vendido o traicionado?

Hace varios años, un antiguo colega de mis días en la televisión empezó a acecharme para que tomáramos una copa juntos. Ocurrió durante semanas y era evidente que no insistía en ello solo para felicitarme por haberme liberado de la tiranía de su cadena. Sospeché que pudiera estar buscando la forma de enganchar su furgón a nuestra empresa.

Yo no quería que trabajara conmigo por diversas razones, entre ellas mi total falta de respeto hacia él cuando había sido mi jefe en la cadena. Su reacción a las historias que producíamos era casi tan útil como la crítica que el emperador hacía de las óperas de Mozart en *Amadeus*: «Simplemente, demasiadas notas».

Aunque habría sido una dulce venganza por lo mal que me había tratado años antes, cuando por fin accedí a reunirme con él para tomar algo, decidí no humillarle.

De un modo bastante presuntuoso sugirió que si se unía a nosotros, eso supondría abundancia de publicidad para Clarity Media Group. «Estarían los titulares en *Variety, PR Week,* los trabajos...», dijo.

La evaluación realista de su propia importancia nunca había sido su fuerte.

Respiré hondo. «De veras que me siento halagado de que veas nuestra empresa como el tipo de lugar en el que te gustaría estar», empecé a decir, «pero en estos momentos no tengo demasiado claro el rumbo que quiero darle a la compañía. Tengo este pequeño negocio que me gusta y en el que me siento sumamente cómodo con su tamaño actual. Es posible que en algún momento del camino quiera expandirme, pero no puedo decir que estoy preparado para hacerlo en estos momentos».

Esta respuesta hablaba de mi negocio y de mi decisión de no añadir otro puesto, pero en ningún caso de él, de sus aptitudes y de lo mal que me caía personal y profesionalmente. Desde luego, no era el tipo de respuesta que él esperaba, porque cuando trajeron la cuenta se quedó entre nosotros, equidistante, durante un largo e incómodo espacio de tiempo. Los minutos pasaban y ninguno de nosotros iniciaba el más ligero movimiento para agarrarla. Cuando comprobó que yo estaba dispuesto a esperar allí toda la noche si fuera necesario, señaló el recibo de la cuenta con los ojos. «¿Se considera esto como una reunión de mercadotecnia oficial de Clarity Media Group?». Recuerdo que pensé: *que me aspen si pago la cuenta encima de que me ha estado acosando para que programe el encuentro.* Mi respuesta verbal a su pregunta fue sencilla y seca: «En realidad no».

Entonces fue cuando llegó lo verdaderamente asombroso de parte de este antiguo ejecutivo de televisión, cuya factura mensual de vestuario de Barneys excede probablemente mis pagos anuales de hipoteca: «Muy bien. Paguémosla a medias». Un consejo: a menos que quieras situarte como el último hombre de la tierra al que le ofrecerían un trabajo, no insistas en pagar a medias una cuenta de treinta y cinco dólares. Malas formas, mal juicio.

CÓMO REPRENDER A LOS EMPLEADOS A LA VEZ QUE SE LES MANTIENE MOTIVADOS

Transmitir un mensaje delicado, conflictivo o poco grato a alguien es el acto supremo del equilibrista. Demasiada diplomacia y sutileza pueden hacer que tu mensaje no llegue. Si esto ocurre, nada cambia y no logras tus resultados. Preséntalo sin rodeos y con agresividad y el receptor acabará herido, a la defensiva e incapaz de ver mérito alguno en tu punto.

¿Cómo se encuentra ese raro término medio entre estos dos extremos?

En primer lugar, esto es lo que no debes hacer. No...

- Inicies la conversación con un «Tenemos que hablar». Cuando el objeto de tu enamoramiento en el curso de noveno grado rompió contigo, él o ella empezaron probablemente diciendo eso, de modo que las asociaciones negativas son fuertes y de inmediato hacen que tu empleado se prepare para la batalla.
- Te pongas como referente con la frase: «Cuando yo tenía tu edad...». En el minuto en que la pronuncias, tu empleado está pensando: *escucha, viejo, lo que ocurrió en aquel tiempo tiene ahora una relevancia cero.* Tus empleados te compararán con unos padres gruñones.
- Menciones nada sobre «pagar algún tipo de deuda». Sin lugar a dudas habrás trabajado doce horas al día para llegar donde estás, pero no puedes suponer que tus empleados tengan el mismo impulso y aspiraciones. Tu historia de éxito no es tan motivadora como podrías creer.

Para tratar este problema con tu empleado, dale la vuelta, mezcla empatía y preocupación por su bienestar. Empieza con una pregunta empática. Espera la respuesta. Luego explica la razón de tu inquietud. Usa el gráfico siguiente para las ideas y la inspiración.

Pregunta	Razón
¿Va todo bien fuera del trabajo?	Pareces un tanto distraído en el trabajo, como si solo estuvieras presente al sesenta por ciento.
¿Tu carga de trabajo te resulta manejable?	Pareces angustiado y estresado, y eso está afectando a otros en la oficina.
¿Eres infeliz aquí?	Cuando entras por la puerta cada mañana parece que este sea el último lugar donde quisieras estar. Sé que puede resultarnos fácil perder de vista la impresión que causamos, pero no soy el único que lo ha notado en la oficina.

Es posible que incluso necesites más diplomacia, dependiendo de lo delicado de la situación. Tal vez el aspecto o la higiene personal de tu empleado son notablemente deficientes. O quizá tenga un tic que a otros les resulte molesto.

Es entonces cuando tienes que relacionar el problema delicado más pequeño con algo mayor por el propio interés de tu empleado. Reconoce sus puntos fuertes aunque estés mencionando el problema en cuestión. Tienes que dejar perfectamente claro que eres un aliado y no un adversario. El empleado tiene que creer que estás de su parte y que solo estás sacando el tema a colación por su beneficio y no porque te ciñas obcecadamente a alguna noción arbitraria de cómo deberían ser las cosas. Como en tantos otros escenarios, esto no puede percibirse como: «Yo estoy en lo correcto y tú estás equivocado». Asume el papel del mentor y no el del jefe. Si tu empleado está convencido de esto, será más abierto y receptivo a lo que tengas que decirle.

Es exactamente lo que yo habría hecho si me hubiera tenido que enfrentar a un asunto peliagudo que mi mujer comentó hace poco cuando cenábamos con unos amigos. Nos habló sobre el dilema de las comunicaciones en la universidad donde es catedrática. Una de sus colegas imparte un curso al que una estudiante llega cada día sin zapatos. Aunque a la profesora le resultaba repulsivo, se negaba a confrontar a la estudiante por temor a que sus objeciones fueran entendidas de un modo erróneo y aquello la aislara. A menos que hubiera algo en los estatutos de la universidad que prohibiera ir descalzo a clase, a la profesora le preocupaba verse enredada en una polémica por incidir en el derecho a la libertad de expresión de la alumna a la hora de vestirse como bien le pareciera. En estos días, decir lo incorrecto de la forma equivocada no solo inicia una discusión, sino que puede desencadenar un pleito.

Uno tras otro de los que estábamos a la mesa fuimos sopesando cómo manejaríamos la situación, con una única meta en mente: hacer que la estudiante se calzara y pensara que hacerlo era para su propio beneficio.

Las sugerencias de mis compañeros de cena eran bastante buenas, a excepción de las de mi amigo Jon. Aunque es una de las personas más amables, justas y generosas que conozco, él recomendaba decirle a la estudiante: «Ponte los jodidos zapatos y deja de ser una cretina». En mi opinión, este planteamiento no solo haría que la Condesa Descalza se mantuviera en sus trece, sino que también podría hacer que llegara una invitación a la oficina del decano para que la profesora se despidiera de su mandato. ¿Momentáneamente satisfactorio? ¡Demonios, sí! ¿Productivo? De ninguna manera.

Mi recomendación fue no hablar de la ofensa que suponía tener que contemplar esos sucios y asquerosos pies cada día, sino más bien de las normas sociales que esta estudiante tenía que aprender a seguir para poder tener éxito entre la población activa y en la sociedad en general. Una vez más, se trataba de interpretar el papel de un mentor.

Oye [inserta aquí un nombre], tengo un único objetivo y es el de prepararte de la mejor forma posible para ese loco mundo que te aguarda una vez abandones este lugar. Quiero que seas feliz, que tengas éxito y que te sientas realizada. Y en algún momento, esa felicidad se afirmará en tu capacidad de seguir las reglas arbitrarias de otras personas en cuanto a cómo actuar, vestirte, etc. Así que considera que parte de lo que te estoy enseñando aquí es la capacidad de aceptar esas normas. Tú y yo sabemos que en ningún lugar de trabajo en tu futuro permitirán que sus empleados vayan sin zapatos. Poco favor te estaría haciendo si dejara que siguieras asistiendo a clase descalza. De hacerlo, no estarías en absoluto preparada para responder a un empleador que te dijera que te calces. Por tanto, cuando vengas a clase mañana, con tus zapatos puestos, piensa en ello como en un músculo que estás desarrollando y que te servirá bien el resto de tu vida.

Yo utilizo este acercamiento con frecuencia cuando entreno a clientes poco dispuestos. A veces las personas vienen a una sesión de entrenamiento en comunicación convencidas de que tienen todas las aptitudes necesarias y que la sesión será una instrucción tonta que insulta su inteligencia y les hace perder el tiempo. Como ya mencioné con anterioridad, este escenario se repite una y otra vez con actores y celebridades. Después de todo, son intérpretes profesionales con altas aptitudes para hacer que la gente sienta algo cuando ellos representan su papel. Pueden «ponerlo en marcha» cuando se enciende la luz roja de la cámara. Eso es fantástico. Facilita mi trabajo. Solo hay un problema con esto. Su inquebrantable fe en su propia capacidad suele hacer que omitan la preparación, un error fatal de los artistas más pulidos.

¿CÓMO PUEDO BRILLAR MÁS QUE MIS COLEGAS EN LAS REUNIONES?

Las personas odian las reuniones por una buena razón: suelen durar demasiado y son tan redundantes que solo te queda enfocarte en la poca etiqueta de tus colegas. Una mala conducta de negocios en las reuniones es algo tan ubicuo en estos días que cualquiera que demuestre un comportamiento ejemplar tiene la excelente oportunidad de parecer más inteligente, más confiado y más profesional que cualquier otro. ¿Las buenas nuevas para ti? Es más fácil destacar si no sucumbes a nada de lo que sigue:

Darle un vistazo a tu teléfono inteligente

Me sorprende la cantidad de personas que cometen rutinariamente esta falta de etiqueta básica. Todos notan cuando intentas comprobar en secreto tu teléfono debajo de la mesa. No te arriesgues. De hecho, apágalo. Esto impedirá que tu teléfono distraiga a otros con sus *beeps*, *buzz*, etc.

La mirada lobotomizada

Las empresas me piden con frecuencia que les imparta a los empleados de rango inferior y rango medio un seminario «Reuniones 101». En esas sesiones los agrupo por decenas o docenas y les pido que pasen del otro lado de la mesa y hagan una rápida presentación de dos minutos. Demasiado a menudo, cuando una persona está hablando, sorprendo a otros con la mirada perdida del otro lado de la ventana. Que no tengas el uso de la palabra no significa que no te estén observando. Sé que has oído el discurso de tus colegas un millar de veces, pero tienes que actuar como si fuera la primera vez. Debe parecer que estás fascinado.

Acicalado para el fracaso

Presumiblemente has cuidado todo tu aspecto personal antes de abandonar tu casa por la mañana, incluida la eliminación de pelusas de tu ropa, la limpieza de tus uñas y el rizado de tu cabello (con un rizador para no tener que hacerlo con el dedo durante la reunión). No voy a mencionar narices y orejas, sería demasiado repugnante. Acicalarse delante de los demás es lo que hacen los chimpancés, no los humanos. ¡Así que las manos quietas!

A la hora de servirte los refrigerios

No abarrotes la bandeja de comida como si acabaras de salir de un ayuno de una semana. Existe un orden estricto de jerarquía en lo tocante a quién se sirve primero durante una reunión. Si has invitado a clientes, deja que sean ellos los que tomen la iniciativa, así como no te servirías jamás la cena antes que cualquier persona invitada a tu casa. De manera similar, es una buena idea permitir que los que están por encima de ti en la escala corporativa se sirvan primero. Si vas a hacer tú la presentación, no intentes mezclar tareas con la comida. No te veas en una situación en la que tengas que ponerte la mano delante de la boca para hacer el gesto universal de «Empezaré a hablar en cuanto acabe de masticar». Asimismo, el peor momento de formular una pregunta es justo después de que alguien haya tomado un bocado de comida. Te harán responsable a ti, y con razón, de ponerlos en una situación incómoda.

El síndrome del embobado en su MacBook

Esto puede sonar un tanto contrario a la intuición, pero no tengas tu computadora portátil abierta delante de ti durante una reunión. En lugar de centrarte en todas las razones por las que deberían darte su negocio, los clientes pueden preguntarse qué demonios estás mirando en esa pantalla. Lleva una tableta, que cuando está sobre la mesa es un libro abierto para todos. De esta forma evitas el apuro del que fui testigo de primera mano, cuando una clienta potencial destrozó a una ejecutiva de cuentas por comprobar su página de Facebook durante una reunión. ¿Cómo lo supo? La imagen de la pantalla de su computadora portátil se reflejaba en sus gafas.

Esto trata lo que *no* se debe hacer durante una reunión. ¿Pero qué es lo que sí deberías hacer? Sigue el «Principio de la convicción», asegurándote de adoptar posturas de atención tanto sentado como de pie. Recuerda también el «Principio de la curiosidad». Mantén una expresión facial cálida y comprometida mientras escuchas atentamente lo que otros tienen que decir. Presta una atención al cien por cien y sin reservas a tus clientes.

Si vas a realizar la presentación, mantén tu discurso enfocado tan solo en el contenido relevante para esa reunión y sigue el «Principio de la salsa para pastas». Nadie se ha quejado nunca de una conferencia que ha resultado breve.

Si estás lanzando una idea, intenta distribuir de forma equitativa tu contacto visual por toda la habitación. Posa la vista sobre alguien, conecta con esa persona y comunica al menos una parte de un pensamiento antes de pasar al contacto visual con la siguiente. Evita ir mirando rápidamente de una persona a otra (esto te hace parecer tramposo y nervioso), mirar al espacio (esto te priva de conectar con tus oyentes), o enfocarte solo en el pez gordo excluyendo a su equipo de apoyo. Cuando llegues a tus puntos principales, *es el momento* de dirigir todos tus esfuerzos a la persona que toma la decisión. Esto te garantiza que todos, incluso los ayudantes de su oficina, queden con una buena impresión. Después de la reunión puedes apostar que quien decide les preguntará: «¿Qué les ha parecido ese tipo?». No querrás que se venguen de ti por haberlos ignorado y contesten: «Yo no me fiaría de él».

INDICADOR DE UN DISCURSO PERFECTO

Si eres fan del béisbol, es probable que hayas oído hablar del juego de Alphonse Gaston. Dos jugadores convergen en la atrapada fácil de una bola al aire, pero, en el último minuto, ambos se quedan quietos esperando que el otro la atrape. Se miran el uno al otro mientras la pelota cae entre ellos. Este incómodo fenómeno también puede ocurrir en las salas de conferencias y las conferencias telefónicas. Lo peor que puede ocurrir, cuando un cliente formula una pregunta, es que tú y tu colega se miren y empiecen a discutir quién debería responder. Planea con anterioridad quién se ocupará de ciertos temas y preguntas. De lo contrario, esa mirada sorprendida a lo Alphonse Gaston le trasmite al cliente que ninguno de los dos siente entusiasmo por ocuparse del asunto.

En las conferencias telefónicas es aun más incómodo. Dos personas empiezan a hablar a la vez. Luego una de ellas dice: «Adelante, habla tú», pero tú respondes: «No, no, por favor, tú»; y luego se hace el silencio y se pierde un montón de tiempo. Si empiezas a hablar justo antes que otro, no te detengas. Sigue hablando. Finalmente, la otra persona acabará cediendo y tú tendrás el uso de la palabra.

¿CÓMO PEDIRLE AMABLEMENTE A ALGUIEN QUE SE DESHAGA DEL TELÉFONO INTELIGENTE?

No hay nada más incómodo que intentar hablarle a alguien que está constantemente comprobando sus correos electrónicos y sus mensajes de texto. Pedirle a un colega que apague el móvil es una cosa. Sin embargo, es otra muy distinta cuando la persona que sostiene el teléfono es un cliente o alguien por encima de ti en la oficina.

Me enfrenté a este tipo de situación complicada no hace mucho tiempo, cuando el jefe de redes sociales de una gran empresa acudió a mi oficina para hacerme una consulta. Me hallaba en mitad de una frase cuando ella echó mano de su artilugio móvil y comprobó sus mensajes de texto.

Aquello me colocó en una incómoda postura. ¿Debía ignorar lo que estaba ocurriendo delante de mí y seguir hablando sin más? Ningún profesional que se respete lo haría, arriesgándose a disminuir su prestigio. Pero si trataba el asunto, podía molestar y espantar a un cliente importante.

Decidí dejar de hablar y esperar, imaginando que en algún momento ella se daría cuenta de que todo el sonido de la habitación se había detenido. Cuando soltó el aparato, proseguí. No fue muy distinto a entrenar a un perro. Tuve que detenerme y volver a empezar un par de veces más, pero pronto lo entendió y guardó el teléfono durante el resto de la sesión.

Irónicamente, el mismo día que estaba escribiendo este capítulo, otro cliente al que estaba entrenando en una clase personal sacó su teléfono inteligente en mitad de mi presentación. Dejé de hablar, pero continué escribiendo información en la pizarra blanca, dándole la espalda. Mientras escribía, esperaba de todo corazón escuchar por encima de mi hombro: «Discúlpeme, solo tenía que ocuparme de algo». Cuando me quedé sin información que anotar, me di la vuelta y me lo encontré con el rostro todavía enterrado en su iPhone. Permanecer en calma cuando te enfrentas a una de las cosas que más te irritan nunca resulta fácil. No obstante, tras otros cuantos segundos de incómodo silencio, me indicó: «Por fin he encontrado ese enlace a la entrevista que hice el pasado mes de noviembre en la

CNBC por si queremos echarle un vistazo juntos». ¡Qué agradable sorpresa!

Si tienes dudas en cuanto a si esa distracción es por una buena razón, siempre puedes probar la sutil táctica de decir: «Tú entiendes mucho más que yo de alta tecnología. Yo no podría tomar notas en mi agenda electrónica y que se entendieran». He usado esa frase y parece funcionar para hacer que la otra persona suelte el aparato.

Otra táctica que uso en ocasiones es formular una pregunta que demuestra que me estoy percatando de lo que está sucediendo. «¿Ha estallado una crisis en tu oficina? Hazme saber si necesitas un par de minutos para ocuparte de ello, porque podemos hacer un receso si eso te ayuda».

En casa es mucho más fácil. Tengo la iCesta. Es una cesta amarilla tejida que paso alrededor de la mesa de la cena antes de que se sirva la comida. Todos depositamos nuestros iPhones en ella: si queremos comer tranquilos, no hay otro modo. Comento que es una ocasión para que todos nuestros artilugios digitales hagan lo mismo que nosotros, estar juntos y preguntarse entre sí qué tal ha ido el día.

¿CÓMO ME DISCULPO POR UNA EQUIVOCACIÓN?

En el capítulo 1 te hablé de cómo se me revolvió el estómago cuando me di cuenta de que había acudido al edificio equivocado, en la ciudad equivocada, en mi primera entrevista con Facebook y acabé llegando cuarenta y cinco minutos tarde a la reunión. Si mi disculpa no hubiera sido perfecta aquel día, nuestro emocionante negocio dentro del sector de la tecnología no habría despegado jamás.

Y hubiera sido fácil presentar mis excusas de un modo erróneo, como hacen tanta gente y muchas empresas. Con demasiada frecuencia, cuando las personas piden disculpas, intentan salir del apuro y eludir la responsabilidad. Si vas a decir «Lo siento», no lo hagas a medias. Una disculpa insincera es una forma aduladora de alejarte más de la parte ofendida.

Si vas a caer sobre tu espada, hazlo de un solo impulso. Así sangrarás menos. No intentes matizar ni justificar. No señales con el dedo ni le eches el muerto a nadie. No te disculpes por llegar tarde recurriendo a «Mi ayudante no lo anotó en el calendario». No te adentres en el territorio de «dar demasiada información», proporcionando una detallada e interminable explicación que nadie quiere oír. Muchos se equivocan al pensar que rebuscando en las minucias de lo ocurrido lo resolverán todo, pero no es así. Cuantos más detalles ofrezcas, peor imagen darás y más se cuestionará la autenticidad de tu disculpa. Mi esposa lo ha visto y oído todo en los casos de estudiantes que se saltan clases o que no entregan sus trabajos. Esta es una excusa típica:

Profesores:

Me alegra decirles que desde hoy me siento mucho mejor. Por fin puedo respirar por la nariz parcialmente, la fiebre ha remitido y mis niveles de energía deberían empezar a aumentar después de volver a comer. Afortunadamente consigo dormir más de un par de horas cada noche y los medicamentos solventan el problema de las amígdalas. En el centro de salud no me remiten excusas por escrito, pero he firmado un documento que les permite hablar de que estuve allí si llaman.

Tal vez el mejor planteamiento sea señalarle a la persona que recibe la disculpa que le ampliarás los detalles si son importantes para ella. «Ha habido varias razones por las que no hemos hecho la entrega; no le voy a dar la lista completa, pero el resumen es: lo siento; no he cumplido sus expectativas ni las que yo mismo establecí para mí. Este es mi plan para que todo retome su curso normal».

Piensa en la disculpa como si se tratara un proceso en tres partes:

Parte 1. Haz tuyo el error. Di algo como: «Tiene absolutamente toda la razón. Ha sido del todo inaceptable y, desde luego, no es el resultado que yo preveía. Entiendo por completo su decepción».

Parte 2. Exprésalo como la rara excepción y no como la norma. Recomiendo a las empresas que se disculpen de forma concisa e inequívoca. Pero esto no significa que dentro de la disculpa no puedas aludir a la aberración que supone la equivocación. Incluso en la disculpa estás declarando que por lo general luchas por la excelencia y que la consigues. No lo hice con Brandee en Facebook, pero también podría haberle dicho: «Tienes razón: es una forma terrible de empezar y que, personalmente, me resulta muy desagradable, porque la puntualidad es algo que merece mi más alto respeto».

Parte 3. Pronostica un resultado positivo que está aún por llegar. En la conversación con Brandee fue vital girar hacia lo positivo y ayudarla a ver más adelante, al buen resultado final. Así que, aunque dije: «Tienes razón. No hay forma peor de iniciar la salida», lo que venía justo a renglón seguido fue: «Pero te lo garantizo... tan pronto como llegue ahí tendremos un día extraordinario».

Esta táctica es tan importante porque, independientemente de la situación, del contratiempo, la gente busca básicamente que una voz calmada y segura la tranquilice diciéndole que todo va a ir bien.

CÓMO TENER ÉXITO EN UNA ENTREVISTA DE TRABAJO

Durante cualquier entrevista se formulan docenas de preguntas, pero solo una de ellas hace que casi todos los solicitantes tropiecen. A ver si puedes adivinar cuál es. ¿Será...?

A. ¿Cuál es tu principal punto débil?

B. ¿Por qué deberíamos contratarte?

C. Si fueras un árbol, ¿qué tipo de árbol serías? (también conocida como la pregunta de la entrevista de trabajo de Barbara Walters)

D. Háblame de ti.

¿Tienes lista tu respuesta?

La respuesta correcta es la que parece más fácil de contestar. También es la que parece menos importante y la más informal: Háblame de ti. Lucy Cherkasets, nuestra directora ejecutiva en Clarity Media Group, trabajó una vez como directora de recursos humanos de una prestigiosa empresa de relaciones públicas de Nueva York, y las respuestas que escuchó para «Háblame de ti» te dejarán mudo:

«Estoy bien».

«Hoy me siento bien».

«Me llamo Suzanne y nací en 1970, y crecí en Montana. Mis padres eran verdaderamente religiosos y...».

«Nací en Nueva York y, en general, soy de Brooklyn. En mi currículo dice que soy de Dallas, pero realmente vivo en Nueva York...».

«Bueno, ¡no se va a creer la semana que he tenido! Fui a la costa con mi novio y nos quedamos atascados en medio del tráfico durante tres horas. Nos peleamos por el tráfico y cuando llegamos a la costa rompimos. ¡El peor fin de semana de mi vida!».

¿Por qué tanta gente destruye sus oportunidades debido a una pregunta que parece tan fácil? Porque «Háblame de ti» es engañosa. No suena a pregunta trampa; ni siquiera a una que incite a la reflexión, de modo que muchos la pasan por alto cuando se preparan para una entrevista. Dedican su tiempo a otras que parecen más complicadas como «¿Cuál es tu principal punto débil?».

En realidad es la pregunta más dura de toda la entrevista y también la más importante de preparar adecuadamente. Eso se debe a que, con frecuencia, suele ser la primera pregunta, así que el «Principio del titular» es pertinente aquí. Préstale una atención esmerada y habrás aumentado tus posibilidades de conseguir el empleo. Descuídala y el entrevistador empezará a pensar: «¡Siguiente!».

«Son personas realmente educadas», explica Lucy, «pero acaban diciéndole al entrevistador un montón de cosas huecas cuando responden a esa pregunta. No se les está pidiendo una cronología. A nadie le interesa dónde hayas pasado los últimos diez años. El entrevistador solo desea conocer la razón por la que estas allí, sentado ante la mesa. Y si fracasas en esta primera pregunta, habrás perdido por completo su atención».

Por este motivo Lucy ayuda a los clientes a preparar sus respuestas a esta pregunta más que a cualquier otra. En un caso, ella y el cliente dedicaron tres horas a ese menester. Si esa cantidad de preparación te parece absurda, probablemente no lo estás haciendo de la forma adecuada.

Preparar tu respuesta a esta y otras preguntas se apoya en el «Principio de Scorsese». Piensa en historias, analogías visuales y detalles. Antes de la entrevista, prepara entre tres y cinco historias que ilustren tus puntos fuertes y las ideas que quieras expresar, y piensa en cómo podrías usarlas para contestar a las preguntas típicas de un entrevista. Pero no creas que va a ser una sesión de preguntas y respuestas. Piensa en ella como una presentación.

«Cuando la entrevistadora regresa con su equipo para hablar sobre los veinte candidatos que ha recibido ese día, son sus historias las que destacarán en su mente», explica Lucy. Tal vez no distinguirá a Sally de Susan, pero si le proporcionas historias memorables, te recordará.

El otro lugar en el que muchos tropiezan es al final, cuando la entrevistadora pregunta: «¿Tienes alguna pregunta que hacer?».

Si has llegado hasta ahí, eso significa que ve potencial en ti. No la hagas cambiar de parecer haciéndole una pregunta que ella ya ha contestado durante la entrevista.

«No te cases con tus preguntas», indica Lucy. Si la entrevistadora ya ha contestado a todas tus preguntas, dilo. No la hagas perder su tiempo preguntando por preguntar. Solo añade: «Espero los pasos siguientes»; dale las gracias y estrecha su mano.

INDICADOR DE UN DISCURSO PERFECTO

Cuando estás sentado frente a un entrevistador, pasa del «yo» al «nosotros». Hace que suene como si ya formaras parte del equipo. «Tengo algunas ideas interesantes sobre cómo podemos sacar una verdadera ventaja aquí» suena muy distinto a «Tengo algunas ideas interesantes de cómo *puedes* sacar una verdadera ventaja aquí».

TRANSFORMACIÓN DE UN DISCURSO EN UN DISCURSO PERFECTO

Cuando Susan acudió a Lucy por primera vez en busca de ayuda, había pasado mil y una entrevistas en una empresa tras otra, y todo sin éxito. Como madre soltera deseaba con todas sus fuerzas regresar a Dallas, donde podría estar cerca de la familia. Sabía cuál era la pregunta que se interponía entre ella y el nuevo trabajo: «Bueno, ¿por qué quiere volver a Dallas después de pasar diez años en la costa oeste?».

LO QUE ELLA HABÍA ESTADO CONTESTANDO A LOS ENTREVISTADORES

«Bueno, soy madre soltera y de veras me gustaría vivir de nuevo en Dallas, porque tengo familia aquí. Sabe, obtuve un doctorado en filosofía y después dejé la academia para tener una familia. Ahora estoy trabajando de nuevo, pero...».

LO QUE LUCY LE ENSEÑÓ A DECIR

«Estoy muy contenta de estar aquí, porque llevo diez años esperando esta oportunidad de trabajo. Estoy entusiasmada de traer mis aptitudes de regreso a casa».

CÓMO PEDIR UN ASCENSO O UN AUMENTO

Las mujeres parecen pasarlo mal cuando se trata de pedir aumentos y ascensos. Un estudio de la Universidad de Chicago descubrió que, en respuesta a una oferta explícita de salario, solo el ocho por ciento de las mujeres intentaron negociar para conseguir mejor sueldo. Esto en comparación con el once por ciento de hombres. Otra investigación muestra que hay nueve probabilidades más de que los hombres pidan más dinero cuando buscan trabajo en comparación con las mujeres.

Me gustaría hacer todo lo posible por invertir esta tendencia y ayudar a que cada uno gane lo que merezca. Seas mujer u hombre, espero que el siguiente consejo te ayude a lograr ese objetivo.

No lo conviertas en algo que se te debe

No entres con la cabeza agachada, diciendo: «Llevo dos años aquí y a todos se les ha subido el sueldo, menos a mí». Recuerda que tu jefe cree que el lugar de trabajo es una meritocracia y no un programa de derecho. Es la forma más segura de que se te vea como un coste y no como un valor.

Preséntale a tu jefe un negocio ventajoso

Saca un consejo práctico de lo que hacen las empresas cuando quieren que pagues más por algo. No se limitan a subir la tarifa o el precio, sino que ofrecen más servicios para poder cargarle más al cliente. Lo que tú tienes que transmitirle a tu jefe es: «Solo está aprovechando una fracción del valor increíble que puedo ser para usted». Otra táctica eficaz es mostrar que has estado pensando en uno de los ámbitos de necesidad de la empresa y que has ideado estrategias para mejorarlos. «He pasado mucho tiempo analizando la forma en que estamos... Y se me han ocurrido algunos planes que, estoy seguro, le gustarán. Si le parece, déjeme probar; estoy preparado para hacerlo. El ajuste de salario que espero obtener por ello, al ser más responsabilidad, quedaría amortizado de sobra por los beneficios que obtendríamos».

Domina ese negocio ventajoso antes de entrar

Cuando estés sentado delante de tu jefe no es el momento de aparecer con las pruebas de tu valía. Tienes que saber cómo transmitirlo mucho antes de cruzar la puerta de su oficina. Ten ideas específicas preparadas, ideas que traten las verdaderas necesidades de tu jefe. Tienes que ser capaz de decir: «Aquí es donde usted tiene necesidades, y así es como yo puedo responder ante ellas para usted».

Sé específico

Muestra con precisión cómo ayudarás a que la empresa ahorre dinero o gane más. Luego revela esa propuesta ventajosa: «Lo que yo pediría como sueldo solo sería una fracción de eso».

CÓMO PEDIR UN FAVOR SIN SENTIRME EN DEUDA

Una cosa que no tardé en aprender de mis padres: nadie quiere que se le pida un favor que no pueden realizar. Expone sus limitaciones y les recuerda que no tienen el poder o la influencia para ayudar. De modo que pide bajo tu propio riesgo. Si no pueden hacerlo, acabarás dañando una relación clave.

Escoger a la persona adecuada para pedirle un favor no consiste exclusivamente en una evaluación precisa de su influencia. Tal vez tenga poder para ayudarte, pero no dispone de tiempo. O quizá tiene tiempo e influencia, pero alguien más cerca se te ha adelantado y le ha pedido el mismo favor.

Evitar estas cosas es sencillo: no pidas favores. En vez de ello, pide consejo. Todo el mundo tiene un consejo. Cuando lo pides, nadie se siente expuesto o limitado. Por el contrario, buscar consejo hace que la mayoría se sienta sabia, importante y necesitada. Es justo un halago.

Piensa en la diferencia entre: «¿Tienes un momento? Me gustaría pedirte un favor» y «¿Tienes un momento? Me gustaría que me dieras tu opinión sobre algo».

Lo primero implica un no casi automático, ¿verdad? Si alguien te hiciera esa pregunta, tu primera respuesta podría ser: «Bueno, ahora no es un buen momento».

Sin embargo, lo más probable es que la segunda te dé acceso a la oficina. Ten en mente que no se trata de un truco. No le estás diciendo a alguien que quieres pedirle consejo y, a continuación, le pides un favor. No; le *estás* pidiendo consejo. Y esto se debe a que la persona que diría que sí a tu petición de consejo también se ofrecerá voluntaria a ayudarte si siente esa inclinación. Ni siquiera tendrás que pedirlo. Del mismo modo, quien te contestara que no, jamás se ofrecería a ayudarte de ninguna manera.

De esta forma, puedes analizar a las personas sin ponerlas en el aprieto de tener que rechazarte.

CÓMO FELICITAR A UN COLEGA CUANDO RECIBE UN ASCENSO QUE YO QUERÍA PARA MÍ

Las felicitaciones suelen ser bastante sencillas cuando de verdad nos alegramos por el ascenso de alguien. Pero cuando se recompensa al imbécil que tiene la mitad de talento que tú, tu elegancia y tu capacidad de actuar se ponen a prueba hasta lo sumo.

No quieres verte en la postura de decir «Me alegro por ti», cuando no es cierto. Y si se trata del trepador de la oficina, desde luego no consigues forzarte a la mentira: «Te deseo mucha suerte». Es falso y así sonará. La única suerte que le deseas a esa persona es la mala para que lo trastorne todo, lo despidan y deje la vacante para alguien más idóneo para ese trabajo: ¡tú!

La clave está en un cierto grado de sinceridad, pero tienes que establecer un equilibrio entre la sinceridad y la gracia. Y quieres que sea algo breve. La forma de hacerlo es usando el «Principio de la salsa para pastas». Cuanto más hables, más evidente será que no te alegras.

La mejor manera de felicitar a un colega depende, en gran medida, de cuáles sean tus sentimientos hacia él.

- Si es alguien a quien respetas, di: «Si no podía ser para mí, me alegra que seas tú».
- Si se trata del traidor de la oficina y se te revuelve el estómago ver que ha saltado por encima de ti, confórmate con decir: «Felicidades. Espero que el puesto sea todo lo que esperas que sea». Por mucho que te fastidie, esto te evita tener que ser francamente insincero.

CUÁL ES EL SECRETO PARA SER UN MODERADOR ELEGANTE

No se nace siendo un gran moderador. Es algo que se practica y para ello hay que hacer los deberes. No se espera hasta el día de la presentación para surgir con las preguntas. Se investigan y se le hace una entrevista previa a cada invitado. Para el día de la presentación ya se tiene una buena idea de lo que dirá cada panelista, junto con las preguntas que con mayor probabilidad sacarán esas respuestas. Usa este consejo:

- Planifica y estructura el panel de debate basándote en la cantidad de tiempo que tienes, el número de temas a discutir y cuántos panelistas serán. Si está previsto que el debate dure una hora y tienes cuatro ámbitos de temas a debatir, obviamente cuentas con unos quince minutos por tema (lo más probable es que sean catorce contando tu introducción y tu cierre al final). Si tienes cuatro participantes, tendrás que concederle a cada uno tres minutos y medio (tiene que haber tiempo para tu formulación de las preguntas y para la implicación conversacional). Si pones tus preguntas en un PowerPoint o Keynote en tu tableta, puedes configurar la pantalla de vista previa para que te muestre un cronómetro. Esto te ayudará a mantener el programa ceñido al tiempo.
- Usa el «Principio de la salsa para pastas», sobre todo en tus observaciones introductorias. En el menor tiempo posible, tu

introducción debería perfilar el tema a debatir y pronosticar de qué forma serán constructivas las conclusiones del debate.

- No seas renuente a empezar con una pregunta provocativa que lleve la discusión a un principio lleno de vigor. Iniciar el debate con algún tipo de «ronda relámpago» en la que cada miembro tiene treinta segundos para responder a la primera pregunta puede ser una buena manera de que nadie se quede impasible mientras el primero tiene el uso de la palabra.
- Mezcla la longitud de tus preguntas. Está muy bien formular una pregunta más larga y concienzuda, pero también introduce otras más breves e impactantes para crear un ritmo más estimulante, sobre todo en las réplicas.
- Evita hacer preguntas polifacéticas. Guarda la parte «y si es así» para el turno de réplica.
- No telegrafíes tu pregunta declarando al principio de la misma a quién va dirigida. Guarda eso para el final. La idea es mantener a los panelistas ligeramente fuera de equilibrio para poder captar respuestas más espontáneas, menos ensayadas. Cuanto más tiempo tengan para preparar una pregunta que saben dirigida a ellos, más fácil será que eviten una contestación directa y vayan a los puntos predeterminados de su mensaje. Mantener a los invitados alejados de las respuestas enlatadas es la mejor forma de generar algunas noticias a partir del evento.
- No demuestres en la pregunta cuánto sabes. Establecer un largo contexto para una pregunta tiende a ser aburrido y ralentiza el ritmo del programa. Si necesitas proporcionar detalles para la pregunta, hazlo en un formato conciso y esquemático.
- Sé consciente de las posturas de tus panelistas sobre el tema escogido y, a continuación, yuxtapón las opiniones conflictivas. Si dos de tus ponentes abogan por la postura A y dos se adhieren a la B, llámalos a una secuencia ABAB.
- Evita pedirle a cada uno que intervenga en la misma pregunta. Al pasar de un invitado a otro, adelanta el tema del debate ligeramente para que dé la sensación de que el programa va avanzando.

- Si dos panelistas se enfrentan, déjalos seguir y no intervengas hasta que el debate empiece a ser repetitivo. Si la fricción empieza a ceder, tu trabajo como moderador consiste en «echar leña al fuego» con sutileza, como solíamos decir en la sala de control de CBS cuando Charlie Rose tenía invitados listos para empezar a pelearse.

- No te obsesiones tanto con la siguiente pregunta que dejes de escuchar lo que se habla alrededor de ti. Si uno de tus panelistas dijera algo controvertido o de interés periodístico, y estuvieras estudiando tu lista de preguntas y te lo perdieras, sería un desastre.

- Estate preparado para destacar algo fascinante a lo que un panelista le reste importancia o pase por alto. Por ejemplo, si tu invitado dice: «Nuestra empresa creció a un paso dinámico a lo largo de una década, y ese crecimiento nos posicionó para ser una adquisición atractiva. De hecho, en un momento dado declinamos una oferta de mil millones de dólares, pero ahora estamos teniendo un periodo de crecimiento más modesto».

  Tú tendrías que ser quien saltara y dijera: «¡Oiga, espere un minuto! ¿Ha dicho una oferta de mil millones? ¿Qué pensamiento le llevó a eso?». No dejes que el contenido que más le podría interesar a tu audiencia se desvanezca sin más.

- Guarda para el final una pregunta que invite a la reflexión o a una visión del futuro. Podría ser una que hiciera reflexionar a los panelistas con la esperanza de que alguien dijera algo conmovedor. También puedes pedirles que predigan cómo cambiarán las cosas en unos pocos años con respecto a tu tema.

AL MODERAR UN DEBATE, ¿CÓMO CORTO A ALGUIEN QUE HABLA DEMASIADO?

Con frecuencia entreno a personas que moderan y suelo hacerles esta pregunta. Al parecer, independientemente de lo mucho que entrenes a los panelistas para que permanezcan dentro del tiempo que se les ha asignado, siempre hay alguien que inevitablemente habla mucho más, ignorando todos los sutiles gestos que le hagas con la mano para que concluya.

Cuando esto ocurre, puedes sentir cómo va bajando la energía de la habitación. También provoca que los demás panelistas se relajen. Tu trabajo como moderador consiste en mantener a todos los participantes implicados. No permitas que dominen los fanfarrones. De ti depende incitar a los invitados menos comunicativos a que se mezclen en el debate.

Antes de pasar a ver cómo cortar a las personas, juguemos un poco al ataque. Con algo de preparación por adelantado, puedes impedir que la mayoría de las personas se apoderen de la palabra.

Dibuja un perfil de los temas que quieres que se traten en el debate y el orden en que quieres que se hagan. Desde este momento, haz un poco de matemáticas. Según el tiempo que tengas para el debate, reparte cuánto tiempo quieres dedicar a cada tema y qué tiempo quieres que hable cada invitado. A continuación, haz una entrevista previa a cada panelista. Esto te proporcionará una percepción anticipada de cómo responderá cada uno a tus preguntas, y cuánto hablará cada participante. Es una gran oportunidad para formar a panelistas, no solo con respecto al tiempo, sino también en lo referente a su discurso. Por ejemplo, puedes sugerir que los panelistas cuenten historias visuales para exponer sus ideas.

Basándote en tus entrevistas puedes pulir tus preguntas y desarrollar otras de seguimiento que te permitan sacar a relucir las anécdotas que te gustan de cada participante y dirigir el flujo conversacional al siguiente orador.

Llegar con esta información te resultará inmensamente útil, sobre todo si uno de tus panelistas intenta convertir el programa en un largo monólogo. Evitarlo requiere un delicado equilibrio entre ser demasiado dócil y perder el control de la discusión, y reprimir la sensación de una conversación libre por ser tan rígido y tener tanta mano dura. Para frenar con habilidad a tu desbocado participante, evita opciones torpes como «Voy a tener que terminar este punto aquí» o «Te has quedado sin tiempo. Lo siento. Tengo que darle la palabra a los demás invitados». No tienes por qué ser un policía de tráfico. Deberías ser una parte orgánica de la conversación.

Usa más bien el corte camuflado del capítulo 9. Busca una oportunidad para terminar una de las frases del Narcisista Reloj de Arena del capítulo 9. No consideres que estás siendo grosero. Tienes que verte como quien toma la batuta en una carrera de relevos.

Lo más probable es que pronto llegue el momento en que seas capaz de adivinar cómo va a acabar tu panelista un pensamiento. Así que asegúrate, acaba la frase y, si es necesario, hasta eleva tu voz por encima de quien está hablando. Hagas lo que hagas, no te calles. Una vez que sabes que la palabra es tuya, efectúa la transición de manera rápida y sutil a un nuevo tema o pregúntales a los demás invitados qué piensan de lo que acaban de oír. Por ejemplo, podrías decir:

«Algo que acabas de decir ha desencadenado otro pensamiento y tiene que ver con un tema relacionado...».

«Lo interesante de tu aportación sobre esto es que se trata de la postura justamente opuesta a la de Karen. ¿Cuál es tu opinión, Karen?».

«Tengo curiosidad por ver qué piensa el resto de ustedes sobre esto, porque sé que este tema les parece importante».

ESTOY EN UN DEBATE. ¿CÓMO DOY LA MEJOR IMPRESIÓN?

Muchos aparecen en su debate esperando ser capaces de dar una respuesta diez a cada pregunta que les hagan el moderador o la audiencia.

Solo porque un debate se produzca en un entorno informal, no disminuye la importancia de una preparación concienzuda.

Antes de que empiece, pregúntate: «¿Qué es lo más interesante para el miembro medio de la audiencia? ¿Dónde está el valor de lo que tengo que decir? ¿Estoy ofreciendo una perspectiva única? ¿Estoy proporcionando dirección o sabiduría sobre algo que les ayude en su vida cotidiana?». Es mucho más fácil preparar tu contenido para un debate que una entrevista para los medios de comunicación, y esto por una sencilla razón: los moderadores comparten sus preguntas con antelación, mientras que un periodista rara vez lo hace. Una vez que conoces las preguntas, preparar tu contenido es como una práctica de bateo. Sabes exactamente qué se está lanzando y dónde, así que puedes aplicar tu mejor *swing*.

Al preparar tu contenido, recuerda el «Principio de Scorsese»: sé un contador de historias.

Ignora a Emily Post

No pidas permiso para hablar y no te quedes de brazos cruzados, esperando que te den paso. La audiencia quiere sentir como si estuviera viéndote hablar mientras te tomas una cerveza o una taza de café. No quieren ser espectadores de un proceso rígido y formal. Es mejor que te entrometas y mantengas tu contenido controlado a que te relajes y esperes tu turno.

Acepta la noción de que no todo tráfico conversacional tiene que fluir a través del moderador. Puedes decirle a otro panelista: «Es muy interesante que diga usted eso, porque nosotros estamos tratando algo similar», y dirigir la conversación hacia donde quieras que vaya.

Desvíate tanto como sea necesario

Si la pregunta específica es tan extraña que no quieres tocarla, el «Principio Draper» entra en juego. Trata el tema de la pregunta en vez de la pregunta en sí. Por ejemplo, supongamos que trabajas en la oficina de correos y que alguien te pregunta: «¿Hay algo de verdad en lo que se dice con respecto a que quienes trabajan en correos son mentalmente más inestables que los que trabajan en otras oficinas gubernamentales? Por ejemplo, la expresión "poner cara de cartero", para referirse al enojo por estrés, ¿tiene alguna razón de ser?». Es una pregunta que no tienes que contestar, así que no permanezcas en la zona tóxica. Amplíala y conviértela en una cuestión sobre cómo las percepciones se pueden distorsionar. Tu respuesta podría ser: «Es interesante, porque hicimos una encuesta el trimestre pasado.

Les preguntamos a todos los trabajadores de correos sobre su nivel de satisfacción en el trabajo y los comparamos con otras agencias; el resultado fue el tercer lugar de veinte. Por mi propia experiencia debo afirmar que a las personas les gusta su trabajo en las oficinas de correos. Como en cualquier otro trabajo, habrá momentos de estrés, pero en general, es un gran lugar donde trabajar».

Mantén tu cara de curiosidad todo el tiempo

Con frecuencia, los panelistas cobran vida solo cuando tienen la palabra. Esta es una estrategia miope que puede hacer que te salga el tiro por la culata y refleje mediocridad en cuanto a ti. La audiencia sigue viéndote, aunque tu boca no se esté moviendo. Que no se te note el aburrimiento mientras los demás hablan o, peor aún, no muestres esa cara de malhumorado descansando que mencioné en el capítulo 8.

Esta cuestión surge a menudo cuando trabajo con todo el equipo de liderazgo ejecutivo de una empresa pública para preparar su reunión anual de accionistas. El enfoque en la sesión de entrenamiento trata técnicamente de cada uno de ellos de pie y haciendo una presentación, mientras que el resto del equipo se sienta detrás en el escenario. Una y otra vez acabo recordándoles a casi todos ellos que, aunque no sea su turno sobre el podio, siguen estando *a la vista*. La mayoría tiene una mirada indiferente y aburrida en el rostro, y esto no es buena idea, dado que siguen siendo visibles para la audiencia.

Procura que no parezcas estar soñando despierto, esperando meramente a que te toque hablar. Podrías sentirte cansado después de todo, por todo el tiempo que ha pasado. Cuando los demás panelistas estén hablando, siéntate con el torso hacia adelante, muéstrate interesado y estate preparado para saltar.

¿CÓMO PRESENTO A UN INVITADO FAMOSO?

Siempre me desespero cuando asisto a un panel en el que hay alguien famoso y escucho al moderador pronunciar el temido estereotipo: «Mi siguiente invitado no necesita presentación». ¿Y qué hacen a continuación? No se limitan a leer una introducción, sino que recitan todo el currículo de esa persona. Te ruego que consideres este breve pasaje como el memorándum que estoy haciendo circular: *¡no lo hagas!*

Recientemente tuve el placer de entrenar a un cliente de Wall Street a quien se le pidió que hiciera una entrevista individualizada, tipo panel, en una conferencia con la ex secretaria de estado, Hillary Clinton. Es una mujer que no necesita presentación, pero, claro está, le ayudé a elaborar una concisa y digna del rango de ella. Empezó con una frase valiente que recalcara su distinción:

> Nunca en la historia de nuestro gobierno ha tenido una persona tanta influencia ni ha dedicado tanta energía al servicio público, en tantos roles vitales y durante un periodo de tiempo tan impresionante como mi próxima invitada. Ya sea como secretaria de estado, senadora de los Estados Unidos o primera dama, Hillary Clinton nos ha recordado qué poderosa combinación forma un agudo intelecto emparejado con el infatigable impulso de convertir al mundo en un lugar mejor.

A continuación, una lista sucinta de logros específicos:

> Restauró la cortesía a nuestros esfuerzos en política exterior, construyendo fuertes relaciones con Europa y estableciendo nuevas relaciones en Asia.
>
> Respondió directa y rápidamente a los complejos desafíos en Irán y Corea del Norte, y otros lugares del mundo.
>
> Fue un firme apoyo para la libre empresa alrededor del mundo, fomentando los intereses de negocios estadounidenses en el extranjero y creando puestos de trabajo en un entorno de desafío económico.
>
> Y fue una voz inquebrantable en el apoyo de los derechos humanos.

Luego, estableciendo la dignidad del invitado en una perspectiva histórica más importante:

Cuando miremos en retrospectiva a la era Clinton en el Senado y el Departamento de Estado, se conocerá como un tiempo en que la reputación de los Estados Unidos en el mundo se restauró y nuestra política extranjera se recalibró con eficacia, tratando con las cuestiones más acuciantes del mundo.

Ahora, el señuelo final sobre lo atrayente que resultará esta oportunidad de escucharla hablar:

Estoy seguro de que todas sus profundas percepciones y sabiduría tienen un tremendo interés para todos, y nos sentimos entusiasmados por lo que está a punto de compartir hoy con nosotros.

No había mucho más. Amontonar una capa tras otra de serviles elogios acabaría sonando adulatorio. A nadie le gusta esto.

CÓMO DESHACERME DE LOS NERVIOS ANTERIORES AL DISCURSO

Quiero que este libro consiga, en todos sus lectores, lo que el ambiente de la oficina de Clarity Media Group logra para los clientes que nos visitan: instilar una sensación de calma, confianza y relajación. Proporcionarte estrategias de cómo liberarte de la ansiedad que sientes en la boca del estómago en los días, horas y momentos anteriores a dar un discurso o hacer una presentación puede ayudarte mucho a cumplir este objetivo.

Todo el mundo siente alguna ansiedad antes de hablar. Si tú no lo has experimentado, algo va mal. Yo he dado incontables discursos a lo largo de los años, y todavía me siento un tanto acelerado antes de cada uno de ellos.

Algunas presentaciones producen más ansiedad que otras. Hace poco me pidieron que hablara para un grupo de ejecutivos de una importante empresa sobre cómo mejorar su presencia ejecutiva y sus aptitudes para la oratoria pública. Los planificadores del evento me instaron a llegar temprano para que pudiera ver al orador que me precedía. «Es un orador aasoooooombroso», me dijeron con entusiasmo. «¡Es fantástico, y tiene mucho gancho!».

Mi primer pensamiento fue, por supuesto: *fantástico. Justo lo que me hacía falta, un presumido que me ponga el listón terriblemente alto. ¿De verdad quiero someterme a esto?* Pero, como es natural, tenía curiosidad por descubrir cuál era su definición de aasoooooombroso. Quería saber si yo era su sinónimo o su antónimo. La desventaja de satisfacer mi curiosidad consistía en que si el tipo era realmente bueno, yo acabaría intimidado, esforzándome demasiado y saliéndome de mi punto óptimo de interpretación. Así que preferí quedarme fuera del auditorio y seguir mi propio consejo de conocer los dos o tres primeros minutos de la presentación *en frío*. La repetí, pues, muchas veces en un largo susurro hasta que me la supe de memoria al derecho y al revés.

Tras abordar todo lo que había en mi propia lista de pre-presentación, dejé que mi curiosidad consiguiera lo mejor de mí y entré en el auditorio para ver el tipo de oratoria que tendría que intentar superar. Mi mayor temor fue encontrarme con una especie de Tony Robbins sobre la plataforma, con la audiencia comiendo en la palma de su mano. Imagínate mi alivio y mi satisfacción cuando descubrí a alguien que tenía toda la sabiduría de Alan Greenspan como contador de historias. ¡Qué consuelo que la definición que los organizadores hacían de aasoooooombroso se hallaba más próxima a la mía de mediocre! ¡Fuera mariposas de mi estómago!

Los nervios anteriores a un discurso son algo común, y probablemente es un tema sobre el que más me preguntan. Para calmar tus nervios, sigue este consejo.

Practica el comienzo una y otra vez

Los dos primeros minutos de cualquier presentación son el momento en que estás más nervioso. Una apertura fuerte y fluida es como un triple salto perfecto al principio de la rutina de un patinador artístico olímpico. Si lo haces bien aumenta tu confianza y te ayuda a despojarte de las mariposas.

Evita la taza extra de café

Puede hacerte sentir nervioso e inquieto. En esas raras ocasiones en que estés sintiéndote lento justo antes de empezar, cómete una pieza de fruta. Es la forma más rápida de elevar tu nivel de azucar en la sangre para disfrutar de una inyección de energía.

Introduce una sesión de ejercicios

El ejercicio matinal puede hacerte sentir relajado y confiado. Si forma parte de tu rutina diaria, no te lo saltes por levantarte temprano. El aeróbic también te ayuda a expulsar alguna energía física acumulada que la ansiedad puede provocar.

Llega antes de tiempo al lugar donde tienes que hablar

Sube al escenario antes de que la audiencia llegue para que puedas familiarizarte con la sala. Ponte detrás del atril o en el escenario. Siéntate en las sillas. Habla por el micrófono y escucha el sonido de tu voz. Una vez hecho esto, dirígete a la sala donde todos están mezclados alrededor de las jarras de café y los cruasanes. Si puedes, camina por la sala, entre los invitados, e intenta conocer a algunos de ellos. Yo nunca dejo perder esa oportunidad, porque una serie de breves conversaciones con las personas que formarán parte de la audiencia es una gran manera de relajarse. Aprovechar la oportunidad para socializar de antemano significa que, durante mi presentación, estaré mirando a un mar de rostros un tanto familiares y no a completos extraños. Y esos miembros de la audiencia con los que he conversado se sentirán más comprometidos como oyentes y más entregados, y a menudo tendrán una mirada cálida de reconocimiento. Cuando he mantenido conversaciones con anterioridad, también escucho con frecuencia interesantes observaciones o anécdotas que puedo incorporar perfectamente en mis presentaciones para darles un aire espontáneo.

Calienta antes de empezar

Di en voz alta lo que planeas decir, ya sea en el taxi de camino al evento o en una sala privada alejada de la gente. Esto no solo calma los nervios, también evita que tengas un comienzo muy lento.

Piensa en el éxito

Proyecta en tu mente que la audiencia se sentirá fascinada. Lo último que deseas es tener una ola repentina de desconfianza en ti mismo justo antes de hacerlo bien. No cuestiones si tu presentación pasará volando ni permitas que la duda se arrastre hasta tus pensamientos. No te preguntes si es lo suficiente buena o si interesará a la audiencia. En vez de ello, piensa en las veces que has presentado el material en el pasado y lo mucho que le gustó a la gente.

Dirígete al atril. Respira. A continuación, habla

Muchos clientes me preguntan: «¿Cómo consigo librarme de ese temblor en mi voz? Es una señal reveladora de que estoy aterrado». Esa condición es causada por algo tan simple como la respiración. Cuando estamos ansiosos y sentimos pánico, nos olvidamos de respirar de forma correcta. Inhalamos brevemente, y esto acelera el ritmo cardíaco (es por eso que se siente como si el corazón fuera a salirse del pecho) y nuestros pulmones se quedan sin el aire que necesitamos para proyectar la voz.

Otra posibilidad: el esfuerzo físico, incluso por algo tan sencillo como subir un pequeño tramo de escalera en el camino al atril. El problema es que aun cuando solo te falte el aire ligeramente, una vez que comienzas a hablar, no puedes respirar a plenitud.

En 1981, mientras el presidente Ronald Reagan se encontraba en el hospital luego del intento de asesinato por parte de John Hinckley, el secretario de estado Alexander Haig estaba en la sala de emergencias de la Casa Blanca. Él observaba un monitor que mostraba al secretario de prensa Larry Speakes en la sala de prensa respondiendo preguntas. Leslie Stahl le preguntó: «¿Quién está dirigiendo el gobierno?». Speaker titubeó, admitiendo que no podía contestar la pregunta en aquel momento.

Haig corrió de la sala de emergencias a la sala de prensa y declaró: «Yo estoy en control aquí».

Sus brazos se estremecían y sus rodillas temblaban. Su voz sonaba quebrada. Él parecía cualquier cosa menos en control.

¿Serían sus nervios? ¿Estaba conmocionado? ¿O no se había detenido para recuperar su aliento después de correr hasta la sala de prensa? Nunca lo sabremos con toda seguridad, pero apuesto a que fue esto último.

Es fácil quedarse sin aliento. Una vez escuché una charla impartida por el presidente de prensa de una de las cadenas de televisión más importantes. Ese hombre es un gran orador, pero no se encontraba donde tenía que estar antes de esa presentación en particular. Por alguna razón se hallaba abajo, en una planta inferior, en lugar de estar justo entre bastidores cuando se hizo su presentación. Subió corriendo el tramo de escalera para no llegar tarde al micrófono. Cuando entró en el escenario, estaba jadeante y permaneció así durante casi todo el discurso.

Respira profundamente justo antes y durante tu charla

Haz profundas inhalaciones por la nariz, aguántalas durante un instante o dos, y después suéltalas por la boca largamente con lentitud. Si practicas yoga, ya sabes cómo hacerlo. Esto te calma, ralentiza tu pulso y rellena tus pulmones, restaurando un sonido estable y confiado a tu voz.

Ralentiza

El «Principio de no ir pegado a los talones» es especialmente importante durante los noventa primeros segundos de cualquier conversación. Durante ese importantísimo minuto y medio, debes concentrarte en tener un ritmo controlado, porque todo en tu cuerpo te dirá que pises el acelerador y vayas muy, muy rápido. También es importante cuando sientes incertidumbre. Con frecuencia, cuando las personas cometen un error, sienten como si hubieran perdido el ritmo y necesitaran recuperar el tiempo. Acelerar tu ritmo a raíz de una equivocación solo aumenta la probabilidad de que vuelvas a equivocarte.

Mira las caras adecuadas

Si estás haciendo una presentación delante de un grupo de personas, con toda probabilidad encontrarás más que tu parte proporcional de CMD (caras de malhumorados descansando) en la audiencia. No sigas el consejo estereotipado de imaginarte a esas personas en ropa interior. En vez de ello, considéralos un eclipse solar que te cegará si te atreves a mirar en su dirección. Busca las CMA (caras de mejores amigos) que mencioné en el capítulo 8. Son los que te sonríen con adoración y asienten como muñecas de cabeza bamboleante. Existe una buena probabilidad de que en una multitud de diez o más personas encuentres un par de CMA. Si le estás hablando a una audiencia mayor, intenta descubrir una CMA en cada esquina de la sala —izquierda cercana, izquierda lejana, derecha cercana, derecha lejana— e interpreta solo para esas cuatro personas. Esto estimulará tu confianza de una forma inconmensurable. Si tus ojos captan sin querer a algunos con el teléfono inteligente en la mano, no supongas de manera automática que están enviando mensajes de texto. Mentalízate y piensa que están intentando frenéticamente hacer una crónica de la sabiduría que rebosa de tus labios, a toda la velocidad que sus pequeños pulgares les permiten.

¿Ves aquí un patrón en desarrollo? Da siempre lo mejor por sentado y no lo peor. Si los párpados de alguien de mi audiencia empiezan a sucumbir al peso, me digo a mí mismo que habrá estado de fiesta hasta muy tarde la noche anterior. Y cuando mis ojos conectan accidentalmente con los de ese miembro «eclipse solar» de la audiencia, me recuerdo a mí mismo que su expresión de «perdidos en el espacio» no es más que su expresión de escucha por defecto cuando está fascinado.

CÓMO TOMAR UN SORBO DE AGUA
DURANTE UN DISCURSO

Es probablemente mejor que tomes este consejo de mí y no de Marco Rubio, que siempre será conocido como el senador de Florida que intentó beber furtivamente un buche de agua durante un discurso televisado en directo a nivel nacional. Si no has visto nunca el videoclip, intenta verlo. Aprenderás por qué es ridículo intentar beber a escondidas, cuando hacerlo tranquilamente da una impresión de mayor confianza en uno mismo.

Suena muy básico, pero hidrátate siempre antes de empezar a hablar. La dicción y la articulación mejoran notablemente cuando tu boca está húmeda. Es algo que recuerdo cada mes cuando narro nuevas historias para el *Consumer Reports*. Los productores me tiran quince guiones sobre la mesa para grabar la voz en off. Cuando empiezo a mascullar una palabra por aquí, otra por allí o tropiezo con un grupo de palabras difíciles de pronunciar, me detengo, tomo un sorbo de agua y, mágicamente, prosigo de un modo más claro y sin errores. El agua es un elixir para tu boca cuando la necesitas para dar en el blanco con la pronunciación.

Estar bien hidratado también te permite evitar dos de las aflicciones más temidas que son la maldición de cualquier orador público. Una cosa es ese hilillo elástico de baba que se pega diabólicamente a tu labio superior e inferior, y sencillamente se niega a irse. Y, como la barra de labios en el diente frontal de una mujer, con frecuencia el orador es humillantemente inconsciente de ello. Resulta asqueroso, desde luego, pero lo peor es que hace ya largo rato que la audiencia ha dejado de absorber el mensaje del orador. Para sus adentros, les da asco y a la vez se sienten fascinados por saber qué largura puede alcanzar esa porquería, estirándose y encogiéndose como plastilina elástica antes de romperse.

Luego están esas boqueras, semicírculos blancos que se forman en las comisuras de tu boca, esas que se ven en alguien que se encuentra deambulando por el desierto durante varios días, sin agua. Por estas razones, una botella de agua puede evitarte toda vergüenza indeseada.

Lamento aquella vez que olvidé por completo llegar a un discurso programado sin llevar agua. Había accedido a dirigirme a una clase de graduados de la Universidad de Nueva York sobre el trato con los medios de comunicación. Había estado hablando durante diez minutos, cuando sentí como si una pluma diminuta se hubiera metido en mi tráquea. Acaricié brevemente la idea de salir corriendo de la sala y encontrar la fuente más cercana de agua, pero pensé que no sería adecuado para alguien que afirmaba ser un experto orador. La única agua a mano era la botella de la que el catedrático había estado bebiendo. En aquel momento, la elección era simple: soportar un pequeño rechazo o que tuvieran que someterme a la maniobra Heimlich. Amablemente, él me ofreció su botella de Poland Spring, y entendí que prefería que la tirara después de tomar un par de sorbos vitales.

Dondequiera que vayas, ya sea a una reunión, a una entrevista de trabajo, a una presentación, o a una entrevista vía Internet, lleva *siempre* agua, y toma un sorbo justo antes de comenzar. Cualquiera parada en medio de la acción, un videoclip en tu presentación, o una pregunta de alguien durante tus comentarios, es una perfecta oportunidad para humedecer tu boca de nuevo. En realidad, incluso puedes ingerir una bebida necesaria si estás hablando sin interrupción. Sin embargo, hay una forma correcta y una forma errónea de hacerlo. La forma *errónea* es detener tu discurso demasiado pronto y crear diez o quince segundos de tiempo muerto mientras:

1. Te diriges hacia la botella
2. Desenroscas el tapón
3. Acercas la botella a tus labios
4. Tomas un gran sorbo
5. Lo tragas
6. Vuelves a colocar el tapón
7. Dejas la botella en su lugar

La forma *adecuada* de tomar un sorbo discreto es seguir hablando mientras llevas a cabo los pasos anteriores, excepto los números 4 y 5, como es obvio. Hacerlo en la forma correcta solo causará dos o tres segundos de demora, que no es gran cosa. Si estás llegando a una frase divertida que produce risas, también es una buena oportunidad para beber. Es mejor que lo hagas preventivamente durante una de esas breves paradas antes de que lo necesites de verdad.

¿CÓMO RECUERDO LO QUE QUIERO DECIR DURANTE UNA PRESENTACIÓN?

Muchos clientes me dicen: «Quiero resolver esta cuestión». No quieren que nada salga mal. Planifican sus charlas al máximo y esperan que todo vaya ceñido a su plan. Ni una sola palabra fuera de lugar.

Como resultado, se apocan y pronuncian un discurso técnicamente bueno, pero que se olvida enseguida. Yo preferiría que no te centraras en eliminar todas las equivocaciones y que te lo tomes en serio demostrando el valor de lo que estás diciendo. Mi definición de perfecto no es «libre de errores». Para mí, la perfección en la comunicación está en ser real, casual, cálido y entusiasta.

Parte de ser auténtico significa que no debes leer tu discurso de un guión. No trates de sentarte frente a la computadora y escribir tu presentación, a menos que hayas escrito para la televisión y sepas cómo escribir para el oído. Cuando estás tecleando, escribes para los ojos. En cambio, intenta estos tres pasos:

1. Haz un bosquejo de tu presentación en fichas para notas de 12 x 20.
2. Levántate y empieza a exponer en voz alta tu presentación a partir solo del bosquejo, mientras mantienes activada la opción de audio o vídeo en tu teléfono inteligente o tableta.
3. Transcribe el audio que has grabado.

Este se convierte ahora en el texto de tu presentación y no algo que te has sentado a escribir en el ordenador o a mano. Esto no es más que una red de seguridad textual. Sigue siendo algo que no vas a memorizar ni leer; solo es un texto que te ayudará a ser coherente cuando practicas. Será mucho más conversacional y personal, y evitarás la formalidad que hace que algunos suenen poco naturales.

Poner tu contenido en fichas es la clave. No cometas el error de imprimir tu texto en hojas de papel y, hagas lo que hagas, no los grapes ni los unas con un clip. Si lo haces, pasar de una página a otra producirá ruido, y resultará llamativo y torpe. Si además estás nervioso y tus manos tiemblan ligeramente, sostener hojas de papel hará que tu ansiedad sea más obvia para tu audiencia.

Fui testigo de algo así hace poco, cuando una clienta me presentó a un grupo de ejecutivos que yo estaba a punto de entrenar. Estaba leyendo mi biografía impresa y el papel que sostenía en su mano no dejaba de agitarse, produciendo gran ruido. De no haber tenido una hoja de papel, yo no habría notado que le temblaban las manos.

Por el contrario, las fichas de 12 x 20 son rígidas y eliminan todos estos contratiempos. Además, en el caso de los hombres, encajan perfectamente en el bolsillo interior de una chaqueta. También colocan tus manos en una posición adecuada de descanso si las mantienes contra tu torso, en vez de tenerlas frente a ti y apartadas de tu cuerpo. Son, asimismo, lo bastante pequeñas para que puedas seguir usando tus manos para gesticular, aunque las sostengas.

Si necesitas mirar las tarjetas para recordar qué tienes que decir a continuación, apártalas un poco de tu cuerpo, echa una breve mirada y vuelve a levantar los ojos, llevando de nuevo las fichas (y tus manos) a su posición de descanso. ¿Un consejo más? Al no llevar las fichas unidas con grapa o clip, numéralas en la esquina inferior derecha. Es lo que yo denomino «seguro para torpes». Si en tu precipitación las dejaras caer antes de empezar a hablar, no correrás el riesgo de colocarlas en el orden incorrecto. He presenciado casos así. No es una visión agradable cuando un orador pasa de la ficha dos a la cuatro, para darse cuenta de que se ha saltado toda una sección cuando ya ha pronunciado una par de frases.

Si se te pide que hagas un discurso oficial en vez de una presentación, es muy probable que tengas un texto completo delante de ti sobre el atril. En ese caso, trabajar con producto de papelería grueso es mejor por dos razones:

1. El papel grueso se maneja menor que el ligero papel de copia.
2. Al ser más grueso, resulta más fácil separar las hojas con el pulgar y el índice cuando se da la vuelta a la página, y reduce la posibilidad de que se deslicen dos páginas juntas.

De nuevo recalco: nada de grapas ni clips. Y, por si acaso, mete tus hojas ordenadas dentro de un plástico transparente o una carpeta de papel manila. Luego, cuando ya estés delante del atril, saca las páginas de la carpeta y haz dos montones: uno del que estarás leyendo y otro al lado donde irás deslizando las páginas con las que ya has acabado. No se trata de darles la vuelta, sino sencillamente de deslizarlas a un lado, siendo este un gesto más tranquilo y menos llamativo. Tampoco me gustan los discursos que se presentan en una carpeta de tres anillas de esas que usan los escolares para las hojas sueltas. En ese caso, no tienes más elección que voltear las páginas ya leídas, gesto patente que le recuerda a tu audiencia que sí, estás leyendo en lugar de hablar.

En tu discurso impreso, usa un marcador amarillo para destacar los puntos clave, el contenido que tiene que resonar en lo más profundo de tu audiencia. Esto te servirá como recordatorio visual para levantar la cabeza y mantener un sólido y significativo contacto visual con los oyentes. Si estás mirando hacia abajo y leyendo durante tus puntos clave, se perderá el impacto. Pero, por supuesto, todos sentimos ansiedad cuando nuestros ojos abandonan la página. El responsable de esto es el temor de que cuando tu mirada vuelva al papel para resumir, tus ojos se encuentren con un mar atestado de palabras y no puedan encontrar con rapidez el lugar adecuado. Para aliviar ese temor, aumenta el tamaño de la letra del punto donde tengas que retomar la lectura para que puedas ubicarlo con facilidad.

Si quieres usar la alta tecnología, puedes experimentar poniendo tu discurso en tu *iPad*. Existe una aplicación estupenda llamada Teleprompt+ que imita a un apuntador de texto desplazando tu texto a la velocidad que tú elijas. Si va demasiado rápido o lento en un punto concreto, basta con arrastrar un poco el dedo sobre la pantalla para compensarlo. Tengo algunos clientes ejecutivos que se han adaptado a este método con rapidez y sin complicaciones, y ahora no soñarían jamás con volver a una copia escrita.

INDICADOR DE UN DISCURSO PERFECTO

Así como no construirías nunca una casa o un auto sin planes específicos de diseño, tampoco deberías aventurarte a hablar en público sin tu propio proyecto detallado de lo que vas a decir. Los mejores comunicadores hacen que parezca algo espontáneo, pero no lo es. Dicho esto, no ensayes exageradamente lo que planeas decir. Solo conseguirás que suene recitado y rígido. Cuando más ligado estés a las respuestas literales, escritas, más te apartarás de tus propias palabras. Deja poco espacio a la espontaneidad.

¿CÓMO IMPIDO QUE LA AUDIENCIA SE DUERMA?

Abróchate el cinturón de seguridad: aquí viene otra analogía de la automoción. ¿Sabes lo fácil que resulta dormirse en la parte trasera de un auto que va devorando kilómetros por la autopista a velocidad de crucero? Hablar de un modo monótono, sin cambios, es el equivalente en el caso de la oratoria en público. Es como poner a tu audiencia en una sillita de coche para bebés y llevaros a dar una vuelta en auto casi a la hora de acostarse. Es una de las formas más seguras de inducir al sopor. Por el contrario, no creo haber podido dormirme en un taxi de la ciudad de Nueva York circulando en medio del tráfico en hora punta, entre frenazos y acelerones. Si quieres mantener despierta a tu audiencia, incluye pausas, cambia el tono y el ritmo de tu voz, mezcla lo teórico con lo específico, altera la estructura de tus frases y varía el volumen de tu voz. La variedad es la clave. Sigue con la mezcolanza y no caigas en patrones predecibles.

Cuando cambies tu rimo, pasa con brío por las partes conversacionales del texto, la información de importancia secundaria, y a continuación, ralentiza cuando llegues a los mensajes clave. Usa un ritmo más lento y deliberado para la información que quieres que resuene con mayor profundidad. Arrastra las palabras como si estuvieras alargando su pronunciación. Si mantienes la misma modulación de voz todo el tiempo, a la audiencia le cuesta discernir lo que es realmente relevante.

No obstante, si elevas el volumen de tu voz cada vez que llegas a un mensaje clave, esa técnica se vuelve predecible y pierde eficacia a la hora de estimular el oído de la audiencia. En ocasiones, cuando llegues a un mensaje clave, retrocede y baja la voz a la vez que mantienes la intensidad en el discurso. A continuación, cuando inicies el siguiente pensamiento, lleva tu voz de nuevo a pleno volumen. Estás intentando conducir a la audiencia en un paseo impredecible, en el que no está en absoluto segura de lo que va a ocurrir a continuación.

Puedes, asimismo:

- Elaborar tus principales mensajes como remates de un chiste, hacia los que te diriges con una pequeña sensación de drama. Exprésalos también como el final de un chiste, ralentizando tu ritmo y dejando que haya un instante de pausa antes de revelar la idea.
- Proporcionar algún aviso previo de que estás a punto de descubrir una idea importante. Frases como: «En estos momentos, y por encima de cualquier otra cosa, el mayor factor que impulsa las ventas es este...». Estas frases, como redobles de tambor, te permiten construir un *crescendo*.
- Mantener un buen y significativo contacto visual con tu audiencia, sobre todo durante tus puntos clave. Cuando miras en una dirección o a una persona, conserva esa línea de visión durante dos o tres segundos, y a continuación, mira en otra dirección o a otra persona. Si lo haces más rápido, parecerás nervioso e inquieto.

LAS SIETE MANERAS MÁS FRECUENTES EN QUE LOS ORADORES ARRUINAN SUS PRESENTACIONES

1. Inician su charla diciendo: «Me gustaría comenzar esta maña-na empleando primero un poco de tiempo para discutir...». No hay necesidad de gastar un tiempo valioso anunciando lo que estás a punto de hacer. Solo hazlo. No te estanques en establecer el programa. Sumérgete de cabeza en tu tema.

2. Anuncian que están a punto de contar una historia o de hacer una analogía.

3. Gesticulan de una forma predecible y rítmica, haciendo el mismo gesto con la mano cada cinco segundos. Esto distrae.

4. Pronuncian cada palabra a la misma velocidad, como si fue-ras a velocidad de crucero.

5. Olvidan que llevan un micrófono que recoge los sonidos de todo lo que hacen, incluido sonarse la nariz o aclararse la gar-ganta. Evita tener que hacer esto último, bebe mucha agua y no tomes lácteos, porque crean mucha mucosidad.

6. Llevan largos pendientes. No solo distraen, sino que pueden repiquetear contra los auriculares y los micrófonos.

7. Le preguntan a la gente al acabar: «¿Cómo lo hice?». Nadie te dirá la verdad. Incluso si tu actuación fue mediocre, la mayoría de las personas responderá: «Lo hizo muy bien». Si quieres sinceramente mejorar, pídele a la gente: «Díganme dos cosas que debo cambiar la próxima vez que haga esta presentación». Esto le abre la puerta de par en par a la crítica constructiva.

INDICADOR DE UN DISCURSO PERFECTO

Solo la palabra PowerPoint provoca que la gente se queje, y con razón. Son demasiados los que abusan del software, y todos hemos tenido al menos una experiencia (o cientos de ellas) de aguantar aburridas presentaciones que duraron demasiado. Si planeas usar PowerPoint, sigue estas reglas de oro:

- Limítate a doce diapositivas.
- No pongas más de cuatro viñetas por diapositiva.
- No uses más de cinco o seis palabras por viñeta.
- Procura tener solo símbolos en las diapositivas, ninguna palabra.
- No leas nunca el texto de tus diapositivas.
- No entregues con anterioridad una copia impresa de las diapositivas.

Si con antelación distribuyes una copia de las diapositivas, solo verás la coronilla de las personas, porque estarán mirando las páginas y no a ti. Existe gran probabilidad de que salten hasta la página final, mientras tú sigues en la mitad. Esto crea una desconexión total y falta de participación. En vez de ello, ofrece enviarla por un correo electrónico después de la presentación.

Piensa en ti y en tu PowerPoint como dos anunciantes en la cabina de transmisión de un evento deportivo. Tus diapositivas son el anunciador detallado. Tú eres el comentarista que da color. Se pretende que proporciones información complementaria, no redundante.

¿CÓMO PUEDO DAR MEJORES ENTREVISTAS?

Este libro no estaría completo si no te proveyera al menos algún consejo sobre cómo comportarte cuando los medios de comunicación te están entrevistando. Después de todo, he pasado tiempo en ambas posiciones, como entrevistador y como entrevistado. He entrenado, asimismo, a incontables personas sobre cómo destacar en ambas situaciones.

La idea más importante que puedo transmitirte es, quizá, la siguiente: no pierdas nunca de vista que has sido tú quien ha accedido a hacer esta entrevista, porque hay algo específico que necesitas conseguir de esta experiencia. Si estás haciendo esta entrevista, no es porque disfrutes haciéndole un favor al periodista. Tampoco lo haces para ser famoso. Accediste porque tienes información que deseas compartir, y el periodista te está sirviendo de megáfono. Hay probabilidades de que estés aprovechando esta oportunidad para promocionar tu marca o tu organización. Cualesquieras que sean tus razones, tu motivación debería ser el filtro a través del cual pasan cada pensamiento y palabra tuyos. Es una de las situaciones de la vida en la que está bien tener motivaciones egoístas.

Antes de la entrevista, identifica dos o tres mensajes clave y toma la determinación de transmitirlos aunque el entrevistador no te formule preguntas cuyas respuestas se correspondan a la perfección con ellos. Depende de ti conducir la conversación de forma independiente hasta tus ideas clave si es necesario. Resuelve comunicarlos. Si no lo haces, considera tu entrevista como una oportunidad perdida. Identifica anécdotas que puedas contar y que ilustren cada mensaje. Además, prepara ejemplos específicos o datos convincentes y piensa en inteligentes analogías, si es adecuado.

Si vas a salir en televisión, sigue este consejo:

- Siéntate ligeramente inclinado hacia adelante, en una postura comprometida, aunque la silla sea el más cómodo de los asientos. Como mucho, la base de tu columna debería tocar el respaldo, nunca tus omóplatos.
- No te distraigas con nada de lo que pase entre bastidores. Lo más probable es que te veas a ti mismo en los monitores periféricos de televisión que están en el suelo. Evita la tentación de echar un vistazo. Deberías estar por completo centrado en el entrevistador, excluyendo todo lo demás.
- Tu tono general debería transmitir entusiasmo por el valor y la utilidad de la información que estás compartiendo. La audiencia seguirá tu ejemplo. Si no puedes sentirte animado con tu tema, puedes estar seguro que ellos tampoco. La televisión y la radio tienen la mala costumbre de apocar a las personas, reduciendo su energía y convicción. Así que alcanza el nivel máximo de tu rendimiento energético. Proyecta lo que tienes que decir con pasión. Lo que a ti te pueda parecer un poco exagerado y

demasiado dramático probablemente no lo sea, sobre todo cuando se yuxtapone a una hueste de profesionales que saben cómo actuar cuando la cámara está encendida.

- Si la pregunta carece de enfoque y contiene varios interrogantes distintos, escoge tan solo el que más desees contestar.

- Intenta mantener un buen contacto visual con el entrevistador cuando empieces a hablar. Esto es particularmente importante cuando se te hace una pregunta desafiante, extremadamente personal o agresiva. Mirar al techo o al suelo crea la sensación de que estás buscando con desesperación algo que decir. Hay una expresión que dice: «La respuesta no está en el techo».

- Cuando las personas están cambiando de canales, buscan detenerse y escuchar algo cálido y cordial. La sonrisa puede marcar la diferencia entre que un telespectador permanezca en ese canal o cambie. Y aunque no se te vea, la sonrisa aporta un tono más cálido y amable a tu voz.

- Es posible que la mirada de tu anfitrión deambule. Tal vez mire las notas que tiene frente a él o su mirada se dirija a un director que esté indicando señales horarias intermitentes. No permitas que tu atención siga la suya. Mantén tu enfoque en el presentador como si él estuviera pendiente de tus respuestas.

- Recuerda el «Principio de Draper». Escucha atentamente la pregunta y permanece vigilante para reconocer la clave verbal que indique el tema al que corresponde. Una vez identificado, emplea ese tiempo adicional que la presentadora dedica a parlotear sobre su pregunta para organizar tus pensamientos sobre el punto que deseas exponer y cuál es la mejor forma de ilustrarlo. A continuación, ve directo al punto de tu mensaje en cuanto estés preparado. Mantente alejado de «Es una buena pregunta», «Tiene toda la razón», o «Exactamente». Crea tu propio pensamiento independiente cuando acabe la pregunta sin que haya superposición.

- Recuerda también el «Principio de la convicción». Empieza tus respuestas con breves declaraciones positivas. Evita expresiones como «creo» o «espero».

Si te encuentras expuesto —con un periodista que te hace preguntas complicadas— ve despacio y usa el «Principio de la salsa para pastas» a tu favor. El instinto humano más peligroso consiste en hablar más tiempo cuando el tema nos incomoda. Es preferible que tu respuesta conste de una frase menos y no que te lances a una explicación más larga. Si sientes que te encuentras forzado a retirarte en lo que a la conversación se refiere, abrevia tu respuesta, dulcifícala, y sal de esa pregunta.

No olvides que los mejores periodistas saben cómo lograr que permanezcas hablando. Son perfectamente conscientes de que cuanto más hablas, más te sales del mensaje. No te sientas incómodo con el silencio de la sala o, si estás al teléfono, una vez acabada tu respuesta. Su silencio no tiene por qué interpretarse como una invitación a seguir hablando.

No acentúes lo que *no puedes* decirle al reportero, la información que estás reteniendo. Refuerza lo que *sí puedes* decir. Rezuma disposición y avidez por compartir todo lo que puedas con el periodista, aunque tengas que ceñirte a un guion firmemente controlado.

Si un reportero de los medios escritos te repite una y otra vez una pregunta en particular, haciendo ligeros cambios, lo más probable es que la respuesta pueda representar la única cita exclusiva que están procurando encontrar para llenar un hueco en una historia ya escrita. Siguen preguntando, porque no la has estructurado de la manera que ellos necesitan para que encaje en su historia. De modo que, con cada pregunta subsiguiente, intentan darte un codazo para llevarte a encuadrarla como ellos quieren. No cedas. Cíñete a la forma en que tú quieras estructurarla.

Piensa en la entrevista en términos más parecidos a la conversación durante una cena y no como un interrogatorio en el que debes responder a cada pregunta específica y minuciosamente detallada. Cuando te enfrentes a una pregunta que no quieras contestar, acóplate al tema más amplio que se ha suscitado dentro de la pregunta y habla de lo que a ti te parezca más crítico saber de ese contenido. Esto te ayudará a desviar cualquier negatividad o sarcasmo de la pregunta. No obstante, reconoce que la mayoría de los periodistas hacen muchas preguntas relativamente benignas. Aprovecha la oportunidad para responderlas directamente antes de pasar a tu contenido. Las desviaciones deberían usarse cuando sea absolutamente necesario. De otro modo, parecerás un político adulador entrenado para no responder *jamás* a las preguntas. Si la pregunta del reportero parece escéptica, no respondas como si te disculparas ni a la defensiva. Gánate a los periodistas convenciéndolos de que tu mensaje es válido. Si te interrumpen cuando estés llegando al final de tu respuesta, no cedas. Acaba tu pensamiento. No des nunca la impresión de que las preguntas de alguien son más importantes que tus contestaciones.

12

LOS SIETE PRINCIPIOS EN EL HOGAR

El verdadero arte de la conversación no consiste solamente
en decir lo correcto en el lugar adecuado, sino en dejar
sin decir lo incorrecto en el momento en que se siente la
tentación de decirlo.

—LADY DOROTHY NEVILL

LOS AMIGOS SUELEN enviarme un correo electrónico justo antes de hacer un brindis, preguntándome: «Oye, voy a decir esto. ¿Qué te parece?». Otros me hablan de situaciones complicadas que tienen en casa o en el trabajo, e inquieren: «¿Qué crees que debería decir?». En las páginas siguientes encontrarás las preguntas que me suelen hacer con mayor frecuencia fuera de la oficina, y también las respuestas.

¿CÓMO LE DIGO A UN AMIGO LO QUE COBRO POR MI TIEMPO?

Mi mejor amigo de la infancia que vivía justo al lado de la casa donde me crié es, una vez más y por alguna extraña coincidencia cósmica, mi vecino de la puerta de al lado ahora como adultos, en una ciudad totalmente diferente, en las afueras de la ciudad de Nueva York. Es, asimismo, el reconocido veterinario de nuestro perro y nuestro gato. Mi esposa y yo nos esforzamos para que él no lamente el día en que nos mudamos. Tener un amigo cercano que también proporciona un servicio profesional vital puede resultar delicado. Yo me resisto siempre a la tentación de marcar su número de teléfono en marcación rápida cada vez que mi gato tose y echa una bola de pelo.

Cuando pienso en Les, veo a alguien que equilibra esta delicada ecuación de una forma extraordinaria. Es extremadamente generoso, pero también reconoce que tiene un negocio que dirigir. De modo que nos ofrece un precio de amigos y familiares cuando visitamos su consulta y, de vez en cuando, nos da medicamentos gratis. Incluso hizo un par de visitas a domicilio para practicarle la eutanasia a mascotas enfermas y ya mayores, por las que nunca nos cobró.

Sin embargo, hay muchas personas que luchan por encontrar esa feliz línea media entre ser servicial y que se aprovechen de uno. Todos vivimos con el temor de que unos cuantos minutos gratuitos de nuestro tiempo se conviertan con rapidez en horas, días y semanas incobrables. Nuestros amigos más razonables lo entienden, por supuesto, y por ello dicen: «Te pagaré por esto. Dime tan solo cuánto cobras».

Siempre que se producen situaciones como estas, suelo dar el mismo consejo que le di en una ocasión a mi hija, cuando un vecino le preguntó cuánto cobraba por hacer de niñera. A mi hija le encantaba cuidar niños, pero como les sucede a muchas personas, odiaba hablar de dinero. En el pasado contestaba con un «Lo que te parezca justo». Esta respuesta, sin embargo, rara vez tuvo por resultado que le pagaran con justicia.

«¿Y si les dijeras: "Los demás padres me pagan quince dólares por hora"?». Esto alivió la ansiedad y la incomodidad de mi hija. No estaba diciendo cuánto cobraba. Tan solo informaba sobre cómo la compensaban otros. Yo sabía también que esta táctica haría que recibiera un sueldo razonable. Después de todo, a nadie le gusta parecer y sentirse la persona más tacaña de todo el vecindario. Funcionó a la perfección. Cuando ella usaba esa frase, quienes la empleaban respondían: «Ah, muy bien».

Con los amigos y vecinos que necesitan tus servicios, conviene que sepan lo que cobras normalmente y a continuación explícales que a ellos les darás un precio de amigos y familiares, más o menos entre un quince y un veinte por ciento menos. Si el intercambio de dinero es demasiado incómodo, quizá puedas hacerles saber que estarías dispuesto al trueque. Si eres fontanero, puedes cambiar un conducto roto para tu amigo el abogado a cambio de que repase un contrato que estás a punto de firmar. De manera que, cuando recibas la llamada, intenta decir: «Claro, me encantará ayudarte con eso. De hecho, se me ocurre una forma de sernos útiles mutuamente», y entonces sugiere el intercambio de favores.

TENGO QUE HACER UN BRINDIS EN UNA BODA. ¿QUÉ DEBERÍA DECIR?

Si te enfrentas a este bautismo de fuego que nos destroza los nervios y quieres salir ligeramente menos lastimado que el personaje de Kristen Wiig en *La boda de mi mejor amiga*, tengo unas palabras tranquilizadoras para ti: la hora del cóctel. Esta puede ser una de las pocas veces en que se puede tomar un trago (cuidado, he dicho uno, no ocho) antes de levantarte y convertirte en el maestro de ceremonias del día. Por la misma razón, cuando te levantas para hablar, tu audiencia debería estar bien «lubricada» y preparada para reír... *contigo* y nunca *de ti*, al menos eso espero.

Con demasiada frecuencia ocurre lo segundo. Los discursos de los padrinos suelen ser a menudo tan notablemente malos que la página web de humor *Funny or Die* creó una plantilla de broma que cualquiera podría seguir para pronunciar un terrible brindis como padrino. El modelo incluía empezar diciendo algo como: «Bueno, estoy haciendo este brindis porque nadie más quería hacerlo».

Estoy seguro de que todos nosotros habremos experimentado ese momento en que te encoges de vergüenza. Es un intento de mostrar humor y humildad, pero en realidad acaba siendo hiriente para el novio y hace que todos se sientan incómodos.

Una boda debería ser una ocasión de gozo, que les deje un ramillete de bellos recuerdos a la novia y al novio. Sin embargo, con demasiada frecuencia el discurso del padrino es un hierbajo largo en medio de ese ramillete. Un buen brindis debería:

Incluir a la novia

Los brindis suelen ser a menudo desiguales, ya que casi todas las observaciones y comentarios se centran en el novio. La novia queda superdefraudada. Puede deberse a que el padrino no la conoce bien, pero no sirve como excusa. Si este es el caso, haz un poco de investigación y pide en su entorno que te cuenten algunas historias sobre ella.

Un cumplido para el novio

Las historias verdaderamente incómodas tienen que ver con la despedida de soltero, no con la boda. Ningún invitado al casamiento —sobre todo los padres de la novia— quiere ver a ese tipo vestido de esmoquin e imaginárselo corriendo por el campus de la universidad en pelotas.

Imaginar un futuro feliz

Comentarios de broma como «No sé qué ve ella en él» y «Cuando se dé cuenta de lo holgazán que es, lamentará haber dicho: "Sí, acepto"» son hirientes y no tienen la menor gracia. No tienes que levantar ningún fantasma de que el matrimonio no va a funcionar, sobre todo no el primer día.

Las historias divertidas son fantásticas, pero no las que pertenecen a la variedad que hacen que la CMA (Cara de tu Mejor Amigo) anhele el Programa de Protección para Recién Casados. No digas nada humillante, arriesgado o que altere para siempre la opinión de los invitados sobre la novia o el novio. Jamás olvidaré un brindis que escuché hace años en el que el padrino describía cómo el novio, que entonces era su compañero de cuarto, salía de la ducha desnudo y se echaba sobre el sofá del salón, dejando una mancha de agua con la forma de su cuerpo. Creo que también era una referencia a su espalda excesivamente velluda.

¿Por qué hace tanta gente unos discursos tan horribles? En parte se debe a que el tipo que lo pronuncia no tiene experiencia en la oratoria pública y a que los años en que el humor despectivo hacía furor siguen estando demasiado cerca. Los tipos de veintitantos años piensan erróneamente que están haciendo una presentación humorística. Creen que ignorar a la novia, denigrar al novio y predecir un escenario propio de *La guerra de los Rose* es la manera como se debe hacer.

Sin embargo, también existe otra razón: demasiados padrinos intentan improvisar. Subestiman la cantidad de pensamiento y preparación que hay que dedicarle a un brindis. Luego, para colmo, no practican lo suficiente delante de otras personas, y cuando digo «otras personas» no me estoy refiriendo a excolegas de la fraternidad. Estoy aludiendo a adultos sensibles que pueden levantar una bandera roja si los padrinos se pasan de la raya. Esta falta de preparación provoca, por lo general, nervios que intentan automedicar con el alcohol. La bebida inutiliza su función interna de edición. Cuando se levantan y empiezan a contar las primeras historias que les vienen a la mente, los resultados suelen ser desastrosos.

En dos palabras: No improvises. Planifica todo lo que vayas a decir con tiempo y siguiendo este modelo:

1. Da las gracias a los anfitriones por la maravillosa recepción.
2. Cuenta una historia sobre el novio. Debería ser divertida, pero no de mal gusto. Tendría que ser una reflexión conmovedora de su personalidad, una que le defina.
3. Cuenta una historia similar sobre la novia.
4. Mezcla ambas historias con un lazo común sincero o conmovedor que hable de su compatibilidad y no de sus diferencias. Esta disparidad entre lo divertido y lo sincero hace que los momentos tiernos sean incluso más conmovedores.
5. Pide a todos que brinden por la feliz pareja.

Cuando se hace bien, el discurso no debería durar más de cinco minutos. Lo que más suelo escuchar cuando la gente elogia al padrino es: «¡Caramba! Ha sido breve y dulce. Lo has hecho de maravillas».

Una vez que tengas lo que quieres decir, escribe algunas notas, preferiblemente en fichas. Nada distrae más que sacar de repente un trozo de papel arrugado que da la impresión de que has estado peleando por arrancarlo de las fauces de tu Jack Russell terrier. Tampoco debes mostrar una hoja de papel que se ha doblado y redoblado hasta convertirla en un diminuto cuadrado. Las sudorosas palmas de tus manos podrían dejar esa página tan crujiente como una servilleta de papel desechable del lavabo. Como he mencionado, al exceso de energía nerviosa le gusta escapar de nuestro cuerpo a través de nuestras extremidades (manos y pies), de modo que sostener un trozo de papel podría proporcionar la prueba irrefutable de lo mucho que tiemblan tus manos.

La primera y única vez que actué de padrino fue en la boda de Bill Cassara, uno de mis mejores amigos y colega de *A Current Affair*. La novia, Lisa Hewitt, también era una amiga querida y colega del mismo programa. Lisa es hija de Don Hewitt, creador de la revista *60 Minutes* de CBS News y exproductor de *CBS Evening News with Walter Cronkite*. La lista de invitados era la flor y nata del periodismo televisivo. Varios de los corresponsales estrella de Don estaban allí: Mike Wallace, Morley Safer y Ed Bradley. Cualquier que trabaje en televisión alberga la fantasía de producir un día para *60 Minutes*. Yo no era una excepción. Tal vez en mi caso se podría describir con mayor exactitud como delirio. Pasar de *A Current Affair* a *60 Minutes* habría sido tan viable como que Sacha Baron Cohen interpretara a Hamlet en Broadway. Independientemente de esto, lo último que deseaba era ponerme en pie y que todos pensaran: «¡Lo ves, ya te dije que la televisión sensacionalista te pudre el cerebro!».

Contaba con el beneficio de ser amigo tanto del novio como de la novia, así que ya tenía material de donde sacar. Acabé contando la historia de su primera cita. Lisa había venido a mí unos cuantos días antes y me preguntó qué podría cocinar para Bill. Yo había viajado por todo el país con él, habíamos cubierto historias, así que sabía qué solía pedir en los restaurantes y cómo le gustaba que se lo prepararan. Le sugerí atún, y le di una receta. Solo había una advertencia: «No lo cocines demasiado. Asegúrate de que el centro esté poco hecho... no solo rosa, sino casi azul».

El vuelo de Bill de regreso a la ciudad de Nueva York se retrasó aquella noche, así que acudió media hora tarde a su primera cita.

Esto puso a Lisa en una situación culinaria casi imposible. Mantener el atún poco hecho habría sido un desafío hasta para Bobby Flay, pero de alguna manera Lisa se las arregló para lograrlo.

Mi frase de remate fue: «Estoy seguro de que Lisa sirvió una buena comida, pero a decir verdad, podría haber quemado aquel trozo de pescado y dejarlo como una suela de zapato, y no habría pasado nada... porque Bill ya estaba loco por ella».

A diferencia de mí, tal vez tú no sepas gran cosa sobre la novia y el novio. En ese caso, haz algún trabajo antes de tiempo y entérate de todo lo que puedas. Entrevista a las damas de honor y otros miembros de la familia.

Si se te pide que hagas una lectura en la ceremonia, lleva siempre una copia de apoyo en fichas aunque estés seguro de tenerla preparada en el atril. Hace años, mi prima me pidió que leyera una serie de oraciones especiales que ella y su prometido habían escrito juntos. Seguí sus directrices y accedí a leer la copia que me aguardaba en el atril. Después de las primeras dos o tres, alcé la vista y observé una expresión de lo más desconcertada y preocupada bajo el velo de mi prima. *Bueno*, pensé, *tal vez está inquieta pensando si le ha dado la dirección correcta al grupo de música para la recepción*. De modo que proseguí. La oración número cuatro debía ser personal, mencionando a la pareja por su nombre y pidiendo por años de amor armonioso y respeto. Leí algo como: «Amado Dios, oramos por toda una vida de amor, respeto y fidelidad para Amanda y Greg...». Un sentimiento perfectamente hermoso, pero había un problema: mi prima se llama Kristin y se estaba casando con un hombre llamado Ray. Yo estaba a punto de leer una oración para la pareja equivocada, tal vez la que se había casado por la mañana. Afortunadamente, antes de que pudiera abrir la boca para empezar la oración número cuatro, mis ojos recorrieron toda la frase, permitiéndome captar el error. Ese es el momento en el que le das las gracias a tu Creador por haber venido armado con las fichas de apoyo. Las saqué, pues, del bolsillo interior de mi chaqueta y seguí adelante. La dulce sonrisa angelical que regresó al rostro de mi prima me tranquilizó: ahora tenía la copia correcta.

¿QUÉ DEBERÍA DECIR EN UN PANEGÍRICO?

Las palabras que pronuncias durante el funeral de alguien se convertirán en las historias y las imágenes que perdurarán mucho después del servicio funerario. Por esta razón es tan importante darles valor. Como ocurre con el discurso de un padrino, no es el momento de presentarse sin preparación. Piensa con tiempo lo que planeas decir.

Cuando encuentres material, sigue el «Principio de Scorsese». Con demasiada frecuencia se recurre a adjetivos banales: «Era extraordinario» o «Era la mejor persona». Estos no les dicen a los oyentes nada que tenga una relevancia perdurable. En vez de actuar así, piensa en una historia visual que resuma el carácter de esta persona. Elige una historia que no conozcan muchos, una que revele el lado brillante del difunto. Los detalles más memorables suelen encontrarse, a menudo, en los sucesos rutinarios de nuestra vida cotidiana.

Asegúrate de que tu historia sea de naturaleza positiva. Ahora no es el momento de añadir los pros y los contras, como si fueras San Pedro decidiendo si el peso de las virtudes es mayor que el de los pecados. Tampoco toca ahora sacar a colación antiguos resentimientos ni conflictos no resueltos. Aunque estés asistiendo al funeral de un narcisista egoísta e irascible que no le gustaba a nadie, intenta encontrar algo amable que decir. De lo contrario, declina la invitación a hablar. No te estoy sugiriendo que finjas que el difunto era perfecto, pero no hagas hincapié en detalles negativos. Tal vez no puedas decir más que: «Todos sabemos que, en ocasiones, podía resultar desafiante estar con [nombre de la persona]. Tenía unos estándares tan increíblemente altos que vivir de acuerdo con ellos no siempre resultaba fácil, pero...» y aquí gira a una exploración más extensa de los atributos positivos de la persona.

Mientras decides cómo contar tu historia, presta atención a tu redacción y, en especial, a los estereotipos. Si estás en el funeral de alguien que murió en un accidente de tráfico, no digas que vivía a toda velocidad. Confía en mí; lo he oído. Y si existe la posibilidad de un consumo de alcohol en la muerte del fallecido, no rememores las noches que pasaste con el difunto bebiendo whisky. Por desgracia también he oído esto.

¿QUÉ LE DIGO A ALGUIEN QUE ACABA DE PERDER A UN SER QUERIDO?

Cuando yo era adolescente, las personas solían decir que podía mantener una charla con una boca de incendio y, en ocasiones, hasta en medio de una multitud de adultos se contaba conmigo para mantener la conversación animada. Estas aptitudes me fueron muy útiles con un tío mío, un hombre al que admiraba y adoraba. Era una mezcla interesante de lo gregario y la cautela, un verdadero desafío conversacional. Cuando llegabas a su casa en vacaciones, te recibía con un «hola» entusiasmado y con calidez. Pero, en ocasiones, cuando se trataba de una conversación extensa, podía resultar difícil, con largos e incómodos silencios. No obstante, muy pronto descubrí que pedirle su opinión sobre cosas diversas era una forma extraordinaria de hacer que se abriera. Cosas sencillas como si le gustaba su auto nuevo, qué probabilidades le daba a los Giants para vencer a los Cowboys el domingo, o qué pensaba de ese nuevo presentador de la cadena de televisión que él solía ver. Aunque yo era un adolescente adicto a la política (a mis trece años pasaba el verano viendo las audiencias del Watergate en el Senado), sabía no meterme nunca en una conversación política. Él era conservador y yo me consideraba liberal, de modo que no había nada que ganar jugando cerca de ese tercer raíl conversacional.

De todas las discusiones que tuvimos a lo largo de los años, una en particular permanece imborrable. Ocurrió cuando yo tenía quince años, la mañana siguiente a que mi padre muriera de repente mientras dormía. Mi tío había llegado aquella mañana para ayudar a mi madre con algunos de los preparativos del funeral. Más o menos una hora y media más tarde, mi tío y yo entramos en su coche para recoger un traje de mi padre de la tintorería. Recuerdo haber pensado que mi madre había escogido un momento muy extraño para enviarme a hacer un recado tan rutinario. Lo que no entendí entonces era que sería el traje con el que lo enterrarían.

Apenas habíamos recorrido dos cuadras cuando noté lo incómodo que parecía mi tío, y era comprensible.

No puedo decirte lo que hablamos en los veinte minutos que estuvimos en el auto. No fue una charla profunda y existencial sobre nuestra mortalidad, y tampoco fue una conversación trivial y animada sobre el tiempo. Recuerdo gráficamente, sin embargo, haber empezado la conversación y haberme esforzado por mantenerla. A nivel intuitivo, es probable que lo hiciera para distraerme. Pero, en otro grado, hacía lo posible por mitigar la incomodidad y la tensión por amor a mi tío. Considerando el episodio años más tarde, en retrospectiva, comprendí que la piedra angular de las buenas aptitudes conversacionales es la empatía. Si te puedes introducir en la mente de otra persona y tener una conversación a la medida para que se alinee con su zona de bienestar, lo más probable es que obtengas un buen resultado.

Mi tío no era ninguna anomalía, por supuesto. Muchas personas se sienten incómodas cuando están cerca de otros que lloran, sufren o están enfermos. Nadie nos enseña qué hacer ni cómo reaccionar. La idea de decir potencialmente lo incorrecto —y, por tanto, hacer que alguien se sienta aún peor— hace que nos sintamos angustiados. Y ponemos demasiada presión sobre nosotros mismos para llevar una sonrisa a su rostro. Caemos pues, en una de estas tres trampas:

La trampa de «comparar el dolor»

Esto ocurre cuando hablas hasta la saciedad, haciendo que todo gire en torno tuyo y no de la persona que sufre. Suena parecido a: «Cuando mi perro murió, me sentí realmente triste, fue muy duro para mí, y creía que no dejaría de llorar nunca...». Mantén en mente que la pérdida de alguien no tiene nada que ver con las que tú hayas podido experimentar en el pasado. Mencionarlas no crea un vínculo común ni tampoco manifiesta empatía.

La trampa de «dame una medalla»

Nuestro desconsuelo provoca a menudo sentimientos de culpa y, en ocasiones, aliviamos verbalmente esta culpa diciéndole a la persona en duelo cuán asombrosos somos por habérnoslas apañado para ir. Suena parecido a: «Tuve que anular todas mis citas de hoy para poder estar presente. Y el tráfico hasta llegar aquí ha sido una pesadilla. No me ha resultado fácil, pero tenía que hacerlo».

La trampa del estereotipo

Muchos de los estereotipos diseñados para alegrar a las personas suelen lograr exactamente lo contrario. Considera cómo te sentirías si acabaras de perder a un ser querido y la gente que te rodea dijera algo como: «Ha sido la voluntad de Dios», «Bueno, siempre puedes tener otro niño» o «Al menos ha muerto en paz».

Probablemente, un consuelo torpe es el resultado de la ósmosis, la exposición a otros que lo hacen mal. En lo más profundo, casi todo el mundo odia que le tengan lástima. Así que al acercarte al enfermo o al que sufre con un rostro contraído que grita «Pobrecito», no le estás consolando. Resulta irritante e insensible.

Sigue más bien las reglas para el panegírico y di algo sobre lo que esa persona significaba para ti. Cuenta una historia sobre algo que hiciera o dijera que la persona doliente tal vez no sepa. Es un regalo que atesorarán para siempre. Aquí tienes unas frases para empezar:

- Siempre recordaré cómo [pon aquí el nombre de la persona] solía...
- [inserta aquí el nombre de la persona] siempre me hizo sentir tan...
- Nunca olvidaré aquella vez que [escribe aquí el nombre de la persona]...

Cuando las personas sufren suelen tener a la gente hablándoles todo el día. Rara vez tienen un receso de las observaciones sin sentido «Lo siento». ¿Recuerdas la forma en que debatimos anteriormente la tendencia que tienen las personas a hablar más cuanto más incómodas se sienten?

Decir menos suele ser mucho más consolador que decir más. Tu silencio podría ser uno de los mejores regalos que le des jamás a alguien que está llorando. Esto es especialmente cierto cuando estás reconfortando a alguien gravemente enfermo. Recibe tantas visitas y le hablan tanto que, cuando te limitas a sentarte, sosteniendo su mano y viendo con él su programa favorito, puedes transmitir consuelo y respiro.

Así es también cuando le ofreces a alguien un receso conversacional de su dolor emocional o físico. En lugar de formularle un millón de preguntas sobre su enfermedad, habla de otra cosa, algo de lo que a esa persona le suele gustar hablar. Por ejemplo, cuando visité a mi tío años más tarde, mientras estaba bien enfermo en el hospital, mantuve la conversación centrada en los deportes.

ME PRESENTAN A MIS PARIENTES POLÍTICOS. ¿QUÉ DIGO?

Si hay una ocasión en que debes encontrar un Discurso Perfecto es esta. A menos que te confirmen una audiencia para ser juez del Tribunal Supremo de los Estados Unidos, es poco probable que te examinen más de cerca. Esta actuación es de suma importancia. Empezar de forma mediocre sería como estrellarte en la primera fase del Tour de Francia. Tendrás que pedalear como un loco durante mucho tiempo solo para deshacer el daño.

Las noticias alentadoras son estas: prepararse es sorprendentemente fácil. Es muy parecido a una entrevista, ya sea de trabajo o ante los medios de comunicación, por cuanto los temas de conversación a los que te conducirán los padres de tu prometido son bastante predecibles:

- Tu infancia
- Tus padres y hermanos

- Tus pasatiempos
- Tus inclinaciones religiosas y políticas
- Tus objetivos a corto y largo plazo
- Tus gustos en la música, la literatura, el cine y la televisión

Y el tema en el que obtener cualquier nota por debajo del diez no es una opción:

- Tu amor inquebrantable y tu devoción por su hijo o hija

Cualquier cosa que se salga de estos parámetros es, probablemente, lo que Sarah Palin denominaría una pregunta trampa. Entiende que las respuestas que esconden información o contestan con monosílabos harán que la conversación sea tan relajada como la de dos detectives que interrogan a un delincuente. Ve armado con algunos puntos de vista para cada uno de los temas indicados más arriba, y también algún tipo de historia que ilustre lo que estás intentando comunicar. No hace falta decir que la historia debería ser la versión apta para los trece años. En cuanto llegues, deja todos los improperios coloridos y los detalles provocadores en el armario del vestíbulo.

La equivocación que comete la mayoría de los jóvenes amantes es que aparecen para este encuentro donde se arriesga tanto con la defectuosa estrategia de jugar a la defensa y el ataque conversacional. Tu definición del éxito no debería ser esquivar cuidadosamente una ráfaga de preguntas sin que te tumben sobre la lona. Si el interrogatorio se vuelve demasiado intenso o pesado, busca una apertura para mostrar un interés en los padres: «Diane me cuenta que es usted un ferviente jugador de ajedrez» o «Lucas dice que hace usted un formidable pastel de pollo». Sin llegar a la adulación desvergonzada, estás explotando una constante conversacional: las otras personas recibirán de buen grado todas y cada una de las oportunidades de hablar sobre sí mismas. Además, a nivel más sutil, muestras que te has tomado el tiempo y has mostrado interés en saber algo sobre ellos antes de la gran reunión. Un bono añadido: tu conocimiento interno hace que la vieja mamá y el viejo papá se sientan afables y alborozados al ver que su criatura se haya jactado ante ti de sus logros.

No es ocasión para mostrarse obcecado y terco. Es verdad que tienes que mostrar que tienes agallas, y que no eres un loro para repetir cualquier cosa que ellos quieran que digas. Pero permanece lejos de los absolutos. «No permitiría nunca que mis hijos fueran a un campamento de verano» no pasaría por alto si tus parientes políticos ya están fantaseando sobre el día de visita a los abuelos. Tu declaración de que te mudarías a Canadá si saliera elegido cierto aspirante a presidente caería como un mazazo si la familia de tu prometido acaba de extender un gran cheque para contribuir a la campaña de ese mismo candidato. No es el momento de delimitar tu postura con demasiada rigidez sobre todo lo que podría suponer una discusión en los próximos años. Es una audición. Quieres parecer encantador, interesante, respetuoso, razonable, flexible, positivo y, quizá lo más importante, generoso hacia tu pareja.

¿CÓMO DESVÍO UNA CONVERSACIÓN TORPE?

Mi hijo y mis dos hijas me han enseñado mucho. Algo que aprendí desde sus años de adolescencia ha sido la forma en que los mileniales han revisado la prioridad de los momentos más temidos de la vida. Cuando yo tenía su edad, que te ignorara alguien que te gustaba era, definitivamente, lo peor de la escala de males, o casi. Ahora, lo impensable es encontrarte en una situación «*taan* embarazosa».

No estoy seguro de qué fuerza de la naturaleza ha catapultado *lo embarazoso* a tan elevado e ignominioso estado. Tal vez sea mérito de una generación de *realities* televisivos que el mecanismo de elección para crear tensión dramática en un espectáculo se haya quedado en lo embarazoso. ¿Jon y Kate discuten delante del director de los niños en la escuela? ¡Emmmbarazoso! ¿Kim Kardashian deja que la audiencia conozca su pequeño y sucio secreto de que en realidad no ama a su nuevo marido incluso antes de comentárselo a él? ¡Emmmbarazoso! Si ves suficientes personas abochornarse en la televisión nacional, finalmente llegarás a la firme conclusión siguiente: «¡Prefiero morir antes que verme en esa situación *tan* embarazosa!».

A pesar de esta aversión siempre creciente hacia lo embarazoso, con frecuencia nos encontramos presos en conversaciones que nos hacen desear cavar un hoyo en el suelo para que nos trague. Las conversaciones más embarazosas implican una combinación de dos de estas tres granadas cargadas: sexo, política y religión.

Hace algunos años, nuestra iglesia le daba la bienvenida a un fabuloso nuevo vicario y le decía adiós a una encantadora mujer que había servido como vicaria interina. Era un día hermoso y el culto fue al aire libre, frente al majestuoso río Hudson. Y allí estaba yo, conversando en un pequeño grupo con nuestra vicaria saliente y otros dos parroquianos, cuando la charla se convirtió en el que parecía un tema benigno de los diversos grados de participación en la vida de la iglesia de los esposos de las mujeres del clero. Todo discurrió bien y sin incidencias hasta que un miembro varón de la parroquia metió baza: «Bueno, yo creo que cualquier varón de sangre caliente se daría cuenta de que apoyar a su esposa redundaría en su mejor interés [*ejem, ejem*]. Pero apuesto a que el Manual Protestante del Sexo no trata sobre eso».

De no haberme encontrado delante del clero, podría haber sentido la tentación de decir: «¿Tío, cuál es tu maldito problema?». Pero esto no habría sido más que echarle leña al fuego. Tras un instante de puro silencio embarazoso, me di cuenta de que nuestra vicaria necesitaba más quien respondiera primero en la conversación que quien la rescatara de un bochorno tan palpable. El truco estaba en actuar con rapidez para impedir que ella tuviera que reconocer, o peor aún, dignificar aquella declaración de tan mal gusto. De modo que me giré y dije: «Por cierto, ¿qué hace su esposo durante la semana?». Mi intervención interrumpió sutilmente la simetría de nuestro círculo de conversación, colocando al congregante ofensor en el exterior mirando hacia dentro. Tal vez fuera la intervención divina, pero pronto captó el mensaje y fue a rellenar su vaso de limonada.

Apartar una conversación de los consabidos «tres grandes temas» requiere paciencia, habilidad y el momento oportuno. Aquí tienes algunas frases útiles.

- «Estamos teniendo una conversación demasiado agradable como para acercarme a un tema sin salida como ese».
- «Esta comida está demasiado deliciosa para arriesgarse a desmerecerla hablando de política y religión».
- «Creo que el mundo tiene verdadera abundancia de expertos políticos tal como está. Ni en sueños invadiría su territorio».

A veces no convertimos la conversación en algo embarazoso hablando de alguno de «los tres temas», sino más bien con el sexismo, el racismo, la discriminación por razón de la edad, o cualquier otra observación subida de tono. Cuando eso ocurre, cuestiona el comentario. Aquí tienes un rápido modelo que puedes usar:

1. Cuestiona las opiniones con dos palabras: «¿De veras?».
2. Remata con un hecho que ponga en duda su comentario. Por ejemplo, si alguien acaba de decir: «Siempre puedes contar con que una mujer cambiará de opinión», podrías decir: «Mi esposa es la persona más decidida que conozco».
3. Cuenta una historia que demuestre o ilustre tu comentario.

Con los prejuicios puedes y debes ser más franco. Llámales la atención a las personas por sus declaraciones de miras estrechas. Si las ofendes, no pierdes gran cosa. De todos modos, no deberías rodearte de gente como esa. Permanecer en silencio no hace más que validar lo que dicen.

¿CÓMO LES HABLO A OTROS SOBRE MIS LIMITACIONES SIN SONAR LIMITADO?

Cuanto más avanza la medicina moderna, más etiquetas le atribuimos a la gente. Este niño tiene un desorden de déficit de atención. Este adulto tiene un desorden obsesivo-compulsivo. Y, aunque son etiquetas enormemente útiles para ayudar a que otros entiendan las capacidades de alguien, también establecen nociones preconcebidas sobre la forma en que ese alguien se comportará.

Ya seas tú o tu hijo quien lleva una etiqueta, tendrás que estar delante de otros sin acentuar las limitaciones. Enmarcar las cosas de la forma adecuada determina a menudo cómo te perciben las personas, sobre todo cuando se trata de tus fuerzas y tus debilidades personales.

Para ello, puedes usar el mismo aspecto del «Principio de Draper» que les enseño a nuestros clientes cuando no quieren responder a una pregunta en particular y tampoco desean sonar evasivos. La idea consiste en permanecer fiel al tema conversacional que se ha suscitado, pero centrarse en los aspectos positivos que lo rodean.

Por ejemplo, mi sobrina es una jovencita excepcional que nació con el síndrome de Williams. «¿Qué es eso?», me preguntarás. Bueno, puedes imaginarte cuántas veces le han hecho a Olivia esa misma pregunta. Se ha visto condicionada a explicarlo como un trastorno genético. Por ello, aplicando los principios del entrenamiento en medios de comunicación, metí baza en el asunto: «¿Por qué no empiezas indicando los increíbles atributos que acompañan al síndrome de Williams?», le dije. «Tal vez podrías decir: "Es una condición que se asocia a una enorme aptitud musical. De hecho, la capacidad musical de mi cerebro es varias veces más amplia que la de la mayoría de las personas. Puedo interpretar una pieza de música con solo haberla escuchado una sola vez. Las personas con Williams también son extremadamente sociables y suelen tener un círculo muy amplio de amigos"». Totalmente verdad, por cierto. Mi sugerencia era empezar con los atributos y después detallar los retos: «Williams también hace que me resulte difícil procesar ciertas cosas y ser organizada, así que necesito terapia ocupacional que me ayude a lograr algunas aptitudes que otros tienen de forma natural».

Las situaciones cotidianas como las de Olivia, en las que las aptitudes de comunicación determinan cómo te perciben las personas, han sido el ímpetu para escribir este libro. No me equivoco si digo que menos del uno por ciento de los que lean este libro estarán expuestos a una entrevista de *60 Minutes* o a dar una charla TED. No obstante, un número notable de las estrategias que imparto a mis clientes, que se están preparando para esos tipos de oportunidades de alto perfil, se traducen de forma elegante en escenarios a los que nos enfrentamos con regularidad. El impresionante número de posibles situaciones de Discurso Perfecto hizo que no resultara práctico intentar tratarlas todas. Pero si estás afrontando una situación delicada que yo no haya destacado, te sugiero que hagas lo mismo que yo: usa los principios. Los «Siete principios de la persuasión» son universales. Te pueden ayudar a decir las cosas bien de entrada en cada situación en la que te puedas encontrar en casa o en el trabajo.

13

LOS SIETE PRINCIPIOS Y TÚ

Todo es práctica.

—Pelé

Nunca deja de asombrarme la cantidad de personas en tantas industrias diferentes que pueden beneficiarse del entrenamiento en comunicación. Me viene a la mente varias veces al día, no solo mientras entreno a los clientes, sino también fuera del trabajo, cuando escucho cómo los vendedores nos presentan nuevos productos, cómo manejan los representantes del servicio de atención a clientes las peticiones, o cómo explican los médicos de familia una información sobre la salud. Cuando les cuento historias a mis colegas sobre cómo las personas con las que me he encontrado se saboteaban ellas mismas por culpa de unas aptitudes de comunicación mediocres, decimos típicamente: «Se diría que no le vendría mal una sesión de entrenamiento».

Los que reconocen la enorme ventaja que suponen unas fuertes aptitudes de comunicación suelen ser los que contratan la ayuda de los entrenadores de Clarity. En el curso de una sesión de cuatro horas, muchos de ellos experimentan una epifanía, una toma de conciencia repentina de cómo poder lograr los resultados que desean comunicándose de forma distinta. La confianza que ganan y la ansiedad de la que se deshacen suelen llevarlos a abrazarnos al final de la sesión. Formar parte de sus momentos de progreso hace que este trabajo sea increíblemente gratificante. El deseo de tener este tipo de efecto a mayor escala fue una gran motivación para embarcarme en este proyecto. Espero que, después de leerlo, te sientas mejor equipado a fin de lograr tu propia transformación para disfrutar de un Discurso Perfecto.

Al principio de este libro hice un trato contigo. Te prometí revelarte todo lo que he aprendido sobre la comunicación y es exactamente lo que he hecho. Espero habérmelas arreglado para haberte entretenido también a lo largo del camino.

Ahora te toca a ti. Te enfrentas a situaciones de Discurso Perfecto cada día. Úsalas para tu ventaja. Pon los principios en práctica en la oficina, mientras socializas y dondequiera que vayas.

Así como les digo a los clientes que nos visitan en persona: «Quiero que me hables de ti», que me regales los oídos con tus historias de éxito y que también me des a conocer los desafíos que puedan seguir pendientes en tu camino. Hemos invertido en tu éxito, así que mantennos al tanto. Eso es lo genial de Facebook. En nuestra página de Clarity Media Group puedes informarnos de tu progreso. Nada podría ser más gratificante para nosotros que saber que te hemos ayudado a poner rumbo hacia el Discurso Perfecto.

GLOSARIO

Cara de mejor amigo. La curiosa expresión que tenemos en el rostro cuando escuchamos cómo nuestro mejor amigo nos cuenta una gran historia. Es una sonrisa con la boca cerrada y las comisuras de los labios ligeramente hacia arriba, y un contacto visual cálido y suave.

Desorden de hablar en exceso. Síndrome común que hace que las personas entablen muchas y largas conversaciones. Las personas que sufren del DHE acaparan las conversaciones, hablando sin cesar hasta que todos los presentes en la sala entran en un coma conversacional.

Cara de malhumorado descansando: Una expresión facial que parece triste o enojada sin razón alguna. A pesar de lo feliz o extasiado que uno pueda sentirse en su interior, el rostro tiene el ceño fruncido.

Auriculares anulacharlatanes. Elemento de audio de alta tecnología que se lleva en la cabeza y que debería indicarle a la otra persona: «Ahora te estoy desintonizando, así que te ruego que no me hables más».

Boca inquieta: Movimientos involuntarios y distractores, como apretar los labios o lamérselos, que la gente hace mientras pasan de hablar a escuchar.

Corte camuflado: Cambio deliberado en la dirección de la conversación que se hace con tanta rapidez y suavidad que nadie se da cuenta de que lo acabas de hacer.

Hablar limpio. Discurso simple, directo, desprovisto de relleno, vocabulario ostentoso y sintaxis prolija.

Maldición del conocimiento: Noción **del** narrador mal dirigida en cuanto a que la audiencia conoce información que solo él conoce. Esta suposición suele dejar a los oyentes en tinieblas con respecto al contenido del que habla el narrador.

Maldición de la intelectualidad: Aflicción en la que el cerebro de un casi genio deja atrás a una boca sin talento, haciendo que la persona empiece un pensamiento nuevo antes de acabar el anterior.

Narcisistas reloj de arena (NRA). Personas que, en menos de lo que se tarda en hervir un huevo, siempre encuentran la forma de dirigir la conversación de nuevo a sí mismas.

Postura de la silla eléctrica. Cuando tus pies están firmes sobre el suelo, la espalda completamente pegada al respaldo de la silla, tus brazos se hacen uno con los reposabrazos, y parece que se te ha acabado el tiempo.

Palabras modificadas por la jerga (PMJ). Palabras que una industria ha corrompido. Las PMJ son tan comunes que todos las usan, pero casi nadie las comprende de verdad.

Retroceso verbal. Corregir lo que uno acaba de decir volviendo atrás y diciéndolo de un modo distinto.

Atrofia de la comunicación verbal. Incapacidad de expresarse con claridad y de forma sucinta con palabras debido a la falta de práctica.

Golpe en el parachoques verbal: Pronunciación accidental que ocurre cuando la boca colisiona desde atrás con el cerebro.

Ir pegado a los talones verbales. Dejar que la boca siga demasiado de cerca al cerebro a altas velocidades, algo que suele conducir a los choques verbales.

Síndrome de Diógenes comunicativo. Establecimiento de un apego emocional al material hablado o escrito con el que uno cuenta, de tal modo que siente que no hay forma de acortarlo o prescindir de parte del mismo.

ACERCA DEL AUTOR

Bill McGowan, fundador y presidente de Clarity Media Group, es un corresponsal dos veces ganador del premio Emmy que ha reportado más de setecientas historias televisadas a nivel nacional y presentado cientos de horas de noticias y programas informativos. Durante sus veinticinco años en la televisión, McGowan ha conducido cientos de entrevistas con periodistas, ejecutivos, celebridades, autores y editores, abogados y atletas. Especializándose en reportes investigativos contundentes y segmentos que presentan diferentes estilos de vida, ha trabajado en programas tan notables como 20/20 de ABC News y 48 Hours de CBS News. McGowan usa ahora esa experiencia para asesorar y entrenar en lo que respecta al trato con los medios de comunicación a todo tipo de personas, desde directores corporativos, celebridades, hasta buscadores de empleo promedios. Sus clientes han incluido al liderazgo ejecutivo de Facebook, Intel, Dropbox, AirBnB y muchas otras compañías tecnológicas. Entre los individuos que se destacan se encuentran Eli Manning, el mariscal de campo de los New York Giants, la actriz Katherine Heigl, el chef Thomas Keller, los críticos de la moda Nina Garcia y Tim Gunn, y el cantante y compositor Kelly Clarkson. MgGowan también ha hablado ante grandes audiencias para compañías tales como Condé Nast, Campbell's, Estee Lauder, Diageo, Wrigley, IKEA, Teach for America y Time Inc.